新编21世纪高等职业教育精品教材 ◆ 物流类

现代物流运筹学

（第二版）

XIANDAI WULIU YUNCHOUXUE

主　编　王东辉

副主编　袁志兵　董彦龙

中国人民大学出版社

·北京·

图书在版编目（CIP）数据

现代物流运筹学 / 王东辉主编. --2 版. --北京：中国人民大学出版社，2024. 8
新编 21 世纪高等职业教育精品教材. 物流类
ISBN 978-7-300-32786-0

Ⅰ. ①现… Ⅱ. ①王… Ⅲ. ①物流 - 运筹学 - 高等职业教育 - 教材 Ⅳ. ①F252

中国国家版本馆 CIP 数据核字（2024）第 096243 号

新编 21 世纪高等职业教育精品教材 · 物流类
现代物流运筹学（第二版）
主　编　王东辉
副主编　袁志兵　董彦龙
Xiandai Wuliu Yunchouxue

出版发行	中国人民大学出版社		
社　　址	北京中关村大街 31 号	**邮政编码**	100080
电　　话	010 - 62511242（总编室）		010 - 62511770（质管部）
	010 - 82501766（邮购部）		010 - 62514148（门市部）
	010 - 62515195（发行公司）		010 - 62515275（盗版举报）
网　　址	http://www.crup.com.cn		
经　　销	新华书店		
印　　刷	北京宏伟双华印刷有限公司	**版　　次**	2020 年 10 月第 1 版
开　　本	787 mm × 1092 mm　1/16		2024 年 8 月第 2 版
印　　张	12.5	**印　　次**	2024 年 8 月第 1 次印刷
字　　数	278 000	**定　　价**	45.00 元

前　言

党的二十大报告指出：构建优质高效的服务业新体系，推动现代服务业同先进制造业、现代农业深度融合。加快发展物联网，建设高效顺畅的流通体系，降低物流成本……优化基础设施布局、结构、功能和系统集成，构建现代化基础设施体系。

物流成本的降低、流通体系的优化、各产业间的融合、基础设施的集成都需要系统工程体系的支撑。系统规划与精细管理是推动各组成部分高效衔接的基础性保障。运筹学的优化思维和方法是系统工程构建的重要工具。

运筹学作为一门学科，系统的研究虽不到一百年的历史，然而其思想早已渗透在我国悠久文化与生产生活的方方面面。从“运筹帷幄”的经典战役，到“田忌赛马”的博弈游戏；从“丁渭开渠修宫”的工程规划，到“沈括运粮”的资源配给，运筹学思想被历史上的能人志士、精工巧匠们运用得淋漓尽致。

运筹学是一门研究优化的学科，帮助选取最优方案，为决策提供依据。现代社会中，运筹学思想也被广泛地应用在经济、管理的各个领域。哪里有项目对比，哪里有方案优化，哪里就有运筹学思想。物流追求效率与成本的平衡，各个环节都需要方案优化。物流学科也就自然而然地与运筹学走到了一起。

现代运筹学不仅继承了古代优秀的思维方式，也融入了数学的辅助方法，是一门定性思维与定量研究相结合的应用型技术学科。运筹学可以帮助我们解决很多生产、生活中的实际问题。对于物流管理相关专业的学生而言，运筹学的思想有助于其培养良好的优化管理思维。一般而言，运筹学在运用的过程中，第一步是将实际问题分析建模，合理地转化为数学语言，如线性规划的数学模型、图论中的图或者网络计划技术中的双代号网络计划图等。第二步是依据数学方法对模型进行求解，找出一个可行方案，再用一定的办法判定是否为最优方案，通过反复调整与验证，直至找到最优方案。这是一个不断优化、重复迭代的过程。第三步是将最优解应用到实践中进行检验。

本教材以运筹学的知识构架为基础，结合与物流管理中相关性较大的实际问题，介绍运筹学在物流管理中的应用。教材具体分为物流运筹学认知、线性规划、整数规划、运输问题、图与网络分析、网络计划技术、决策论，共七个项目。线性规划、整数规划和运输问题是物流管理中常用的方法与模块，其他各项目相对独立，自成体系。

在教材编写过程中，编者结合高职院校学生的学情，将运筹学的知识与例题、解答思路、应用软件相结合，让学生在学习案例问题解决的过程中，掌握运筹学知识，学会优化思路，了解学科发展趋势，为后续专业课程的学习夯实基础。

由于时间仓促，本书编写难免出现纰漏、错误和不恰当之处，希望读者能够批评指正，为教学改革、学科建设提出宝贵的意见和建议。

本教材于2020年10月正式出版，根据行业发展和专业更新需要，编者于2023年启动修订工作。新版教材更多地融入了党的二十大精神，根据高职现代物流管理专业教学标准进行修订，围绕现代物流管理专业人才培养目标，紧贴物流管理岗位需求，设计项目任务，增加素养目标，为学生提供实践体验和问题分析的情境，基于任务展开学习。第二版优化了知识内容，对上一版进行了勘误，增加了“综合实训”项目，更加突出对学生岗位核心能力的培养，提升了教材的针对性、实用性与前沿性。

编者

目　录

项目一
物流运筹学认知

【学习目标】

※ 知识目标

1. 了解运筹学的发展史，熟悉运筹学的研究内容，掌握运筹学的工作程序。
2. 理解物流与物流管理的内涵，掌握物流管理的特点。
3. 了解本书知识框架。

※ 能力目标

1. 了解物流管理与运筹学的关系。
2. 掌握运筹学研究思路。
3. 理解运筹学在物流管理中的作用。

※ 素养目标

1. 了解中国古代的物流思想，增强文化自信。
2. 了解物流管理中运筹优化和可持续发展理念，增强责任感、使命感和自豪感。

【情境设定】

随着经济的发展，物流业越来越受到重视，已经成为我国经济生活中不可或缺的一部分，不管是零售连锁性企业，还是制造业，都在积极投入成立自己的物流部门、物流中心，甚至建立自己的物流港。这充分说明了各行各业对物流的重视和物流对各行各业的重要性。随着物流行业的兴起，越来越多的企业关注物流活动节约了多少成本，为企业增加了多少利润。可是物流作为整个系统的一部分，它创造的很多利润不是直接用金钱来体现的。物流所带来的效益，不仅仅是直接利润，更多的是企业的整体效益。物流管理方法的目标是将各种物流活动进行整合，从而实现其综合效益。运用运筹学进行物流活动的管理和优化工作，是掌握实现物流活动的本质和实现物流管理目标的必要手段和唯一途径。

运筹学在物流管理中的作用有哪些，体现在哪些方面呢？

任务一 运筹学简论

【任务引入】

运筹学的思想在古代就产生了。敌我双方交战，要克敌制胜就需在了解双方情况的基础上，做出最优的对付敌人的方法，这就是“运筹帷幄之中，决胜千里之外”的说法。但是作为一门数学学科，用纯数学的方法来解决最优方法的选择安排，却晚多了。运筹学主要研究经济活动和军事活动中能用数量来表达的有关策划、管理方面的问题。当然，随着客观实际的发展，运筹学的许多内容不仅研究经济和军事活动，有些已经深入日常生活当中了。运筹学可以根据问题的要求，通过数学上的分析、运算，得出各种各样的结果，最后提出综合性的合理安排，以达到最好的效果。

那么运筹学思想、运筹学的定义及学科的形成到底是怎样的呢？

任务：了解运筹学的发展史，熟悉运筹学的研究内容，掌握运筹学的工作程序。

【任务分析】

运筹学是一门应用科学，它广泛应用现代科学技术知识、定量分析的方法，解决实际中的问题，为决策者选择最优决策提供了定量依据。运筹学的核心思想是建立在优化的基础上。如何运用运筹学的优化思想和具体运筹学知识解决物流管理中的一些基本问题，做到降本增效、提升物流企业收益，是我们要分析的问题。

【知识学习】

一、运筹学发展概述

（一）运筹学的定义

“运筹学”一词源于英文 operational research，简称“O. R.”，直译为“作战研究”。运筹学作为一门现代科学，发源于第二次世界大战期间的英美军队，有的学者把其描述为就组织系统的各种经营做出决策的科学手段。运筹学先驱，英国著名物理学家布莱克特（P. M. S. Blackett）曾在关于运筹学的第一份备忘录中将其称为“作战的科学分析”，这被认为是对运筹学所做的最早描述。运筹学另一位创始人金博尔（G. E. Kimball）对运筹的定义为：“管理系统的人为了获得关于系统运行的最优解而必须使用的一种科学方法。”美国的运筹学会对其解释为：“运筹学是一种实验与应用的科学，用之于观察、理解和预测有目标的人-机系统的行为”。我国《管理百科全书》的解释是：“运筹学是应用分析、实验、量化的方法，对经济管理系统中的人力、物力、财力等资源进行统筹安排，为决策者提供有依据的最优方案，以实现最有效的管理。”

微课：运筹学的概念

综合以上定义，运筹学是一门运用统筹规划思想，将实际问题转化为数学语言，通过对数学模型的构建和求解，规划、优化有限资源的合理利用，为科学决策提供量化依据的系统知识体系。

（二）运筹学的产生与发展

我国古代人民通过长期实践，积累了许多宝贵经验。这在一些政治家、军事家和科学家的著作中多有记载，其中不少颇富于运筹思想。如田忌赛马、丁渭主持皇宫修复以及《孙子兵法》等记载的“运筹于帷幄之中，决胜于千里之外”等，这些均表明我国运筹思想出现得很早。虽然一定的运筹思想和方法在很久以前就留下了被应用的痕迹，但这些零散的活动不足以标志一门新学科的诞生。

运筹学源于 20 世纪 30 年代，是一门在第二次世界大战期间发展起来的新兴学科。第二次世界大战后，许多从事运筹学研究的科学工作者转向对民用问题的研究，使运筹学在工业、农业、经济和企业管理和社会问题等各个领域的应用得到了长足发展。第二次世界大战期间，运筹学家们在解决后勤保障、潜艇战术等一系列军事问题上取得了巨大的成就。第二次世界大战后运筹学受到美国一些大公司的重视，它们把运筹学应用到企业管理之中，在部分企业应用成功以后，运筹学的应用得到了迅速的发展。随后，几乎在所有发达国家中都掀起了一股研究和应用运筹学和科学管理的热潮。

运筹学是一门实用性很强的科学，它的方法广泛应用于各个领域。在二战后的工业恢复繁荣时，由于组织内与日俱增的复杂性和专门化所产生的问题，使人们认识到这些问题基本上与战争中曾面临的问题类似，只是具有不同的现实环境而已，运筹学就这样运用于工商企业和其他部门，并在20世纪50年代以后得到了广泛的应用。对于系统配置、聚散、竞争的运用机理深入的研究和应用，形成了比较完备的一套理论，如规划论、排队论、存贮论、决策论等。由于其理论上的成熟，以及电子计算机的问世，使得运筹学中的一些方法如单纯形法、动态规划法等得以用来解决实际管理中的优化问题，极大地促进了运筹学的推广和应用。世界上不少国家已成立了致力于该领域及相关活动的专门学会。美国于1952年成立了运筹学会，并出版期刊《运筹学》，世界其他国家也先后创办了运筹学会与期刊。1959年，国际运筹学会联合会（International Federation of Operations Research Societies，IFORS）成立。

20世纪60年代开始，运筹学进入迅速发展阶段，运筹学各个分支进一步细分，专业学术团队迅速增多，更多的期刊、书籍大量出版，更多的学校将运筹学课程纳入教学计划中。伴随着计算机技术的成熟与发展，运筹学在诸如城市规划、环境污染、物流管理及国民经济计划等复杂的系统问题里得以应用。

20世纪末，随着软科学的发展，“软运筹学”成为运筹学发展的方向。钱学森同志得出的“从定性到定量综合集成研讨厅体系”是软运筹学的基本方法，主要包括以下内容：几十年间世界学术界讨论的Seminar经验；从定性到定量的综合集成方法；C3I及作战模拟；情报信息技术；灵境技术；人工智能；人机结合智能系统；系统学；等等。

（三）我国运筹学研究情况

运筹学概念虽然起源于欧美，但在学科研究方面，我国并不落后。在20世纪50年代末，著名数学家华罗庚等老一代科学家就曾为运筹学的发展和应用做出了突出贡献。60年代，他们亲自指导青年科技工作者在全国推广运筹学方法，华罗庚的“优选法”和“统筹方法”被各部门采用，取得了很好的效果，受到中央领导的好评。他还为管理人员编写了通俗易懂的普及性读物，让更多的人学习和运用运筹学方法。

改革开放以来，运筹学的应用更为普遍，特别是在流通领域应用更为广泛。例如运用线性规划进行全国范围的粮食、钢材的合理调运，广东水泥合理调运等；许多企业的作业调配、工序安排、场地选择等，也使用了运筹学方法，取得了显著的效果。现在，经济领域正在大力开发和应用信息系统，许多企业在管理信息系统中采用了运筹学方法，增加了辅助决策功能，取得了明显的经济效益，提高了企业的管理水平，受到企业决策层和主管部门的重视。我们相信，运筹学与信息技术相结合，广泛应用于经济管理，必将使我国经济管理提升到一个新的更高的水平。

二、运筹学的特点

运筹学具有以下 3 个特点：

第一，运筹学已被广泛应用于军事部门、民政事业部门、工商企业等研究组织内的统筹协调问题，其应用不受行业、部门的限制。

第二，运筹学发展至今，既通过引进数学研究方法，可以对各种经营活动进行定量的科学分析，又涉及组织的实际管理问题，注重实际应用，具有很强的实践性，最终能向决策者提供建设性意见，并收到实效。

第三，运筹学的各个分支科学，都是由于实际问题的需求或以一定的实际问题为背景逐渐发展起来的。新的理论相继出现，不断开拓出新的领域。运筹学家们一直孜孜不倦地研究新技术、新方法，使运筹学这门新兴学科不断地向前发展。

三、运筹学的主要内容

运筹学是帮助一件活动找到最佳的实现方法的一门学科，它把整体最优作为目标，注重系统化的方法，运用统计学、数学的原理进行分析，通过建立数学模型来完成作业研究。运筹学具有很强的实践性，能对活动进行优化，又能解决实际的管理问题，向决策者提供建设性的方案。一件活动在进行运筹学分析之后，会采取最合适的解决方案，能够有效地节约资源、降低成本，得到最好的结果。运筹学的主要分支有规划论、图论与网络分析、库存理论、排队论、对策论、网络计划技术和决策论等，它们在经济管理、军事指挥和工程设计的决策分析中得到广泛的应用。

（一）规划论

规划论主要研究计划管理工作中有关安排和估计的问题。一般可以归纳为在满足既定的要求下，按某一衡量指标来寻求最优方案的问题。如果目标函数和约束条件的数学表达式都是线性的，则称为“线性规划”；否则称为“非线性规划”。如果所考虑的规划问题可划为几个阶段求解，则称为“动态规划”。

（二）图论与网络分析

图论是运筹学一个古老但又十分活跃的分支，它是网络技术的基础。图论的创始人是数学家欧拉，1736 年他发表了图论方面的第一篇论文，解决了著名的哥尼斯堡七桥难题。相隔一百多年后，1847 年基尔霍夫第一次应用图论的原理分析电网，从而把图论引进到工程技术领域。20 世纪 50 年代以来，图论的理论得到了进一步发展，将复杂庞大的工程系统和管理问题用图描述，可以解决很多工程设计和管理决策的最优化问题，如完成工程任务的时间最少、距离最短、费用最省等。图论已在数学、工程技术及经营管理等各方面受到越来越广泛的重视。

（三）库存理论

库存理论（或更正式地称为库存和生产的数学理论）是运营研究和运营管理中的子专业，设计生产/库存系统，以最小化成本。它研究的是公司和军方面临的决定，在制造、仓储、供应链、备件配置等方面，为物流提供了数学基础。库存控制是企业面临的问题，企业必须决定在每个时间段内订购多少订单以满足其产品需求，可以使用最优控制、动态规划和网络优化的数学技术来建模问题。例如工厂与商店就必须考虑原材料和商品的库存量，库存太少可能造成停产或脱销，库存太多则造成积压，这些都直接影响企业的效益，因此库存管理是现代企业生产管理中的一个重要环节。

（四）排队论

排队论主要研究具有随机性的拥挤现象。这类问题都可以形象地描述为顾客来到服务台前要求接待服务。一方面，如果服务台已被其他顾客占用，那么就要等待，就要排队。另一方面，服务台也时而空闲，时而忙碌。排队论的主要内容之一，就是研究等待时间、排队长度等的概率分布。根据服务台是一台或是多台的情况，排队问题又分为单通道或多通道的排队问题。

（五）对策论

对策论最初是运用数学方法研究有利害冲突的双方在竞争性的活动中是否存在自己制胜对方的最优策略，以及如何找出这些策略等问题。在这些问题中，把双方的损益用数量来描述，并找出双方的最优策略。随着对策论的发展，开始考虑有多方参加的竞争活动，在这些活动中，竞争策略要通过参加者多次的决策才能确定。

（六）网络计划技术

网络计划技术是指用于工程项目的计划与控制的一项管理技术。它是 20 世纪 50 年代末发展起来的，依其起源有关键路径法（CPM）与计划评审法（PERT）之分。1956 年，美国杜邦公司在制定企业不同业务部门的系统规划时，制订了第一套网络计划。这种计划借助于网络表示各项工作与所需要的时间，以及各项工作的相互关系。通过网络分析研究工程费用与工期的相互关系，并找出在编制计划及计划执行过程中的关键路线。

（七）决策论

决策论是研究决策者做出决策的过程的一种系统的理论和方法。研究目的是使决策过程科学合理，并使所做出的决策最大限度地满足决策者的需要。它是决策科学的应用分支。它在军事领域的许多方面（如在制定军事战略、确定作战方案、进行兵力部署、实施作战指挥和保障）以及对军队进行管理和武器装备的研制、采购等的军事运筹分析中有广泛的应用。

【任务实施】

了解和掌握了运筹学基本理论后，我们将运筹学的研究思路总结如下：

运筹学的本质就是运用统筹规划的思想，利用数学研究方法，将实际问题转化为数学语言，从现实生活场合抽出本质的要素来构造数学模型，进而寻求一个跟决策者的目标有关的解，并且探索求解的结构并导出系统的求解过程。通过数学求解的迭代，从可行方案中寻求系统的最优解法的最优化过程。

运筹学的研究思路可分为以下几个步骤。

第一步，提出和形成问题，即要弄清问题的目标、可能的约束、问题的可控变量及有关参数，并收集有关资料。

第二步，建立模型，把问题的可控变量、参数和目标与约束之间的关系用一定的模型表示出来。

第三步，求解，用各种手段将模型求解，求出的解可以是最优解、次优解和满意解。

第四步，解的检验，首先检查求解步骤和程序有无错误，其次检查是否反映现实问题。

第五步，实施解决实际问题，运筹学的方法与技术能起到辅助决策的作用，但不能代替管理者的决策。管理者在分析各种因素和做出决策方面负有最终责任。

本书后续项目均是在此思路基础上进行具体问题具体分析，运用不同的数学方法和模型，来解决物流管理中遇到的实际问题。

任务二
物流管理与运筹学的关系

【任务引入】

物流水平是一个国家经济发展水平和现代文明的标志。只有不断提高我国物流的管理效率，才能加速生产与流通领域的集约化程度，改善粗放型的经营和管理方式，促进我国经济持续、快速、健康发展。在经济全球化和电子商务的双重推动下，物流业正在从传统物流向现代物流迅速转型并成为当前物流业发展的必然趋势。在系统工程思想的指导下，以信息技术为核心，强化资源整合和物流全过程优化是现代物流的最本质特征。2015 年起，我国加大了对物流行业的扶持力度，社会物流总额增速加快。2022 年，中国社会物流总额达 347. 6 万亿元，中国物流市场规模连续 7 年位居全球规模最大的物流市场。2023 年 1—7 月，社会物流需求基本平稳，物流运行整体持续恢复。全国社会物流总额达到 189. 9 万亿元，按可比价格计算，同比增长 4. 7%。物流业总收入达到 7. 5 万亿元，同比增长 4. 6%。

数据显示，物流需求总体保持平稳增长，但增速有所放缓，同时需求结构不断优化，消费物流不断壮大。其中有公路货运量、货物周转量、GDP 数据调整的因素，也有产业结构调整、物流服务价格下降的因素，同时也显示出物流运行效率有所提升。物流业作为国民经济的基础性、战略性产业，在“稳增长”“调结构”“惠民生”方面较好地发挥了支撑和保障作用。

任务：了解物流管理的特点，理解运筹学在物流管理中的作用。

【任务分析】

由以上案例中的数据可知，在电子商务时代，全球物流产业有了新的发展趋势。现代物流服务的核心目标是在物流全过程中以最小的综合成本来满足顾客的需求。物流管理是一个多元化、信息化、高效灵活、以客户为导向的复杂的系统工程，需要多方面的协调和管理。只有通过高效的管理方法和先进的管理技术，才能提高物流效率、降低成本，为企业创造更多价值，这也是现代物流运筹学在物流管理中的作用和意义。

【知识学习】

一、物流与物流管理

（一）物流的概念

关于物流一词的起源，有各种各样的说法，一般认为，最早提出物流这一概念的是美国经济学家阿奇·萧。1915 年，他在《市场流通中的若干问题》一书中，提出“物流是一个与创造需求不同的问题”“物资经过时间或空间的转移，会产生附加值”，更是首次提出了 physical distribution（PD）的概念。

1935 年，美国市场营销协会对物流的定义：“物流是指包含于销售之中的物质资料和服务在从生产地点到消费地点流动的过程中，所伴随的种种经济活动。”——这是物流最早的定义。

到了 20 世纪 80 年代末，人们对“物流”的概念已经有了较全面深刻的认识，认为原来的 physical distribution 作为“物流”的概念，已经不够确切。因为它只能描述分销物流，而实际上物流不仅包括分销物流，还包括购进物流，生产、制造物流，回收物流，废弃物流，再生物流等，应该是一个闭环的全过程，就像军事后勤管理（logistics）

所包含的内容一样广泛。工商企业界逐渐认识到用“logistics”作为物流的概念更合适，在20世纪80年代末90年代初，人们逐渐正式把“logistics”作为物流的概念。此后，“logistics”逐渐取代“PD”，成为“物流”的概念和英文名词。

物流（logistics）是指利用现代信息技术和设备，实现合理化服务模式和先进的服务流程。物流随商品生产的出现而出现，随商品生产的发展而发展，所以物流是一种古老的传统的经济活动。

现代物流不仅单纯地考虑从生产者到消费者的货物配送问题，而且还考虑从供应商到生产者对原材料的采购，以及生产者本身在产品制造过程中的运输、保管和信息等各个方面，全面地、综合地提高经济效益和效率的问题。因此，现代物流是以满足消费者的需求为目标，把制造、运输、销售等市场情况统一起来考虑的一种战略措施。这与传统物流把它仅看作“后勤保障系统”和“销售活动中起桥梁作用”的概念相比，在深度和广度上又有了进一步的含义。

电商的快速崛起和行业的需求，对于仓储物流配送这一重要环节的需求和要求也在不断提高，第三方公司在市场行业中扮演着越来越重要的角色，甚至能够协助商家在终端和渠道端提供广泛的服务。这类企业的服务不仅仅只是简单的发货，更重要的是需要站在商家的角度去做好仓储库存物流配送的工作，使电商整体流程形成良性发展。

现代物流具有以下四个特点：

（1）电子商务与物流的紧密结合。

（2）现代物流是物流、信息流、资金流和人才流的统一。

（3）电子商务物流是物流信息化、自动化、网络化、智能化、柔性化的结合。

（4）物流设施、商品包装的标准化，物流的社会化、共同化也都是电子商务下物流模式的新特点。

（二）物流管理

物流管理科学是近一二十年以来在国外兴起的一门新学科，它是管理科学的新的重要分支。随着生产技术和管理技术的提高，企业之间的竞争日趋激烈，人们逐渐发现，企业在降低生产成本方面的竞争似乎已经走到了尽头，产品质量的好坏也仅仅是一个企业能否进入市场参加竞争的敲门砖。这时，竞争的焦点开始从生产领域转向非生产领域，转向过去那些分散、孤立的，被视为辅助环节而不被重视的，诸如运输、存储、包装、装卸、流通加工等物流活动领域。人们开始研究如何在这些领域里降低物流成本，提高服务质量，创造“第三个利润源泉”。物流管理从此从企业传统的生产和销售活动中分离出来，成为独立的研究领域和学科范围。物流管理科学的诞生使得原来在经济活动中处于潜隐状态的物流系统显现出来，它揭示了物流活动的各个环节的内在联系，它的发展和日臻完善，是现代企业在市场竞争中制胜的法宝。

物流管理包括三个方面的内容：对物流活动诸要素的管理，包括运输、储存等环节的管理；对物流系统诸要素的管理，即对其中人、财、物、设备、方法和信息六大要素的管理；对物流活动中具体职能的管理，主要包括物流计划、质量、技术、经济等职能的管理。

实施物流管理的目标就是要在尽可能最低的总成本条件下实现既定的客户服务水平，即寻求服务优势和成本优势的一种动态平衡，并由此创造企业在竞争中的战略优势。根据这个目标，物流管理要解决的基本问题，就是把合适的产品以合适的数量和合适的价格在合适的时间和合适的地点提供给客户。

物流管理强调运用系统方法解决问题。现代物流通常被认为是由运输、存储、包装、装卸、流通加工、配送和信息诸环节构成。系统方法就是利用现代管理方法和现代技术，使各个环节共享总体信息，作为一个一体化的系统来进行组织和管理，使系统能够在尽可能低的总成本条件下，提供有竞争优势的客户服务。系统方法认为，系统的效益并不是它们各个局部环节效益的简单相加，这就意味着对于出现的某一个方面的问题，要对全部的影响因素进行分析和评价。从这一思想出发，物流系统并不简单地追求在各个环节上各自的最低成本，而是相互影响、相互制约，存在着交替易损的关系。比如过分强调包装材料的节约，就可能因其易于破损造成运输和装卸费用的上升。因此，系统方法强调要进行总成本分析，以及避免次佳效应和成本权衡应用的分析，以达到总成本最低，同时达到满足既定的客户服务水平的目的。

二、物流管理的特点

物流管理的发展经历了配送管理、物流管理和供应链管理三个层次。物流管理起源于第二次世界大战中军队输送物资装备所发展出来的储运模式和技术。在第二次世界大战后这些技术被广泛应用于工业界，并极大地提高了企业的运作效率，为企业赢得了更多客户。当时的物流管理主要针对企业的配送部分，即在成品生产出来后，如何快速而高效地经过配送中心把产品送达客户，并尽可能维持最低的库存量。美国物流管理协会当时叫作实物配送管理协会，而加拿大供应链与物流管理协会则叫作加拿大实物配送管理协会。在这个初级阶段，物流管理只是在既定数量的成品生产出来后，被动地去迎合客户需求，将产品运到客户指定的地点，并在运输的领域内去实现资源最优化使用，合理设置各配送中心的库存量。准确地说，这个阶段物流管理并未真正出现，有的只是运输管理、仓储管理和库存管理。物流经理的职位当时也不存在，有的只是运输经理或仓库经理。

现代意义上的物流管理出现在 20 世纪 80 年代。人们发现利用跨职能的流程管理的方式去观察、分析和解决企业经营中的问题非常有效。通过分析物料从原材料运到工厂，流经生产线上每个工作站，产出成品，再运送到配送中心，最后交付给客户的整个流通过程，企业可以消除很多看似高效率实际上却降低了整体效率的局部优化行为。因为每个职能部门都想尽可能地利用其产能，没有留下任何富余，一旦需求增加，则会造成处处成为瓶颈，导致整个流程的中断。又比如运输部作为一个独立的职能部门，总是想方设法地降低其运输成本，但若其因此而将一笔必须加快的订单交付海运而不是空运，这虽然省下了运费，却失去了客户，导致整体的失利。所以传统的垂直职能管理已不适应现代大规模工业化生产，而横向的物流管理却可以综合管理每一个流程上的不同职能，以取得整体最优化的协同作用。

在这个阶段，物流管理的范围扩展到除运输外的需求预测、采购、生产计划、存货管理、配送与客户服务等，以系统化管理企业的运作，达到整体效益的最大化。高德拉特所著的《目标》一书风靡全球制造业界，其精髓就是从生产流程的角度来管理生产。相应地，美国实物配送管理协会在20世纪80年代中期改名为美国物流管理协会，而加拿大实物配送管理协会则在1992年改名为加拿大物流管理协会。

现代管理的特点是系统化。物流系统化思想，就是从整个社会或整个企业出发，统筹规划，合理组织和改善各种物流机能，以取得整体的最佳效益。

现代物流管理的主要特征可以概括为：

（1）物流是一个复杂的大系统，要求高度的社会化，要求生产与供应、供应与物流一体化。

（2）管理组织系统化。现代物流往往要求许多部门、行业和企业密切协作，因此管理组织也相应地要求打破部门、行业、企业之间的界限，通过经济合同等方式，组成一个有机的系统。这个系统的各个部分都为实现一个总的目标，按照统一的计划而行动。

（3）管理方法定量化。面对十分错综复杂的管理问题，现代物流管理要求广泛地采用运筹学、数理统计等方法，对问题进行定量的分析，以便找到最优的解决方案。

（4）管理手段自动化。为了对大量的数据进行分类、加工处理，以及迅速地完成许多复杂的运算，现代物流管理要求广泛地使用电子计算机。在计算机管理方面，除了广泛应用于信息、规划、决策外，还将采用计算机模拟的方法管理物流系统，这是用计算机管理物流的重要发展。

（5）管理思想现代化。现代物流管理思想包括系统观念、人才观念、用户观念、质量观念、信誉观念、竞争观念、市场观念、信息观念、法律观念和创新观念等。

三、物流管理与运筹学的关系

当今，物流作为“第三利润源泉”的重要性已日益为人们认识和重视，现代物流已成为经济发展中的热点，也是企业利润的新的增长点。物流运筹学作为物流业的一门应用科学，已越来越受到人们的关注，很多专家、学者和企业管理者都对物流的运筹表现出极大的热忱。物流业在我国是一个方兴未艾的行业，为社会提供了巨大的经济效益和社会效益，已成为经济发展的一个重要组成部分。而物流运筹学为物流业的发展提供了更科学的依据。

微课：物流管理与运筹学的关系

物流的本质是以最低的物流成本向用户提供满意的物流服务，即在需要的时间，将所需要的物品按照指定的时间送达所需要的场所。这也是物流最基本的目标。为完成其基本目标，必须对物流活动进行计划、组织、协调和控制，物流运筹学就为此提供了有助于解决大量实际物流问题的思路和方法。

现代物流认为，物流不仅仅是运输、储存、装卸搬运等活动的简单叠加，而是将为实现共同的目标的各物流要素有机结合而形成一个有机系统，构成系统的功能要素之间存在着相互联系、相互作用的关系。因此，在考虑物流管理最优化和物流成本最小化时，应从系统的角度出发，树立系统化观念，通过物流功能的最佳组合来实现物流整体的最优化目标。而物流运筹学就是一门应用学科，它主要研究物流系统最优化的问题，通过对建立的模型求解，为决策者进行决策提供依据。

物流管理与运筹学有着天然的联系，从两者的产生时间看，都是在第二次世界大战时期为军事所重视而利用发展起来的；从功能上来说，运筹学是用来解决最优资源配置的，而物流管理的主要目标也是追求一种快速、及时、节约、库存合理的物流服务。两者自始至终密切地联系在一起，互相渗透和交叉发展。虽然相对运筹学而言，物流管理发展稍显落后，但随着全球经济不断发展，物流管理活动中运筹学的应用将不断扩大，运筹学的作用也将逐渐凸显。

【任务实施】

下面我们具体分析一下物流现代化过程运筹学的应用。

运筹学在物流管理各个领域都具有广泛的用途。应用规划论的典型的例子如“运输问题”，即将数量和单位运价都是给定的某种物资从供应站运送到消费站，要求在供销平衡的同时，定出流量与流向，使总运输成本最小。我国曾运用线性规划进行水泥、粮食和钢材的合理调运，取得了较好的经济效益。运用规划论方法还可以解决“合理选址”问题、“车辆调度”问题、“货物配装”问题、“资源分配”问题等。

排队论具有广泛的应用，例如机场跑道设计和机场设施数量问题，如何才能既保证飞机起降的使用要求，又不浪费机场资源；又如码头的泊位设计和装卸设备的购置问题，如何达到既能满足船舶到港的装卸要求，又不浪费港口资源；再如仓库保管员的聘用数量问题、物流机械维修人员的聘用数量问题，如何达到既能保证仓储保管业务和物流机械的正常运转，又不造成人力浪费；等等，这些问题都可以运用排队论方法加以解决。

下面对物流管理环节中运筹学的几个应用进行简单的介绍。

（一）生产计划

在总体计划方面主要是从总体上确定生产、储存和劳动力的配合等计划，以适应变动的需求计划，主要用线性规划和仿真方法等。此外，还可用于生产作业计划、日程表的编排等，以及在合理下料、配料问题、物料管理等方面的应用。

（二）库存管理

存货模型将库存理论与计算机的物料管理信息系统相结合，主要应用于多种物料库存量的管理，确定某些设备的能力或容量，如工厂的库存、停车场的大小、新增发电设备容量大小、计算机的主存储器容量、合理的水库容量等。

（三）运输问题

这里涉及空运、水运、公路运输、铁路运输、管道运输和厂内运输等。包括班次调度计划及人员服务时间安排等问题。

（四）配送路线选择问题

涉及城市末端配送体系的合理建立、配送人员及车辆的合理路线选择等问题。

（五）仓库选址问题

仓库选址会影响配送时效，合理的仓库位置会在一定程度上降低物流成本，提升物流服务水平。

【项目小结】

运筹学是对实际问题进行优化的科学。随着科学技术和生产的发展，运筹学已渗入很多领域，发挥了越来越重要的作用。运筹学本身也在不断发展。物流管理作为管理学的重要分支，其发展与运筹学之间有着必然的联系。运筹学的系统优化技术在物流管理中有着极其广泛的应用。

【思考与练习】

1. 用自己的话描述一下什么是运筹学。
2. 运筹学的研究思路是怎样的？
3. 运筹学的主要研究内容有哪些？
4. 运筹学在物流管理中有哪些方面的应用？可以用来解决物流的哪些实际问题？请举例说明。

【综合实训】

运筹决策的感性认知

1. 实训内容

通过对不同物流企业管理层的调查，增强对生产系统和物流系统中运筹决策的感性认知。

2. 实训目的

（1）结合实际，了解一个组织机构中人力、物力、财力、设备、信息和时间等要素构成的系统。

（2）通过实训，让同学们加深对运筹决策的感性认识与理解。

3. 实训指导

（1）授课老师事前布置任务，明确实训目的和要求。

（2）以小组为单位，对 1 ~2 家物流企业进行调查与访问。

（3）访问结束后，组织一次课堂交流与讨论，并形成一定的书面报告（word 实训报告或者 ppt 展示）。

4. 实训组织

在调查访问之前，每个小组需要结合课堂所学知识，制定出一份调查访问提纲，包括调研的主要问题与具体安排。例如：

（1）该企业的组织构成情况。

（2）重点访问管理者，了解他的职位、工作职能等，并了解工作过程中运筹学思想的应用情况。

（3）该企业各环节中还可以优化的方面有哪些。

5. 实训考核

根据小组作业，针对小组成员分工，给出成绩。

项目二
线性规划

【学习目标】

※ 知识目标

1. 掌握线性规划模型的三个要素，熟悉将实际问题用线性规划的数学模型表达。
2. 理解单纯形法的求解线性规划问题思路。
3. 了解相关求解线性规划的软件。

※ 能力目标

1. 能够将实际问题转化为数学模型。
2. 掌握线性规划的 Excel 规划求解模块。

※ 素养目标

1. 培养科学理性思维模式，提升理论联系实际能力。
2. 增强系统优化意识，提高物流规划水平。
3. 培养学生物流数字化和物流仿真素养。

【情境设定】

在现实的生产活动中常常存在这样的问题，例如在生产计划安排中，选择什么样的生产方案才能提高产值、利润；在原料配给问题中，怎样确定各种成分的比例，才能使提高质量、降低成本的目标得以实现；在资源的分配问题中，怎样分配有限的资源，使得分配方案既能满足于各方面的基本要求，又能获得好的经济效益；在经济管理中如何使产出率最大，即单位成本的产值最大，或者赢利率最大。作为物流管理人才，诸如此类问题将是工作中面对的常见问题，那么我们该如何去合理解决呢？

在人们的生产实践中，经常会遇到如何利用现有资源来安排生产，以取得最大经济效益的问题。此类问题构成了运筹学的一个重要分支——规划论，而线性规划（linear programming）问题是规划论的一个重要分支，其所研究的问题是在众多的方案中什么样的方案是最优的，以及怎么找出这些最优方案。

1947 年美国数学家 G. B. Dantzing 提出求解线性规划的单纯形法，为这门学科奠定了基础。线性规划在理论上日趋成熟，在实际应用中也日益广泛与深入。随着计算机程序在线性规划模型求解方面的应用，线性规划的适用领域更为广泛，已成为现代管理中经常采用的基本方法之一。

想要在生产、交通运输、商业贸易等领域提高经济效益，有两种途径：一是进行技术创新；二是提高管理水平，改进生产组织与计划，合理地安排各类生产要素。而线性规划的研究内容可以归纳为两个方面：一是在资源数量一定的情况下，如何合理利用、调配，以有效运用有限资源，获得最佳效益；二是在目标一定的情况下，如何合理筹划，用最少的资源实现目标，成本最低。第一类问题的目标是效益最大化，求最大值问题。第二类问题的目标是成本最低，求最小值问题。而这两类问题都会有实际情况的限制，要么是人力物力一定，要么是目标业绩一定，我们可以用线性函数来实现这个目标。这些线性函数及线性方程组或者线性不等式组即构成了线性规划问题的最基本形态。

线性规划所研究的是在一定条件下，合理安排人力、物力等资源，使经济效果达到最好。利用线性规划解决实际问题的一般步骤是：

首先，对实际问题进行梳理分析，将实际问题经过数学抽象后形成数学模型。

决策变量、约束条件、目标函数是线性规划的三要素，线性规划的数学模型由这三个要素组成。对问题进行分析梳理，先明确该问题的目标是什么，分析出为了实现该目标我们要解决的问题是什么，将其用变量来表示，该变量称为决策变量。决策变量确定后，用决策变量表达我们的目标，称之为目标函数。而该问题所面临的客观约束，也可以用变量的不等式来表达，称之为约束条件。由决策变量、约束条件和目标函数组成数学语言，以及我们所要建立的线性规划问题的数学模型。这个过程就是将实际问题转变为数学语言的过程。

其次，利用数学方法对该数学模型进行求解。

单纯形法是线性规划问题的基本求解方法，后面的项目中我们会做详细介绍。图解法也是一种线性规划问题的求解方法，该方法直观简单，但是受限于图的平面性。因此，图解法只适用于含有两个决策变量的线性规划问题。

随着计算机程序在线性规划模型求解方面的应用，线性规划问题的求解已经不是难题。有很多专门的商业运筹学求解软件，如 CPLEX、GUROBI、XPRESS、MATLAB、LINDO 等。本书选取应用最为广泛的 Excel 中的规划求解模块对线性规划问题进行求解。

最后，将利用数学方法求解得出的数学模型的最优解在实践中进行检验。结合实际情况，确定解决该问题的最优方案，并实施该方案。

任何理论都需要实践的检验，利用线性规划方法的数学模型求解出的最优解，只是给决策者提供了一个科学的决策依据。

下面我们结合案例，对线性规划问题进行详细说明。

任务一
线性规划模型建立

【任务引入】

【例 2－1】 生产计划的问题

某工厂在计划期内要安排生产Ⅰ、Ⅱ两种产品。已知生产单位产品所需的设备台时数，A、B 两种原材料的消耗以及每件产品可获得的利润，如表 2－1 所示。请问应如何安排计划使该工厂获利最多？

该问题可用一句话来描述，即在有限资源的条件下，求使利润最大的生产计划方案。

表 2－1 生产计划的问题

	Ⅰ	Ⅱ	资源限量
设备（台时）	1	2	8
原材料 A（千克）	4	0	16
原材料 B（千克）	0	4	12
单位产品利润（元）	2	3	

任务：掌握线性规划模型的三个要素，熟悉将实际问题用线性规划的数学模型表达。

【任务分析】

本案例属于资源数量一定，想要获得最大利润的生产计划安排问题，这是线性规划的典型生产计划问题。为了解决以上问题，我们将逐步梳理该问题，找出决策变量、目标函数和所受客观约束，并组建该问题的数学模型。

【知识学习】

线性规划数学模型的建立是利用线性规划方法求解实际问题的基石。为了更好更快地将实际问题转化为数学语言，我们需要分析清楚以下几个问题。

一、决策变量

决策变量（decision variable）又称控制变量、设计变量、操作变量等。在描述过程系统的所有变量中，决策变量可以由设计人员按照最能符合系统的目标选择适当的数值，用来描述系统的特性。决策变量是线性规划数学模型中可控而未知的因素。一般使用带不同下标的英文字母表示不同的变量，如 X_i、X_j 等。决策变量的取值受到实际问题的约束，如产量、运输量等不能为负数；涉及人员数量和不可拆分的物品数量时，决策变量的取值必须为整数；等等。同时要注意，在进行数学模型建立的过程中，首先必须要表达清楚决策变量的含义，这样才能更好地写出目标函数和约束条件。

二、目标函数

目标函数就是用决策变量来表示的所追求的目标形式，所以目标函数就是决策变量的函数。线性规划数学模型的目标函数是求系统目标的极值，可能是诸如企业利润和效率等的最大值，一般用 Max 表示；也可能是求解类似成本和费用问题的最小值，一般用 Min 表示。

三、约束条件

约束条件是指实现系统目标的各种限制性因素，在线性规划中，对于决策方案的各项限制，常以不等式或方程式的形式出现。在经济问题中，对目标函数常常要在一定约束条件下求最大值（或最小值），它们包含着用来代表决策方案的变量，借以对决策方案施加限制范围。这些约束通常表现为生产力约束、原材料约束、能源约束、库存约束等资源性约束或者指标约束和需求约束等。

综上所述，从实际问题中建立数学模型一般有以下三个步骤：

（1）根据影响所要达到目的的因素找到决策变量。

（2）由决策变量和所要达到目的之间的函数关系确定目标函数。

（3）由决策变量所受的限制条件确定决策变量所要满足的约束条件。

所建立的数学模型具有以下特点：

（1）每个模型都有若干个决策变量（X_1，X_2，X_3，…，X_n），其中 n 为决策变量个数。决策变量的一组值表示一种方案，决策变量一般是非负的。

（2）目标函数是决策变量的线性函数，根据具体问题可以是最大化（Max）或最小化（Min），二者统称为最优化（OPT）。

微课：线性规划模型的建立

（3）约束条件也是决策变量的线性函数。

当我们得到的数学模型的目标函数为线性函数，约束条件为线性等式或不等式时，称此数学模型为线性规划模型。

【任务实施】

根据上述步骤，对例 2－1 进行分析，建模步骤如下：

第一步：确定决策变量。例 2－1 的问题是应如何安排计划使该工厂获利最多，最终要解决的是Ⅰ、Ⅱ两类产品的生产数量问题，因此设 X_1、X_2 分别表示在计划期内产品Ⅰ、Ⅱ的产量。

第二步：用选取的决策变量来表达目标函数。例 2－1 中工厂的目标是在不超过所有资源限量的条件下，确定产量 X_1、X_2 以得到最大的利润，而产品Ⅰ、Ⅱ的单位产品利润分别为 2 元和 3 元，则目标利润的函数表达为 $Z=2X_1+3X_2$。我们要求的是利润的最大值，则目标函数完整表达为：$\text{Max } Z=2X_1+3X_2$。

第三步：确定约束条件。由于有资源的限制，因此有：

机器设备的限制条件：$X_1+2X_2\leqslant 8$

原材料 A 的限制条件：$4X_1\leqslant 16$

原材料 B 的限制条件：$4X_2\leqslant 12$

（以上三式称为资源约束条件）

同时，产品Ⅰ、Ⅱ的产量不能是负数，所以有：

$X_1\geqslant 0$，$X_2\geqslant 0$

（称为变量的非负约束）

综上所述，该生产计划安排问题可用以下数学模型表示（其中 X_1、X_2 分别表示在计划期内产品Ⅰ、Ⅱ的产量）：

$$\text{Max } Z = 2X_1 + 3X_2$$

$$\text{s. t.} \begin{cases} X_1 + 2X_2 \leqslant 8 \\ 4X_1 \leqslant 16 \\ 4X_2 \leqslant 12 \\ X_1 \cdot X_2 \geqslant 0 \end{cases}$$

以上步骤就是针对实际问题进行分析抽象，转换为数学模型的整体过程，在现实的管理工作中经常会应用到。线性规划求解实际问题，对于一般管理岗位人员是必须具备的基本知识。这里不再赘述过多案例。

四、线性规划数学模型的表达形式

（一）线性规划问题的一般模型

线性规划问题有以下几个共同点：

（1）每个问题都可用一组决策变量（X_1，X_2，…，X_n）表示某一方案，其具体的值就代表一个具体方案。通常可根据决策变量所代表的事物特点，对变量的取值加以约束，如非负约束。

（2）存在一组线性等式或不等式的约束条件。

（3）都可用一个决策变量的线性函数作为决策目标（即目标函数），按问题的不同，要求目标函数实现最大化或最小化。

满足以上三个条件的数学模型称为线性规划的数学模型，其一般形式为：

$$\text{Max（或 Min）} Z = c_1x_1 + c_2x_2 + \cdots + c_nx_n$$

$$\text{s. t.} \begin{cases} a_{11}x_1 + a_{12}x_2 + \cdots + a_{1n}x_n \leqslant (=、\geqslant) b_1 \\ a_{21}x_1 + a_{22}x_2 + \cdots + a_{2n}x_n \leqslant (=、\geqslant) b_2 \\ \cdots\cdots \\ a_{m1}x_1 + a_{m2}x_2 + \cdots + a_{mn}x_n \leqslant (=、\geqslant) b_m \\ x_1 \cdot x_2 \cdots x_n \geqslant 0 \end{cases}$$

其紧缩形式为：

$$\text{Max（或 Min）} Z = \sum_{j=1}^{n} c_j x_j$$

$$\text{s. t.} \begin{cases} \sum_{j=1}^{n} a_j x_j \leqslant (=、\geqslant) b_i (i = 1,2,\cdots,m) \\ x_j \geqslant 0 (j = 1,2,\cdots,n) \end{cases}$$

其矩阵形式为：

$$\text{Max（或 Min）} Z = CX$$

$$\text{s. t.} \begin{cases} AX \leqslant (=、\geqslant) b \\ X \geqslant 0 \end{cases}$$

其向量形式为：

$$\text{Max（或 Min）} Z=CX$$

$$\text{s. t.}\begin{cases}\sum\limits_{j=1}^{n} p_j x_j \leqslant (=、\geqslant) b\\ X_j \geqslant 0(j=1,2,\cdots,n)\end{cases}$$

其中：$C=(c_1, c_2, \cdots, c_n)$，称为价值系数向量；

$A=\begin{bmatrix}a_{11},a_{12},\cdots a_{1n}\\ a_{21},a_{22},\cdots a_{2n}\\ \cdots\cdots\\ a_{m1},a_{m2},\cdots a_{mn}\end{bmatrix}=(p_1, p_2, \cdots, p_n)$，称为技术系数矩阵（并称消耗系数矩阵）；

$b=\begin{bmatrix}b_1\\ b_2\\ \vdots\\ b_m\end{bmatrix}$，称为资源限制向量；

$X=(X_1, X_2, \cdots, X_n)^T$，称为决策变量向量。

（二）线性规划问题的标准型

为了讨论线性规划问题解的概念和解的性质以及使线性规划问题解法更为方便，必须把线性规划问题的一般形式化为统一的标准型：

$$\text{Max}Z=\sum_{j=1}^{n} c_j x_j\ ;$$

$$\text{s. t.}\begin{cases}\sum\limits_{j=1}^{n} a_j x_j = b_i(i=1,2,\cdots,m)\\ x_j \geqslant 0(j=1,2,\cdots,n)\end{cases}$$

或 $$\text{Max}Z=CX$$

$$\text{s. t.}\begin{cases}AX=b\\ X\geqslant 0\end{cases}$$

或 $$\text{Max}Z=CX$$

$$\text{s. t.}\begin{cases}\sum\limits_{j=1}^{n} p_j x_j = b\\ x_j \geqslant 0(j=1,2,\cdots,n)\end{cases}$$

标准型的特点如下：

（1）目标函数是最大化类型。

（2）约束条件均由等式组成。

（3）决策变量均为非负。

（4）约束条件右端常数项均为非负。

（三）将一般形式转化为标准型

如果我们得到的一个线性规划问题不具有以上四个特征，那么我们可以通过一定的数学变形将非标准型线性规划问题标准化，具体方法如下：

（1）若目标函数取最小值 Min $Z = CX$，由于求 Z 的最小值就是求 $-Z$ 的最大值，所以可以将其转化为 Max $(-Z) = -CX$。

（2）当约束条件中第 i 个方程出现 $a_{i1}X_1 + a_{i2}X_2 + \cdots + a_{in}X_n \leqslant b_i$ 时，则增加一个“松弛变量” $X_{i+1} \geqslant 0$，使它成为等式 $a_{i1}X_1 + a_{i2}X_2 + \cdots + a_{in}X_n + X_{i+1} = b_i$。同样，当约束条件中第 i 个方程出现 $a_{i1}X_1 + a_{i2}X_2 + \cdots + a_{in}X_n \geqslant b_i$ 时，则减去一个“松弛变量” $X_{i+1} \geqslant 0$，使它成为等式 $a_{i1}X_1 + a_{i2}X_2 + \cdots + a_{in}X_n - X_{i+1} = b_i$。

（3）当决策变量 X_j 不满足 $X_j \geqslant 0$ 时，则增加两个新的非负决策变量 $X'_j \geqslant 0$ 和 $X''_j \geqslant 0$，用 $X'_j - X''_j$ 替代 X_j，即令 $X_j = X'_j - X''_j$。

（4）当约束条件中第 i 个方程右端出现常数项 $b_i < 0$ 时，则在方程两边同时乘以 $-l$，得到 $-b_i > 0$。

这样我们就可以将任意一个非标准线性规划模型标准化了。

（四）模型隐含的假设

第一，比例性假定。决策变量变化的改变量与引起目标函数的改变量成比例；决策变量变化的改变量与引起约束方程左端值的改变量成比例。

此假定意味着每种经营活动对目标函数的贡献是一个常数，对资源的消耗也是一个常数。

第二，可加性假定。每个决策变量对目标函数和约束方程的影响是独立于其他变量的。

第三，连续性假定。决策变量应取连续值。

第四，确定性假定。所有的参数（a_{ij}，b_i，c_j）均为确定，所以线性规划问题是确定性问题，不含随机因素。

以上四个假定均由于是线性函数所致。在现实生活中，完全满足这四个假定的例子并不多见，因此在使用线性规划时必须注意问题在什么程度上满足这些假定。若不满足的程度较大时，应考虑使用其他模型和方法。如非线性规划、整数规划或不确定性分析方法。

此外，对线性规划标准型，我们还假定 $\mathrm{r}(A) = m < n$。

任务二

图解法求解线性规划问题

【任务引入】

在上一个任务中，我们成功地将一个实际问题转化为数学语言，用数学模型表达了出来，但是该问题到底该怎么解决呢？我们又该如何对该数学模型进行求解呢？

任务：掌握图解法求解两个决策变量的线性规划问题的思路，了解线性规划问题解的性质。

现在我们要想办法求解例 2－1 中的数学模型：

$$\text{Max } Z = 2x_1 + 3x_2$$

$$\text{s. t.} \begin{cases} x_1 + 2x_2 \leqslant 8 \\ 4x_1 \leqslant 16 \\ 4x_2 \leqslant 12 \\ x_1 \cdot x_2 \geqslant 0 \end{cases}$$

【任务分析】

图解法是指求解仅含两个变量的线性规划问题的一种方法。图解法是求解线性规划的一种几何解法。只含两个变量的线性规划问题，由约束条件确定的可行域可以在二维平面上表示出来，按照一定规则，在可行域上移动目标函数的等值线，从而得到线性规划问题的最优解。这里的可行域是凸区域，最优解必在可行域的某个顶点上达到。

图解法仅适用于含有两个变量的线性规划问题的求解，因而图解法的实际用途并不广泛。针对线性规划几何解还有一些重要的性质，这里不加证明，叙述如下：

（1）若线性规划可行域非空，则可行域必定是一个凸集，即集合中任意两点连线上的一切点仍然在该集合内，这样的凸集表现为一个凸多边形，在空间上为 ·个凸几何体。

（2）若线性规划的最优解存在，则最优解或最优解之一肯定能够在可行域（凸集）的某个极点找到。

（3）线性规划的可行域若有界，则一定有最优解。

（4）线性规划几何解存在四种情况：唯一最优解、无穷多最优解、无有限最优解、无可行解。

以上结论是非常有用的，特别是结论（2）非常明确地告诉我们，线性规划的最优解不可能在可行域的内点取得，而只能在凸集的某一个顶点（特殊情况为在凸集的某一条边界上）上达到。因此，求解线性规划问题可转化为如何在可行域的顶点上求出使目标函数值达到最优的点的问题。由于可行域的顶点个数是有限的，因此在求解线性规划模型的最优解时，只要在可行域的有限个顶点范围内一一寻找即可，这样就极大地降低了线性规划问题的复杂程度，减少了大量的工作。

图解法直观的画图表现形式，能让我们更好地理解线性规划解。

【知识学习】

一、解的基本概念

通过上面的描述，我们对线性规划问题的解有如下理解，从线性代数角度来说，解分为可行解和最优解。

可行解：凡满足约束条件和非负条件的决策变量的取值 $X=(x_1, x_2, \cdots, x_n)^{\mathrm{T}}$ 称为线性规划可行解。所有可行解的集合称为线性规划的可行域。

最优解：使目标函数达到最优值的可行解称为线性规划的最优解 $X^*=(x_1^*, x_2^*, \cdots, x_n^*)^{\mathrm{T}}$。

二、图解法的基本步骤

在明确线性规划可行解、可行域和最优解的基础上，介绍线性规划的图解法。对于两个变量的线性规划问题，可以通过平面图进行求解，是线性规划问题解的几何表示。

图解法的基本步骤可以概括如下：

（1）建立平面直角坐标系。取决策变量为坐标向量，标出坐标原点、坐标轴指向及单位长度。

（2）确定线性规划解可行域。根据非负条件和约束条件画出解的可行域。只有在第一象限的点才满足线性规划非负条件。将以不等式表示的每个约束条件化为等式，在坐标系第一象限做出约束直线，每条约束直线将第一象限划分为两个半平面，通过判断确定不等式所决定的半平面。所有约束直线可能形成或不能形成相交区域，若能形成相交区域，则相交区域任意点所表示的解称为此线性规划可行解，这些符合约束限制的点集合，称为可行集或可行域，接着即转到第三步；若不能形成相交区域，就没有可行域，该线性规划问题无可行解。

（3）绘制目标函数等值线。目标函数等值线，就是目标函数取值相同点的集合，通常是一条直线。

（4）寻找线性规划最优解。对于目标函数的任意等值线，确定该等值线平移后值增加的方向，平移此目标函数的等值线，使其达到既与可行域相交又不可能使目标函数值再增加的位置。相交位置存在三种情况：若有唯一交点时，目标函数等值线与可行域相切，则切点坐标就是线性规划的最优解；若相交于多个点，则称线性规划有无穷多最优解；若相交于无穷远处，则此时无有限最优解。

微课：图解法

通过上述讨论，求线性规划问题最优解，可以转化为在其可行域有限个极点上进行搜索的方法。基本思路是：先找出凸集任意一个极点，计算极点的目标函数值。比较与之相邻的目标函数值是否比该极点的目标函数值更优，如果为否，那么该极点就是最优解；如果为是，那么就转到比该点目标函数值更优的另一极点。重复上述过程，直到找出使目标函数值达到最优的极点为止。

【任务实施】

对例 2 - 1 运用图解法求解线性规划问题。引例如下：

$$\text{Max } Z = 2x_1 + 3x_2$$

$$\text{s. t.} \begin{cases} x_1 + 2x_2 \leqslant 8 & ① \\ 4x_1 \leqslant 16 & ② \\ 4x_2 \leqslant 12 & ③ \\ x_1 \geqslant 0, x_2 \geqslant 0 & ④ \end{cases}$$

按以下顺序进行求解：

解：（1）建立平面直角坐标系，两个决策变量分别为两个坐标轴。

（2）确定线性规划解可行域。方法为依次做每条约束线，标出可行域的方向，并找出它们共同的可行域。例如约束条件①，先将其等式 $x_1 + 2x_2 = 8$ 在坐标系中画出，定出约束条件 $x_1 + 2x_2 \leqslant 8$ 表示的区域。为了找到 $x_1 + 2x_2 \leqslant 8$ 的半平面，只要在某个半平面上找到一点，把该点的坐标代入不等式，若满足不等式，则该点所在半平面为所求半平面，否则为另一半平面 $x_1 + 2x_2 > 8$。为了计算简便起见，一般选取原点（0，0）代入不等式，因把原点坐标代入时能满足不等式 $0 + 2 \times 0 \leqslant 8$，所以原点所在半平面满足不等式，于是约束条件 $x_1 + 2x_2 \leqslant 8$ 代表含原点的半平面。按照该方法依次将所有约束条件在平面坐标系中画出，找出所有约束条件的交集及可行域范围。本模型的可行域为如图 2 - 1 所示的阴影部分。

（3）任取一目标函数值作一条目标函数线（称等值线），根据目标函数（最大或最小）类型，平移该直线即离开可行域上，则与目标函数线接触的最终点即表示最优解。也可以用另一种方法，即在其可行域有限个极点上进行搜索的方法。基本思路是：先找出凸集任意一个极点，计算极点的目标函数值。比较与之相邻的目标函数值是否比该极点

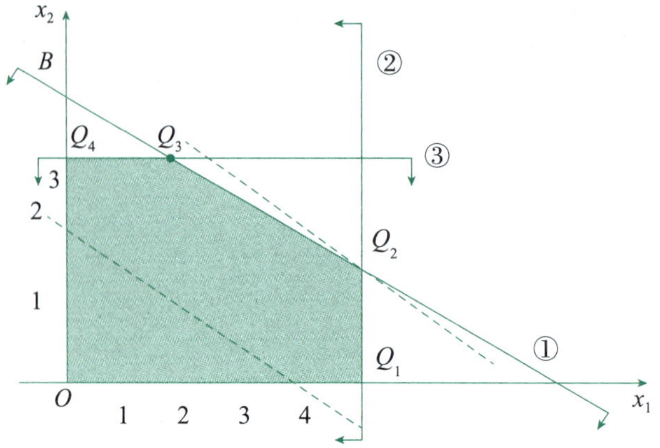

图 2－1　例 2－1 图解法示意图

点的目标函数值更优，如果为否，那么该极点就是最优解；如果为是，则转到比该点目标函数值更优的另一极点。重复上述过程，直到找出使目标函数值达到最优的极点为止。本例题的极值点有 Q_1、Q_2、Q_3、Q_4 4 个，坐标分别为（4，0）（4，2）（2，3）（0，3）。这 4 个点中，Q_2（4，2）会带来目标函数的最大值，最大值为 14，故 $x_1=4$，$x_2=2$ 时目标函数取得最大值。即Ⅰ、Ⅱ商品分别生产 4 件和 2 件时，会获得最大利润，利润值为 14 个单位。

线性规划问题几何解的讨论：

利用图解法可以讨论线性规划解的四种情况。

（1）唯一最优解。

线性规划唯一最优解是指该规划问题有且仅有一个既在可行域内，又使目标值达到最优的解。

例如例 2－1 有唯一解 Q_2，即 $x_1=4$，$x_2=2$，$Z=14$。

（2）无穷多最优解。

线性规划问题的无穷多解是指该规划问题有无穷多个既在可行域内，又使目标值达到最优的解。例 2－1 中若将目标函数改为 $Z=2x_1+4x_2$，则线段 Q_2Q_3 上的点均为最优解，有无穷多最优解（多重解）。

（3）无有限最优解（无界解）。

线性规划问题的无有限最优解是指最大化问题中的目标函数值可以无限增大，或最小化问题中的目标函数值可以无限减少。考虑下述线性规划模型：

$$\text{Max } f=x_1+x_2$$

$$\text{s.t.}\begin{cases}x_1\leqslant 4\\x_1\geqslant 0,x_2\geqslant 0\end{cases}$$

利用图解法进行求解时，可行域是一个非封闭的无界区域，x_1 的取值可以无限增大，同时，目标函数值也可以增大到无穷，如图 2－2 所示。在这种情况下，称线性规划无有限最优解或无界解。原因在于建立线性规划模型时，遗漏了某种必要资源的约束。

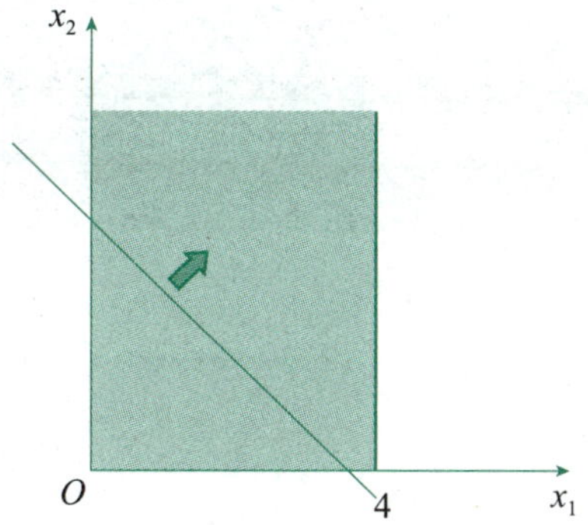

图 2-2　无界解的图解法示意图

（4）无可行解。

当线性规划问题中的约束条件不能同时满足时，将出现无可行域的情况，这时不存在可行解，即该线性规划问题无解。考虑下述线性规划模型：

$$\text{Max } f = x_1 + x_2$$

$$\text{s. t.}\begin{cases} x_1 + 2x_2 \leqslant 4 \\ x_1 - 2x_2 \geqslant 5 \\ x_1 \geqslant 0, x_2 \geqslant 0 \end{cases}$$

利用图解法进行求解时，在第一象限内，所有约束条件不能形成一个相交平面区域，如图 2-3 所示。线性规划问题不存在可行域，也就是说，所求问题没有可行解。其原因是线性规划模型自身存在错误，约束条件之间自相矛盾，应根据实际情况进行调整。

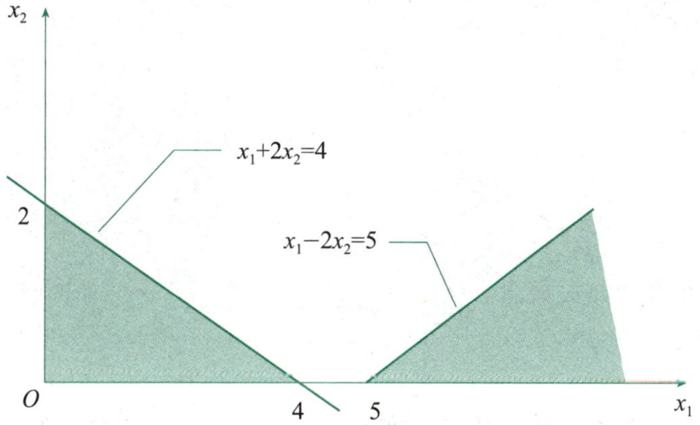

图 2-3　无可行解的图解法示意图

任务三
单纯形法求解线性规划问题

【任务引入】

前面所讲解的图解法适用范围非常有限，那么更复杂的问题该如何求解呢？线性规划问题的一般求解方法是什么？

任务：了解单纯形法的求解思路。

【任务分析】

两个变量的线性规划问题可以用图解法求解，而在变量是 3 个或者 3 个以上且约束条件非常多的情况下，可行域所在的凸集为一个凸多边形，是一个凸几何体，因此无法应用图解法来进行求解。这类问题我们可以用单纯形法求解。单纯形法是很成熟的求解线性规划问题的理论，是一个优化迭代过程，但手动求解过程稍显烦琐，随着计算机应用的普及，将单纯形法的思想用程序解决得以实现。故在学习单纯形法求解线性规划问题时，我们要注重理解求解思路。本书对最基础的求解步骤和方法进行讲解，对于复杂情况的线性规划问题求解，可以利用软件辅助完成，不做讲解。有兴趣的读者可以参阅相关教材进行学习。

【知识学习】

一、相关概念

下面首先介绍几个相关概念。

（一）基变量

在标准型每一个约束方程中选一个变量 x_j，它在该方程中的系数为 1，在其他方程中的系数为 0，这个变量就成为基础变量，也称基变量。其余变量称为非基变量。如果有 m 个约束方程，就可以得到 m 个基变量。

（二）基本可行解

基本可行解是指非基变量为 0 的可行解。

（三）最优解

最优解是指满足目标函数的基本可行解。

二、单纯形法的一般解题步骤

一般线性规划问题在线性方程组的变量数大于方程个数时，会有不定的解。当决策变量个数 n 和约束条件个数 m 较大时，单纯形法是求解线性规划问题的通用方法。从线性方程组中找出一个个单纯形，每一个单纯形可以求得一组解，然后判断该解使目标函数值增大了还是变小了，再决定下一步选择的单纯形。通过优化迭代，直到目标函数实现最大值或最小值。单纯形法秉承“保证每一次迭代比前一次更优”的基本思想：先找出一个基本可行解，对它进行鉴别，看是否是最优解，若不是，则按照一定法则转换到另一改进后更优的基本可行解，再鉴别；若仍不是，则再转换，按此方法重复进行。因基本可行解的个数有限，故经有限次转换必能得出问题的最优解。如果问题无最优解也可用此法判别。

解线性规划问题单纯形法的基本思路如图 2－4 所示。

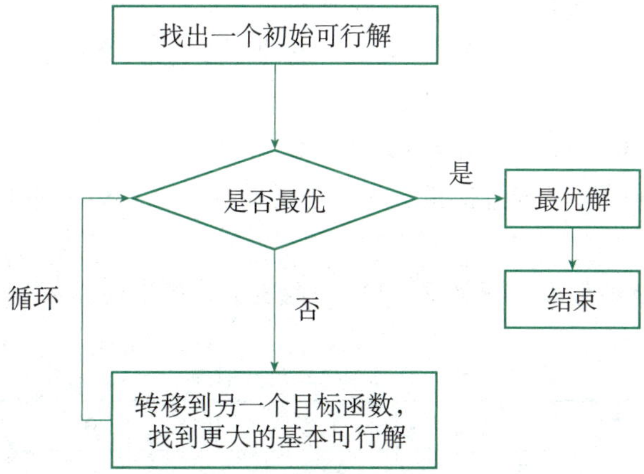

图 2－4　单纯形法的基本思路

单纯形法的一般解题步骤可归纳如下：

（1）把线性规划问题的约束方程组表达成标准型方程组，标准型方程组要实现变量转换（所有变量为非负）、目标转换（统一为求极大值，若求极小值可乘以 －1）、约束转换（由不等式转化为等式）。然后，找出基本可行解作为初始基本可行解。列出初始单纯形表。

（2）若基本可行解不存在，即约束条件有矛盾，则问题无解。

（3）若基本可行解存在，从初始基本可行解作为起点，根据最优性条件和可行性条件，引入非基变量取代某一基变量，找出目标函数值更优的另一基本可行解。

（4）按步骤（3）进行迭代，直到对应检验数满足最优性条件（此时目标函数值不能再改善），即得到问题的最优解。

（5）若迭代过程中发现问题的目标函数值无解，则终止迭代。

【任务实施】

下面以例 2-1 为例，说明一下单纯形法的解题步骤。例 2-1 模型如下：

$$\text{Max } Z = 2x_1 + 3x_2$$

$$\text{s. t.} \begin{cases} x_1 + 2x_2 \leqslant 8 \\ 4x_1 \leqslant 16 \\ 4x_2 \leqslant 12 \\ x_1 \geqslant 0, x_2 \geqslant 0 \end{cases}$$

解：（1）将线性规划问题化为标准型。

引入松弛变量 x_3、x_4、x_5后将其转化为标准型，即

$$\text{Max } Z = 2x_1 + 3x_2$$

$$x_1 + 2x_2 + x_3 = 8$$

$$4x_1 + x_4 = 16$$

$$4x_2 + x_5 = 12$$

$$x_j \geqslant 0 \ (j = 1, 2, 3, 4, 5)$$

该标准型中 x_3、x_4、x_5为基变量，x_1和 x_2为非基变量。令非基变量 $x_1 = x_2 = 0$ 可得一组基本可行解，即

$$x_1 = 0, \ x_2 = 0, \ x_3 = 8, \ x_4 = 16, \ x_5 = 12$$

这组解是否为最优解要进行检验。为着重说明其方法，以下直接在单纯形表上进行迭代运算。

（2）列出初始单纯形表（见表 2-2）并在表中计算出检验数 σ_j。

表 2-2 初始单纯形表

C_j			2	3	0	0	0	θ_i
C_B	X_B	$\bar{b}$	x_1	x_2	x_3	x_4	x_5	
0	x_3	8	1	2	1	0	0	8/1
0	x_4	16	4	0	0	1	0	—
0	x_5	12	0	[4]	0	0	1	12/4
Z_j			0	0	0	0	0	$Z=0$
σ_j			2	3	0	0	0	

表 2-3 中的计算说明如下：

1）Z_j行的计算。用 C_j列（C_j列指目标函数中基变量的系数 C_B）中各数乘决策量列的相对应数后再相加，即 $Z_j = C_B{}^T A_j$，具体计算结果如下：

$$Z_1 = 0 \times 1 + 0 \times 4 + 0 \times 0 = 0$$

$Z_2=0\times2+0\times0+0\times4=0$

$Z_3=0\times1+0\times0+0\times0=0$

$Z_4=0\times0+0\times1+0\times0=0$

$Z_5=0\times0+0\times0+0\times1=0$

$Z=0\times8+0\times16+0\times12=0$

2）σ_j行的计算。$\sigma_j=C_j-Z_j$，即用C_j行各数减去Z_j行相对应数，称为检验数。当$\sigma_j\leqslant0$时，表示基本可行解达到最优；否则当σ_j行中有一正数时，就没有得到最优解，要继续进行迭代运算，向最优解逼近。该例题中所有初始可行解的检验数计算如下：$\sigma_1=2-0=2$，$\sigma_2=3-0=3$，$\sigma_3=\sigma_4=\sigma_5=0-0=0$，并非所有检验数都为负值，所以要继续迭代运算。

3）确定主元列，选择入基变量。当检验数σ_j有正数，称检验数中最大正数所在列为主元列，主元列所对应的非基变量为入基变量。由于表2-3的检验数中最大正数为3，所以第二列为主元列，所对应的非基变量x_2为入基变量。需要注意：在每一步迭代过程中，当选择入基变量与出基变量的同时，在表上都要将基变量列中的基变量与目标系数列中的系数做相应改变，不可疏忽。

4）确定主元行，选择出基变量。按最小比值原则，即用常数列各数除以主元列相对应数的正商数，取其最小比值，该比值所在行为主元行，主元行与主元列交叉的元素称为主元。主元所对应的基础变量为出基变量。

由表2-3可知，Min{8/1，12/4}=3（主元列中零或负数不做比值比较），于是第三行为主元行，主元为［4］，对应基础变量X_5为出基变量。注意：基变量列（x_3，x_4，x_5）^{T}变为（x_3，x_4，x_2）^{T}，且C_j列（0，0，0）^{T}变为（0，0，3）^{T}并置于表2-4中。

5）对增广矩阵用初等行变换将主元化为1。主元所在列其余元素化为零。由表2-3可知，主元已为4，那么将主元所在行同时除以4，将其化为1，其余系数同时变化。然后将第一列其余元素化为零即可。第一列中x_5所在行已经为零不需要再变换。x_3所在行系数为1，x_3所在行系数同时减去主元所在行系数，得到新的单纯形表，见表2-4。再根据上述步骤，计算Z_j与σ_j之后列入单纯形表2-3中。

表2-3　改进单纯形表（一）

C_j			2	3	0	0	0	θ_i
C_B	X_B	$\bar{b}$	x_1	x_2	x_3	x_4	x_5	
0	x_3	2	1	0	1	0	-1/2	—
0	x_4	16	4	0	0	1	0	
3	x_2	3	0	1	0	0	1/4	
Z_j			0	3	0	0	3/4	$Z=9$
σ_j			2	0	0	0	-3/4	

由于表2-4检验数仍有正数2，所以继续以下运算。

6）重新按照步骤3）和步骤4）对表2-4确定主元列与主元行及主元，选择入基变量与出基变量。

由表2-4可知，主元列是第一列，所对应的非基变量x_1为入基变量。按最小比值原则，主元行为第一行，主元为［1］，所对应的基变量x_3为出基变量。

表2-4 改进单纯形表（二）

C_j			2	3	0	0	0	θ_i
C_B	X_B	$\bar{b}$	x_1	x_2	x_3	x_4	x_5	
0	x_3	2	[1]	0	1	0	-1/2	2/1
0	x_4	16	4	0	0	1	0	16/4
3	x_2	3	0	1	0	0	1/4	—
Z_j			0	3	0	0	3/4	—
σ_j			2	0	0	0	-3/4	

7）对增广矩阵用初等行变换将主元［1］化为1，主元所在列其余元素化为零，得到新的单纯形表，见表2-5。再根据上述步骤，计算Z_j与σ_j之后列入单纯形表2-5中。

表2-5 改进单纯形表（三）

C_j			2	3	0	0	0	θ_i
C_B	X_B	$\bar{b}$	x_1	x_2	x_3	x_4	x_5	
2	x_1	2	1	0	1	0	-1/2	
0	x_4	8	0	0	-4	1	2	—
3	x_2	3	0	1	0	0	1/4	
Z_j			2	3	2	0	-1/4	$Z=13$
σ_j			0	0	-2	0	1/4	

由于表2-5检验数仍有正数1/4，所以继续重复前面运算步骤。由表2-5可知，主元列是第五列，所对应的非基变量x_5为入基变量。按最小比值原则，主元行为第二行，主元为［2］，所对应的基变量x_4为出基变量，见表2-6。

表2-6 改进单纯形表（四）

C_j			2	3	0	0	0	θ_i
C_B	X_B	$\bar{b}$	x_1	x_2	x_3	x_4	x_5	
2	x_1	2	1	0	1	0	-1/2	—
0	x_4	4	0	0	-4	1	[2]	4/2
3	x_2	3	0	1	0	0	1/4	12
Z_j			2	3	2	0	-1/4	$Z=13$
σ_j			0	0	-2	0	1/4	

8）对增广矩阵用初等行变换将主元［2］化为1，主元所在列其余元素化为零，得到新的单纯形表，见表2－6。再根据上述步骤，计算 Z_j 与 σ_j 之后列入单纯形表2－7中。

表2－7　改进单纯形表（五）

C_j			2	3	0	0	0	θ_i
C_B	X_B	$\bar{b}$	x_1	x_2	x_3	x_4	x_5	
2	x_1	4	1	0	0	1/4	0	—
0	x_5	4	0	0	−2	1/2	1	
3	x_2	2	0	1	1/2	−1/8	0	
Z_j			2	3	3/2	1/8	0	$Z=14$
σ_j			0	0	−3/2	−1/8	0	

由于表2－7中检验数都满足 $\sigma_j \leqslant 0$，所以最优解已经找到。迭代运算终止。最优解为：$x_1=4$，$x_2=2$，$x_3=0$，$x_4=0$，$x_5=4$，最优目标函数为 $Z=14$。

单纯形法的进一步讨论：

（1）用人工变量法求初始基可行解。

若对LP模型标准化后，不具有 $B=I$ 时，该怎么办？此时可采用人工变量法得到初始基可行解。

所谓人工变量法是在原问题不含有初始可行基 $B=I$ 的情况下，人为地对约束条件增加虚拟的非负变量（即人工变量），构造出含有 $B=I$ 的另一个LP问题后求解。当增加的人工变量全部取值为0时，才与原问题等价。这样，新问题将有一个初始基可行解（以人工变量为基变量），可用单纯形法进行迭代。经迭代后，若人工变量全部被换成非基变量，则原问题的约束条件被恢复，同时也得到一个基可行解。在最终表中若不能全部被换出，则说明原问题无可行解。

因此，该法的关键在于将人工变量全部换出。人工变量法常见的有大M法和两阶段法。

（2）退化。

单纯形法计算中用 θ 规则决定换出变量时，有时会出现两个以上相同的最小比值，这样在下一次迭代中就有一个或几个基变量等于0，出现退化解。如某个最大化问题的单纯形表为表2－8所示。

表2－8　单纯形法出现退化解现象

C_j			4	0	3	0	0	0	θ_i
C_B	X_B	$\bar{b}$	x_1	x_2	x_3	x_4	x_5	x_6	
0	x_5	6	2	0	1	0	1	0	3
0	x_4	3	[1]	−1	0	1	0	0	3

续表

C_j			4	0	3	0	0	0	θ_i
C_B	X_B	$\bar{b}$	x_1	x_2	x_3	x_4	x_5	x_6	
0	x_6	5	1	1	1	0	0	1	5
	Z	0	-4	0	-3	0	0	0	σ_j
0	x_5	0	0	[2]	1	-2	1	0	0
4	x_1	3	1	-1	0	1	0	0	/
0	x_6	3	0	2	1	-1	0	1	1
	Z	12	0	-4	-3	4	0	0	σ_j

在出现退化解后的继续迭代中，有可能出现基循环：

$$B_1 \rightarrow B_2 \rightarrow \cdots\cdots \rightarrow B_1$$

这样迭代下去便永远得不到最优解。解决基循环的方法很多，如“摄动法”“字典序法”等。值得庆幸的是出现基循环是罕见的。

关于单纯形法，还有很多理论已被深入研究，如对偶理论、灵敏度分析和影子价格等，本书不对相关知识做进一步探讨，如有兴趣，可以查阅相关书籍资料进行了解学习。

任务四 用 Excel 求解线性规划问题

【任务引入】

信息化时代，大多问题的解决都依赖于计算机技术。对于诸如线性规划一般的数学问题，计算机软件的应用必不可少。目前市场上有很多专门的运筹学求解软件，但是对于普通用户来讲，要么专业性较强，要么价格昂贵。本书给大家推荐一个使用广泛的基础软件——Excel 表格中的规划求解模块，来解决线性规划问题。

在例 2 - 1 中，只有 2 个决策变量，可以用直观的图解法求解。对于多一两个变量的情况，我们掌握了单纯形法，也可以求解，但是手动计算速度慢、错误率高，并且单纯形法并不是所有普通管理者都已掌握的。那么，如果遇到了复杂的线性规划问题，我们该用什么方法来解决问题呢?

任务：学会用 Excel 的规划求解模块求解线性规划问题。

【任务分析】

线性规划常用的软件有 WinQSB 软件、LINGO 软件以及 Excel 中的规划求解模块等。这些软件都是程序开发者利用程序代码等计算机技术，把线性规划用单纯形法的迭代过程交由计算机程序来完成。使用者只需要分析出问题的解决思路，能够将实际问题转化为数学语言，即写出问题的数序模型，然后将模型中的基础数据有针对性地输入软件中，便可由软件程序求出最优解。对于普通个人用户而言，简单、实用、方便是最大的需求，因此常用办公软件 Excel 中的规划求解模块最为适合。使用者需要掌握的就是在建立数学模型的基础上，如何调用规划求解模块，如何将基础数据输入规划求解模块中。

【知识学习】

一、Excel 简介

电子表格软件 Excel 是微软公司开发的应用软件系统 Office 的重要组成部分，是用于创建和维护电子表格的应用软件。电子表格实际上就是用于显示和管理数据，并能对数据进行各种复杂统计运算的表格，运用打印功能 Excel 可以打印常用的各种统计报表和统计图。

运用 Excel 的图表功能可以把数据信息用于二维和三维的统计图表，因此 Excel 数据地图工具可以使数据信息和地理位置信息有机地组合起来，图表和数据地图完善了 Excel 电子表格的应用功能。

Excel 工作簿是计算机存储数据的文件，每一个工作簿都可以包含多张工作表，因此可在单个文件中管理各种类型的相关信息，工作表是 Excel 用来存储和处理数据的最主要的文档。Excel 还提供了被称为“数据透视表”的强大工具，使用它能够在短时间内对数据进行查阅和统计，让用户从各个角度查阅和分析财务数据。

Excel 电子表格不仅能完成日常的财务工作，而且在复杂的科学计算领域也得到了广泛应用。Excel 电子表格实际上就是一个数据库，对数据的各种操作同样适用于电子表格。在科学计算上，使用 Excel 可以进行变量求解、假设分析、规划求解等。利用 Excel 可以很容易地组织、计算和分析各种类型的数据，从而找到有价值的信息。

Excel 能以表格形式提供的功能如下：

（1）强大（或万能）的表格计算功能。

（2）方便且美观的制表和图形制作功能。

（3）灵活的数据库管理功能。

（4）强大的科学计算功能。

（5）多方面的数据分析功能。

二、Excel 规划求解模块的调用

目前 Excel 的版本基本都具有规划求解模块，只要安装完成后，按提示没有删除安装文件，点击“工具”“加载宏”，勾选“规划求解”，规划求解模块就会自动安装。

在系统中安装“规划求解”模块的方法如下：

早期版本有“工具”菜单，如果没有“规划求解”选项，则单击“加载宏”会跳出“加载宏”对话框，如图 2－5 所示，勾选“规则求解加载项”，点击“确定”安装后在工具菜单中即可出现“规划求解”选项。

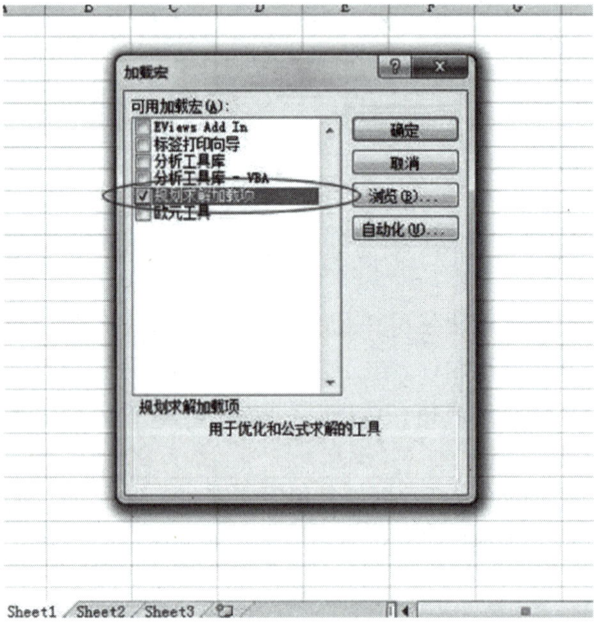

图 2－5 “加载宏”对话框

如果是 Excel 2003 以上的版本，首先启动 Excel，点击“文件”—“选项”，如图 2－6 所示。点击“选项”后出现图 2－7 所示对话框，分别按如图 2－7 所示 1～3 的顺序点击“加载项”“规划求解加载项”“转到”，会出现图 2－8 所示界面。勾选“规划求解加载项”后点击“确定”按钮，会回到 Excel 主页面，在“数据”导航栏里我们可以找到“规划求解”模块，如图 2－9 所示。

规划求解模块调用出后，我们所要做的便是将实际问题的基础数据输入 Excel 表格中，并将数学模型输入 Excel 表格中，这些准备工作完成后，点开规划求解模块，按照需求将所需单元格填入相应位置，即可进行最优解求解。图 2－10 为规划求解模块的初始状态。

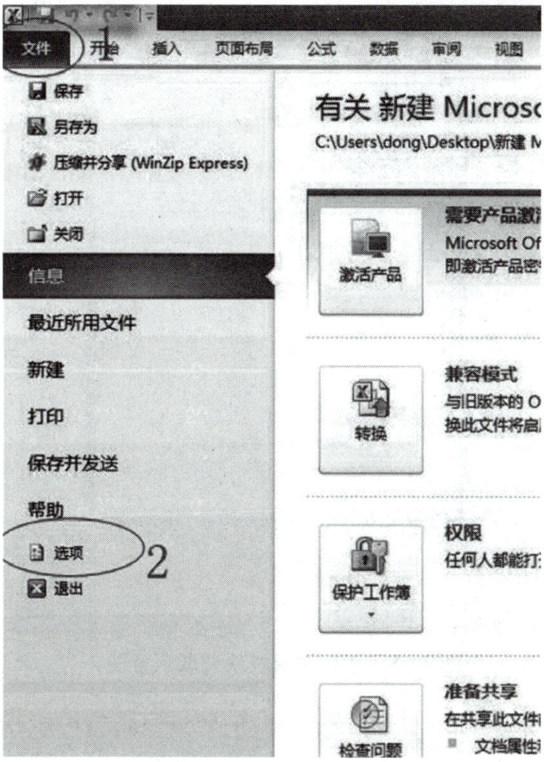

图 2－6　规划求解模块调取示意图 1

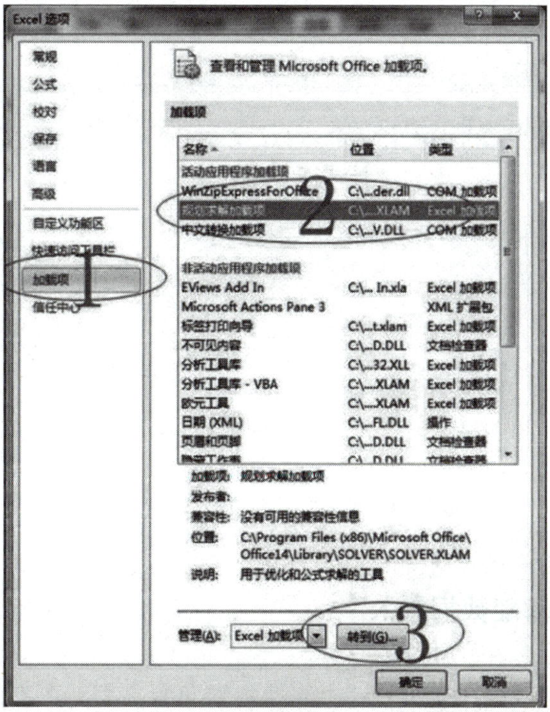

图 2－7　规划求解模块调取示意图 2

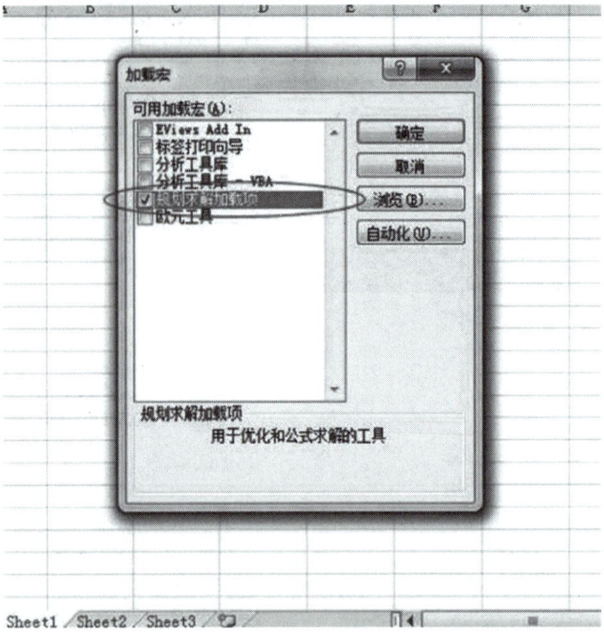

图 2-8　规划求解模块调取示意图 3

图 2-9　规划求解模块调取示意图 4

三、规划求解模块基础数据输入

下面介绍如何使用 Excel 工作表解决线性规划问题，我们在工作表的最上面输入基础数据，在工作表的底部写出数学线性规划模型。

使用 Excel 建立数学模型的基本步骤如下：

（1）在工作表的顶部输入基础数据。

（2）确定每个决策变量所对应的单元格的位置。

（3）选择单元格输入目标函数的函数式。

（4）选择一个单元格输入每个约束条件的函数式。

（5）选择一个单元格输入实际约束值。

四、规划求解模块求解线性规划问题的步骤

（1）在添加好基础数据的 Excel 工作表中调出规划求解模块对话框，如图 2－10 所示。

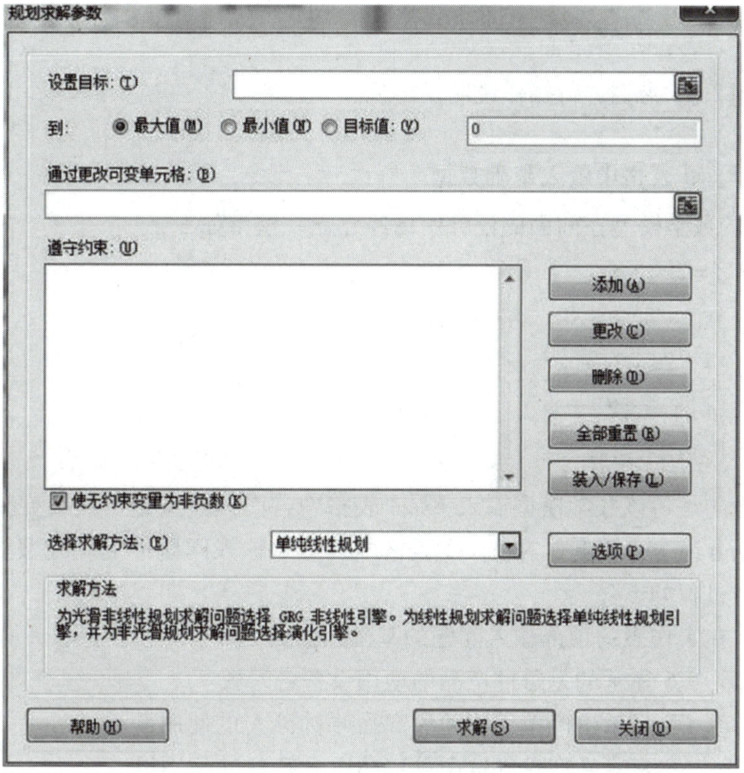

图 2－10　规划求解模块示意图

（2）当出现“规划求解参数”对话框时，在“设置目标”单元格栏输入目标函数所在位置（或者直接用鼠标左键点击目标函数单元格），按照实际问题选择“最大值”“最小值”“目标值”选项中的某一项，在“通过更改可变单元格”栏输入决策变量所在位置（或者直接用鼠标左键点击决策变量单元格）。

（3）单击“添加”按钮，当弹出“添加约束”对话框时，按实际情况添加约束条件，然后单击“确定”按钮。约束条件可以单个添加也可以批量添加。

（4）勾选非负条件，选择求解模型为“单纯线性规划”。

微课：用 Excel 求解线性规划问题

（5）如果有特殊参数需要修改，则点击“选项”按钮进入界面进行修改。

（6）所有条件添加完毕，选择“求解”选项。

（7）当“规划求解结果”对话框出现时，选择“保存规划求解结果”，单击“确定”按钮。

下面结合具体例题为大家讲解如何利用 Excel 工作表解决线性规划问题。

【任务实施】

我们以例 2 - 1 为例进行操作说明。

（一）在 Excel 表格中输入基础数据

例 2 - 1 的数学模型在前面的任务中已经建立，模型如下：

$$\text{Max } Z = 2x_1 + 3x_2$$

$$\text{s. t.} \begin{cases} x_1 + 2x_2 \leqslant 8 \\ 4x_1 \leqslant 16 \\ 4x_2 \leqslant 12 \\ x_1 \cdot x_2 \geqslant 0 \end{cases}$$

我们要做的是将该数学模型输入 Excel 表格中，而该模型是由决策变量和很多基础数据组成的函数组合，因此，在 Excel 表格中首先要输入问题中的基础数据，再进行函数式的编写。过程如下：

步骤一：在工作表的顶部输入问题的基础数据。

单元格 B6：C6 显示的是每件产品的使用设备台时数。

单元格 B7：C7 显示生产单件这两种产品原材料 A 的使用量。

单元格 B8：C8 显示生产单件这两种产品原材料 B 的使用量。

单元格 B9：C9 显示这两种产品的单件利润。

单元格 D6：D8 显示的是设备、原材料 A 和原材料 B 的使用限量。

步骤二：确定每个决策变量所对应的单元格的位置。

单元格 B14 是Ⅰ类商品数量，单元格 C14 是Ⅱ类商品数量。这里需要说明的是，决策变量单元格要连续。

步骤三：选择一个单元格输入用来计算目标函数值的公式。

在单元格 B16 中输入“ = B9 * B14 + C9 * C14”。

步骤四：选择单元格输入公式，计算每个约束条件左边的值。

在单元格 B19 中输入“ = B6 * B14 + C6 * C14”；

在单元格 B20 中输入“ = B7 * B14 + C7 * C14”；

在单元格 B21 中输入“ = B8 * B14 + C8 * C14”。

步骤五：选择一个单元格输入公式，计算每个约束条件右边的值，即所受的客观限制值。

对于此模型中的 3 个条件，选择相应的单元格输入其条件，即

在单元格 D19 中输入“ = D6”；

在单元格 D20 中输入“ = D7”；

在单元格 D21 中输入“ = D8”。

为了便于理解，可为工作表添加标签，这将使我们能够很容易地理解每一部分的意思。例如，在第 13 行和第 14 行中分别写上“Ⅰ类商品数量”“Ⅱ类商品数量”和“决策变量”，这样我们就很容易理解第 13 行和第 14 行的意思；在单元格 A16 中写入“目标函数”，用来说明单元格 B16 表示的是最大利润值；在约束条件明确时，增加约束条件的名称“ < =”，用来表示约束条件左右两边的关系，这些标签对解题来说不是必要的，但它们可以帮助使用者理解模型，并对最优解做出说明。

以上操作在 Excel 表中进行，结果如图 2 - 11 所示。

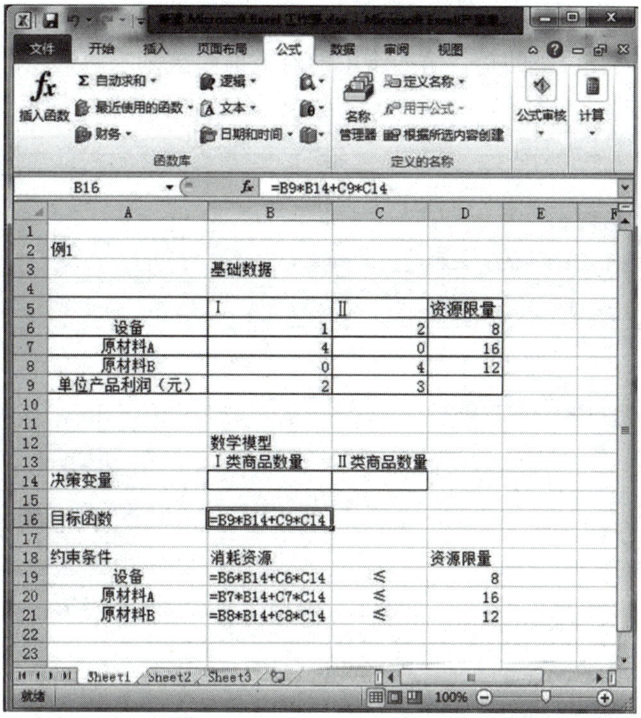

图 2 - 11　Excel 表格中输入基础数据示意图

（二）使用规划求解模块求解

在输入了基础数据的 Excel 表格中，调用出规划求解模块，可以用来解决本课程中所有的线性规划问题。下面将详细说明如何利用 Excel 的规划求解模块来解决例 2 - 1 中

的生产计划问题。

第一步：调用“规划求解”模块，弹出“规划求解参数”对话框。这部分内容已经在前面详细讲解，这里不再赘述。

第二步：当出现“规划求解参数”对话框（如图2－12所示）时，在“设置目标”栏输入“B16”（或者直接用鼠标左键点击目标函数单元格），并选择“最大值”项，在“通过更改可变单元格”栏输入“B14：C14”（或者直接用鼠标左键点击决策变量单元格）。这里要说明的是，决策变量单元格有多个，鼠标拖动要一次性完成。

第三步：单击“添加”按钮，当弹出的“添加约束”对话框出现时，在“单元格引用位置”框中输入“B19：B21”，选择“<＝”，在“约束值”框中输入“D19：D21”，然后单击“确定”按钮。也可以一个一个地添加约束条件。

第四步：勾选非负条件，选择求解模型为“单纯线性规划”。

第五步：所有内容都确认无误后，点击“求解”选项。

第六步：当“规划求解结果”对话框出现时，选择“保存规划求解结果”，单击“确定”按钮。

图2－12表示的是整个规划求解参数对话框，图2－13表示的是Excel 2002工作表中求出的最优解。最优解是生产Ⅰ类商品4件，Ⅱ类商品2件，此时可获得的最大总利润为14个单位。需要说明的是，第四步中的对话框“规划求解选项”中选择了“使无约束变量为非负数”（如图2－12所示），这样就不必输入非负性约束了。

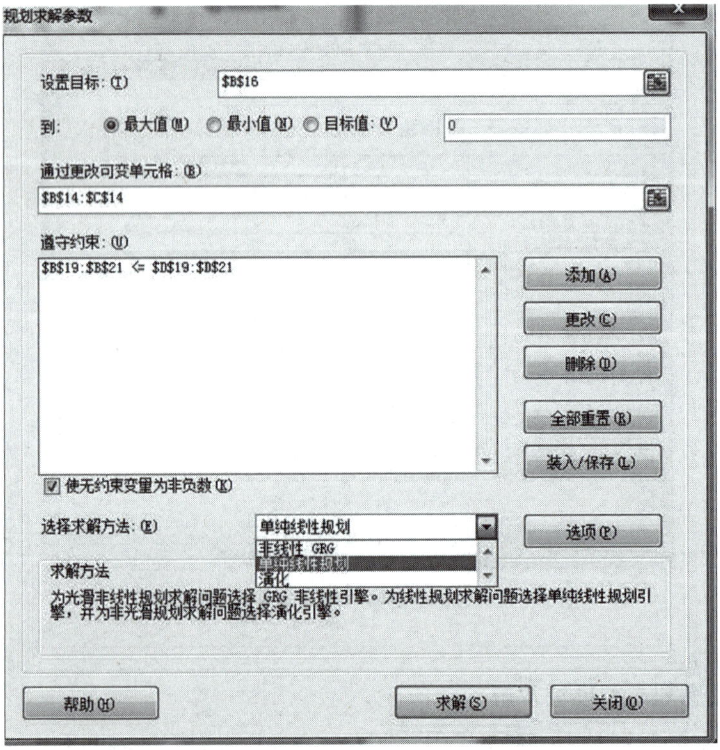

图2－12　规划求解参数调取对话框示意图

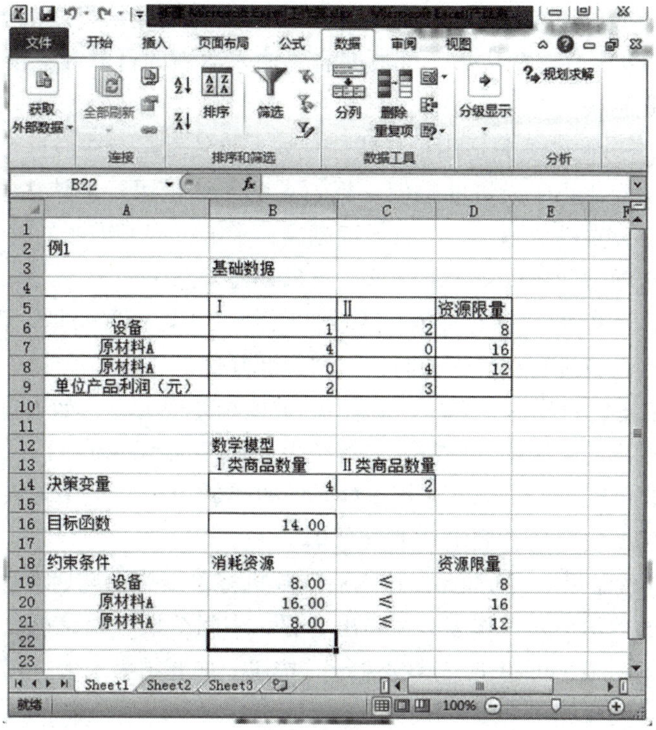

图 2-13　Excel 规划求解模块求出的最优解

四、规划求解模块选项补充说明

对于“规划求解选项”对话框中的参数，可以通过设置这些参数的取值，来控制规划求解过程。下面给出具体说明：

（1）“最长运算时间”。此选项默认值为 100 秒。如果要改变设置，可先删去默认值，然后根据问题规模的大小和复杂程度、可变单元格和约束条件的多少以及所选其他选项的数目输入适当的运算时间，最长可达 32 767 秒。

（2）“迭代次数”。此选项默认值为 100 次。如果要改变设置，可先删去默认值，输入更多的迭代次数，最多可达 32 767 次。增加迭代次数有可能使规划求解得到更满意的结果，但运算时间也将相应延长。

以上两项在运算过程中如果尚未找到结果就已达到设定的运算时间和迭代次数，将会弹出“显示中间结果”对话框，在对话框中选择“继续运行”后，可设置更多的运算时间和迭代次数，继续求解；选择“停止”，可在未完成求解过程的情况下显示“规划求解结果”。

（3）“精度”。选项默认值为 0.000 000 1。如果要达到更高的求解精度，可在此选项中输入所要求的数值，使约束条件的数值能够满足目标值或其上、下限。精度必须用小数表示，小数位数越多，达到的精度越高，但求解的时间也越长。

（4）“允许误差”。此选项只适用于有整数约束条件的整数规划问题。所谓“允许误差”是指满足整数约束条件的目标单元格求解结果与最佳结果之间可以允许的偏差，默认值为5%。如果要改变默认值，可根据需要输入适当的百分数，设置的允许误差越大，求解过程也就越快。

（5）“收敛度”。此选项只适用于非线性规划。收敛度是指在最近5次迭代中，如果目标单元格数值的变化小于设置的数值，规划求解即停止运行，默认值为0.001，可根据需要改变设置。设置的值越小，则收敛度越高，求解过程所需要的时间越长。

在以上5个选项下面还有4个复选框，可根据需要选用：

（1）“采用线性模型”。当目标函数为线性函数，约束条件为线性等式或不等式且要求解决现行优化问题或进行线性逼近时，可选择此复选框，以加速求解过程。

（2）“自动按比例缩放”。当输入和输出的数值相差很大时，如求投资百万美元的赢利百分数时，可选择此复选框，以放大求解结果（即增加小数位数）。

（3）“假定非负”。在“添加约束”对话框的“约束值”框中输入设置下限的可变单元格时，可选择此复选框，假定其下限为0。

（4）“显示迭代结果”。选择此复选框后计算机将单步执行规划求解，即每进行一次迭代后都将求解的数值记入工作表，并弹出“显示中间结果”对话框。如要继续求解过程并显示下次求解结果，可单击“继续执行”按钮，如要结束求解过程并显示“规划求解结果”对话框，可单击“停止”按钮。

另外，“估计”“导数”“搜索”单选框为规划求解所用方法选项：

（1）“估计”单选框指定在每个一维搜索中用以得到基本变量初始估计值的逼近方案，下设“正切函数”和“二次方程”两个选项。“正切函数”指定使用正切向量线性外推法；“二次方程”指定使用二次函数外推法，可以提高非线性规划问题的计算精度。

（2）“导数”单选框指定用于估计目标函数和约束条件偏导数的差分方案，下设“向前差分”和“中心差分”两个选项。“向前差分”多用于多数约束条件数值变化比较缓慢的问题；“中心差分”用于约束条件数值变化迅速，特别是接近限定值的问题。此选项需要较多计算，但有助于规划求解得到有效结果。

（3）“搜索”单选框指定每次迭代算法已确定的搜索方向，下设“牛顿法”和“共轭法”两个选项。“牛顿法”采用准牛顿法进行迭代，占用内存较多，但所需要的迭代次数较少；“共轭法”占用的内存较少，但要达到指定的精度需要迭代的次数较多。当问题规模较大或计算机内存有限，或单步迭代进程缓慢时，应使用“共轭法”。

【项目小结】

本项目内容围绕例2-1展开，主要介绍了建立简单的线性模型的方法，讨论线性规划模型的图解法以及单纯形法，重点讲述了计算机软件解决线性规划问题的方法。由于单纯形法的迭代过程复杂，加之计算机软件应用的普及，因此要求学生对单纯形法的解题思路进行了解即可，本项目最主要是掌握如何将实际问题转化为数学模型，这是线性规划解决实际问题的基础。

模型建立有以下三个步骤：

（1）根据影响所要达到目的的因素找到决策变量。

（2）由决策变量和所要达到目的之间的函数关系确定目标函数。

（3）由决策变量所受的限制条件确定决策变量所要满足的约束条件。

主要掌握计算机软件求解。Excel 的规划求解模块可以求解各种复杂的线性规划问题。基于 office 办公软件的普及，方便使用是该模块相对于其他专业性质软件的最大优势，其简便的操作方法也为广大用户所接受。

【思考与练习】

1. 某饲料公司用甲、乙两种原料配制饲料，甲、乙两种原料的营养成分及配合饲料中所含各营养成分最低量由表 2－9 给出。已知甲、乙原料的单位价格分别为 10 元和 20 元，求满足营养所需饲料的最小成本配方。

表 2－9 甲、乙两种原料营养成分含量及最低需求量

	甲 营养成分单位/原料单位	乙 营养成分单位/原料单位	配合饲料 最低含量
钙	1	1	10
蛋白质	3	1	15
热量	1	6	15

2. 某农户计划用 12 公顷耕地生产玉米、大豆和地瓜，可投入 48 个劳动日、资金 360 元。生产玉米 1 公顷，需 6 个劳动日，资金 36 元，可获净收入 200 元；生产 1 公顷大豆，需 6 个劳动日，资金 24 元，可获净收入 150 元；生产 1 公顷地瓜需 2 个劳动日，资金 18 元，可获净收入 120 元。请问怎样安排才能使总的净收入最高？

3. 某农户有耕地 20 公顷，可采用甲、乙两种种植方式。甲种植方式每公顷需投资 280 元、6 个劳动日，可获收入 1 000 元；乙种植方式每公顷需投资 150 元、15 个劳动日，可获收入 1 200 元。该户共有可用资金 4 200 元、240 个劳动日。请问如何安排甲、乙两种方式的生产，可使总收入最大？

4. 假定一个成年人每天需要从食物中获取 3 000 卡路里热量、55 克蛋白质和 800 毫克钙。如果市场上只有四种食品可供选择，它们每千克所含热量和营养成分以及市场价格如表 2－10 所示。请问如何选择才能在满足营养的前提下使购买食品的费用最低？

表 2-10 四种食品每千克所含热量和营养成分以及市场价格表

序号	食品名称	热量（卡路里）	蛋白质（克）	钙（毫克）	价格（元）
1	猪肉	1 000	50	400	10
2	鸡蛋	800	60	200	6
3	大米	900	20	300	3
4	白菜	200	10	500	2

5. 某昼夜服务的公交线路每天各时间段内所需司机和乘务人员人数如表 2-11 所示。

表 2-11 每天各时间段内所需司机和乘务人员人数表

班次	时间	所需人数（人）
1	6：00—10：00	60
2	10：00—14：00	70
3	14：00—18：00	60
4	18：00—22：00	50
5	22：00—2：00	20
6	2：00—6：00	30

设司机和乘务人员分别在各时间段开始时上班，并连续工作 8 小时。请问该公交线路应怎样安排司机和乘务人员，既能满足工作需要，又使配备司机和乘务人员的人数减少？

6. 现有一批某种型号的圆钢长 8 米，需要截取 2.5 米长的毛坯 100 根，1.3 米长的毛坯 200 根。请问如何才能既满足需要，又能使总的用料最少？

7. 有 10 米长的钢管若干，现在需要 2 米、3 米、5 米长的钢管各 100 根。请问如何建立模型？

8. 某医院昼夜 24 小时各时段内需要的护士数量为：2：00—6：00，10 人；6：00—10：00，15 人；10：00—14：00，25 人；14：00—18：00，20 人；18：00—22：00，18 人；22：00—2：00，12 人。护士分别于 2 点、6 点、10 点、18 点、22 点分 6 批上班，并且连续工作 8 小时。请问：

（1）该医院至少应设置多少名护士，才能满足值班需要？

（2）若医院可以聘任合同工护士，上班时间同正式工时间，正式工报酬为 10 元/小时，合同工为 15 元/小时，医院是否应聘用合同工护士及聘用多少？

9. 某机械厂生产Ⅰ、Ⅱ、Ⅲ三种产品，每种产品均需要 A、B 两道加工工序。设该厂有两种规格的设备能完成工序 A，它们以 A_1 和 A_2 表示。有三种规格的设备能完成工序 B，它们以 B_1、B_2、B_3 表示。产品Ⅰ可在工序 A 和 B 的任何规格的设备上加工，产品Ⅱ可在工序 A 的任何规格的设备上加工，但完成工序 B 时，只能在设备 B_1 上加工。产品Ⅲ只能在设备 A_2 和 B_2 上加工。已知在各种设备上加工的单位工时、各种设备的有效台时以及满负荷操作时设备的费用如表 2-12 所示。另外，已知原材料的价格分别为 0.25 元/件、

0.35 元/件、0.50 元/件。销售价格分别为 1.25 元/件、2.00 元/件、2.80 元/件。请制定最优的产品加工方案，使该厂利润最大。

表 2－12　单位时工时、各种设备的有效台时以及满负荷操作时设备的费用表

设备	单位产品工时（小时）			设备有效台时（小时）	满负荷设备费用（元）
	Ⅰ	Ⅱ	Ⅲ		
A_1	5	10		6 000	300
A_2	7	9	12	10 000	321
B_1	6	8		4 000	250
B_2	4		11	7 000	783
B_3	7			4 000	200

10. 某工厂要用三种原料 1、2、3 混合调配出甲、乙、丙三种不同规格的产品，产品规格要求、产品单价、每天能供应的原材料的数量以及原材料单价如表 2－13、表 2－14 所示。请问应如何安排生产？

表 2－13　甲、乙、丙三种产品规格要求以及单价表

产品	规格要求	单价（元/千克）
甲	原材料 1 不少于 50%，原材料 2 不超过 25%	50
乙	原材料 1 不少于 25%，原材料 2 不超过 50%	35
丙	不限	25

表 2－14　原材料供应量以及价格表

原材料	每天最多供应量（千克）	单价（元/千克）
1	100	65
2	100	25
3	60	35

【综合实训】

上机实训：线性规划问题的 Excel 处理。

请为“思考与练习”中的练习题建立数学模型，利用 Excel 的规划求解模块进行求解。

项目三
整数规划

【学习目标】

※ 知识目标

1. 理解整数规划和线性规划的关系。
2. 了解整数规划的分支定界法。
3. 掌握指派问题及其解法。
4. 掌握 Excel 求解整数规划。

※ 能力目标

1. 会建立整数规划数学模型。
2. 会用匈牙利法求解指派问题。
3. 熟练掌握 Excel 求解整数规划。

※ 素养目标

1. 培养学生高效、高质量完成工作的意识。
2. 培养学生全面分析问题与解决问题的能力。

【情境设定】

在前面讨论的线性规划问题中，有些最优解可能是分数或小数，但对于某些具体问题，常要求解答必须是整数的情形（即为整数解）。例如，所求解是机器的台数、完成工作的人数或装货的车数等，分数或小数的解答就不合要求。为了满足整数解的要求，初看起来，似乎只要把已得到的带有分数或小数的解经过“舍入化整”就可以了。但是实际问题的确如此吗？碰到决策变量必须为整数的情形，我们该如何求解呢？

任务一
整体规划的数学模型

【任务引入】

【例3-1】 某物流公司拟用集装箱托运甲、乙两种货物，每箱的体积、重量、可获利润以及托运所受限制如表3-1所示。两种货物均是整箱运输，不可拆分。问两种货物各托运多少箱，可使获得利润为最大？针对这样的问题，结合项目二所学内容，我们该如何解决呢？

表3-1　甲、乙两种货物，每箱的体积、重量、可获利润以及托运所受限制表

货物	体积（立方米/箱）	重量（100千克/箱）	利润（100元/箱）
甲	5	2	20
乙	4	5	10
托运限制	24	13	

任务：学会建立整数规划数学模型，学会使用0—1变量。

【任务分析】

例3-1这样的实际问题在我们的工作中非常常见，尤其是在物流管理的配送和运输环节。结合项目二所学的线性规划方法，我们很容易想到把这个问题转化为线性规划的数学模型，然后进行求解。同时我们也注意到“两种货物均是整箱运输，不可拆分”这样一句说明，这正是由于研究主体的整体性带来的问题，是整数规划和普通线性规划的区别。

【知识学习】

一、基本概念

整数规划（Integer Linear Programming，ILP），是最近几十年来发展起来的规划论中的一个分支。整数规划是一类要求变量取整数值的数学规划，可分成线性和非线性两类。整数规划是数学规划中一个较弱的分支，目前只能求解中等规模的线性整数规划问题，而非线性整数规划问题，还没有好的办法。

根据变量的取值性质，整数规划可以分为以下三种类型：

（1）纯整数规划（pure integer linear programming）：全部决策变量都必须取整数的整数规划，也称全整数规划。

（2）混合整数规划（mixed integer linear programming）：决策变量中有一部分必须取整数，另一部分可以不取整数的整数规划。

（3）0—1 型整数规划（zero-one integer linear programming）：决策变量只能取 0 或 1 的整数规划。这种整数规划是比较常用的整数规划模式，可以解决很多实际问题。后面将举例说明。

二、整数规划的数学模型

整数规划的一般数学模型：

$$\text{Max (Min) } Z = \sum c_j x_j$$

$$\text{s. t.} \begin{cases} \sum a_{ij}x_j \text{£}\, b_i (i = 1, 2, \cdots, m) \\ X_j \geqslant 0, \text{且部分或全部是整数} \end{cases}$$

整数规划数学模型的建立和一般线性规划数学模型的建立步骤是相同的，唯一要注意的是决策变量的取值要根据实际问题来确定哪些取整数，哪些不取整数，这也是整数规划数学模型和一般线性规划数学模型在形式上唯一的不同。

三、整数规划和一般线性规划的不同

微课：整数规划

从数学模型的表达形式我们不难看出，整数规划和一般线性规划的区别就在于决策变量的取值是否为整数。但是从求解角度来看，整数规划和一般线性规划有一定的区别，不能按照一般线性规划问题的求解方法求解，然后再取整的方法来进行。本项目的任务二中我们将具体讨论整数规划的求解方法。

【任务实施】

结合上面的分析，利用项目二学习过的线性规划数学模型建立步骤，我们将例3－1的数学模型建立如下。

解：设 X_1、X_2分别为甲、乙两种货物的托运箱数（X_1、X_2都是非负整数）。用数学式可表示为：

$$\text{Max } Z = 20X_1 + 10X_2 \quad ①$$

$$5X_1 + 4X_2 \leqslant 24 \quad ②$$

$$2X_1 + 5X_2 \leqslant 13 \quad ③$$

$$X_1,\ X_2 \geqslant 0，\text{且 } X_1、X_2 \text{ 均取整数} \quad ④$$

在该模型中①为目标函数，②和③分别是受到集装箱的体积和载重限制，④是非负限制以及不可拆分的限制。这是一个纯整数线性规划问题。

特殊的0—1型整数规划：

0—1型整数规划是整数规划中的特殊情形，它的变量 X_j仅取值0或1。这时 X_j称为0—1变量，或称二进制变量。X_j仅取值0或1这个条件可由下述约束条件表示：$0 \leqslant X_j \leqslant 1$，且为整数。此表述和一般整数规划的约束条件形式是一致的。在实际问题中，如果引入0—1变量，就可以把有各种情况需要分别讨论的线性规划问题统一在一个问题中讨论了。我们先介绍引入0—1变量的实际问题，再研究解法。

（1）投资场所的选定——相互排斥的计划。

【例3－2】 某公司拟在市东、西、南三区建立门市部。现有7个位置（点）A_i（$i=1, 2, \cdots, 7$）可供选择，拟定规则如下：

在东区：由 A_1、A_2、A_3三个点中至多选两个；

在西区：由 A_4、A_5两个点中至少选一个；

在南区：由 A_6、A_7两个点中至少选一个。

如选用 A_i点，设备投资估计为 b_i元，每年可获利润估计为 c_i元，但投资总额不能超过B元。请问选择哪几个点可使年利润为最大？

解：解题时先引入0—1变量 x_i（$i=1, 2, \cdots, 7$）。

$$\text{令 } x_i = \begin{cases} 1, & \text{当}A_i\text{点被选中} \\ 0, & \text{当}A_i\text{点没被选中} \end{cases}$$

于是问题可列写成：

$$\text{Max } Z = \sum_{i=1}^{7} c_i x_i$$

$$\text{s.t.}\begin{cases}\sum_{i=1}^{7} b_i x_i \leqslant B \\ x_1 + x_2 + x_3 \leqslant 2 \\ x_4 + x_5 \geqslant 1 \\ x_6 + x_7 \geqslant 1,\ x_i = 0 \text{ 或 } 1\end{cases}$$

（2）相互排斥的约束条件。

【例3－3】有两个相互排斥的约束条件：

$5x_1 + 4x_2 \leqslant 24$ 或 $7x_1 + 3x_2 \leqslant 45$

为了统一在一个问题中，引入0—1变量y，则上述约束条件可改写为：

$$\begin{cases}5x_1 + 4x_2 \leqslant 24 + yM \\ 7x_1 + 3x_2 \leqslant 45 + (1-y)M \\ y = 0 \text{ 或 } 1\end{cases}$$

其中M是充分大的数。

再例如约束条件为：

$x_1 = 0$ 或 $500 \leqslant x_1 \leqslant 800$

可改写为：

$$\begin{cases}500y \leqslant x_1 \leqslant 800y \\ y = 0 \text{ 或 } 1\end{cases}$$

（3）关于固定费用（fixed cost problem）的问题。

在讨论线性规划时，有些问题是要求使成本为最小。若设固定成本为常数，则在线性规划的模型中不必明显列出。但有些固定费用（固定成本）的问题不能用一般线性规划来描述，则可改变为混合整数规划来解决，如例3－4。

【例3－4】某工厂为了生产某种产品，有几种不同的生产方式可供选择，如选定的生产方式投资高（选购自动化程度高的设备），由于产量大，因而分配到每件产品的变动成本就降低；反之，如选定的生产方式投资低，将来分配到每件产品的变动成本则可能增加，所以必须全面考虑。设有三种方式可供选择，令：

x_j表示采用第j种方式时的产量；

c_j表示采用第j种方式时每件产品的变动成本；

k_j表示采用第j种方式时的固定成本。

为了说明成本的特点，暂不考虑其他约束条件。采用各种生产方式的总成本分别为：

$$P_i = \begin{cases}k_i + c_i x_i, & x_j > 0 \\ 0, & x_j = 0\end{cases} \quad j = 1,\ 2,\ 3 \tag{1}$$

在构成目标函数时，为了统一在一个问题中进行讨论，现引入0—1变量y_j，令：

$$y_j = \begin{cases}1, & \text{当采用第 } j \text{ 种生产方式,即 } x_j > 0 \text{ 时} \\ 0, & \text{当不采用第 } j \text{ 种生产方式,即 } x_j = 0 \text{ 时}\end{cases} \tag{2}$$

于是目标函数为：

$$\text{Min } Z=(k_1y_1+c_1x_1)+(k_2y_2+c_2x_2)+(k_3y_3+c_3x_3)$$

(2) 式这个规定可表示为下述线性约束条件：

$$x_j \leqslant y_jM,\quad j=1,2,3 \tag{3}$$

其中 M 是个充分大的常数。(3) 式说明，当 $x_j>0$ 时，y_j必须为 1；当 $x_j=0$ 时，只有 y_j为 0 时才有意义。所以 (3) 式完全可以代替 (2) 式。

从以上几个简单的案例可以看出，0—1 变量在实际中的应用非常广泛。0—1 型整数规划是整数规划中的特殊情形，它在实际应用中有着重要的意义。许多管理问题无法归结为线性规划的数学模型，但可以通过设置这样的逻辑变量，很简便地建立起整数规划问题的数学模型，从而把有各种情况需分别讨论的线性规划问题统一在一个问题中讨论。

任务二 整数规划的求解

【任务引入】

任务一中的数学模型与一般线性规划模型只有决策变量取值限制这一点区别，那么是否可以用一般线性规划的求解方法求解呢？

任务：了解分支定界法、0—1 型整数规划的枚举法，学会用 Excel 的规划求解模块求解整数规划问题。

【任务分析】

在考虑整数规划问题的求解办法时，将其相应的线性规划的最优解“化整”来解原整数线性规划，是最容易想到的，但常常得不到整数线性规划的最优解，甚至根本不是可行解。因此，有必要对整数线性规划的解法进行专门研究。

在求解整数线性规划时，如果可行域是有界的，首先容易想到的方法就是穷举变量的所有可行的整数组合，然后比较它们的目标函数值以定出最优解，我们称之为穷举法。对于小型的问题，变量数很少，可行的整数组合数也是很小的情况，这个方法是可行的，也是有效的。但是对于多个变量，或者可行域非常大的情况，穷举法很难实施。下面我们将介绍运用分支定界法、0—1 整数规划的枚举法以及项目二中学习的 Excel 的规划求解模块来对整数规划进行求解。

【知识学习】

基于上面的分析，我们了解整数规划，除少数可以用完全枚举法或用线性规划的单纯形法直接求解，一般必须寻求新的求解方法。常用的整数规划求解方法分类如下：

分支定界法——可求纯或混合整数线性规划。

割平面法——可求纯或混合整数线性规划。

隐枚举法——求解“0—1”型整数规划。

匈牙利法——解决指派问题（“0—1”型整数规划特殊情形）。

下面简要介绍常用的几种求解整数规划的方法。

一、分支定界法

分支定界法可用于解纯整数或混合的整数线性规划问题，在 20 世纪 60 年代初由 Land Doig 和 Dakin 等人提出。由于该方法灵活且便于用计算机求解，所以现在它已是解整数线性规划的重要方法。对有约束条件的最优化问题（其可行解为有限数）的可行解空间恰当地进行系统搜索，这就是分支与定界内容。通常，把全部可行解空间反复地分割为越来越小的子集，称为分支；并且对每个子集内的解集计算一个目标下界（对于最小值问题），称为定界。在每次分支后，凡是界限不优于已知可行解集目标值的那些子集不再进一步分支，这样，许多子集可不予考虑，这称为剪支。这就是分支定界法的主要思路。

从以上解题思路可得用分支定界法求解整数规划（最大化）问题的步骤为：

将要求解的整数规划问题称为问题 A，将与它相应的线性规划问题称为问题 B。

（1）解问题 B 可能得到以下情况之一：

1）B 没有可行解，这时 A 也没有可行解，则停止。

2）B 有最优解，并符合问题 A 的整数条件，B 的最优解即为 A 的最优解，则停止。

3）B 有最优解，但不符合问题 A 的整数条件，记它的目标函数值为 $\bar{z}$ 。

（2）用观察法找问题 A 的一个整数可行解，一般可取 $x_j=0$，$j=1$，…，n，试探，求得其目标函数值，并记作 $\underline{z}$ 。以 z^* 表示问题 A 的最优目标函数值，这时有：

$$\underline{z} \leqslant z^* \leqslant \bar{z}$$

进行迭代：

第一步：分支，在 B 的最优解中任选一个不符合整数条件的变量 x_j，其值为 b_j，以 $[b_j]$ 表示小于 b_j的最大整数。构造两个约束条件：

$$x_j \leqslant [b_j] \text{ 和 } x_j \geqslant [b_j]+1$$

将这两个约束条件，分别加入问题 B，求两个后继规划问题 B_1和 B_2。不考虑整数条件求解这两个后继问题。

定界，以每个后继问题为一分支标明求解的结果，在其他问题的解的结果中，找出最优目标函数值最大者作为新的上界 $\bar{z}$；从已符合整数条件的各分支中，找出目标函数值为最大者作为新的下界 $\underline{z}$，若无作用则 $\underline{z}=0$。

第二步：比较与剪支，各分支的最优目标函数中若有小于 $\underline{z}$ 者，则剪掉这支，即以后不再考虑了。若大于 $\underline{z}$，且不符合整数条件，则重复第一步骤。一直到最后得到 $z^*=\underline{z}$ 为止。得最优整数解 x_j^*，$j=1$，…，n。

二、0—1 型整数规划解法——隐枚举法

求解 0—1 型整数规划最容易想到的方法，和一般整数规划的情形一样，就是穷举法，即检查变量取值为 0 或 1 的每一种组合，比较目标函数值以求得最优解，这就需要检查变量取值的 2^n 个组合。对于变量个数 n 较大（例如 $n>10$），这几乎是不可能的。因此常设计一些方法，只检查变量取值的组合的一部分，就能求到问题的最优解。这样的方法称为隐枚举法（implicit enumeration），分支定界法也是一种隐枚举法。

求解思路：

（1）先试探性求一个可行解，得出一个目标值 z_0。

（2）因为是求极大值问题，故求最优解时，凡是目标值 z 小于 z_0 的解不必检验是否满足约束条件即可删除，因为它肯定不是最优解，于是应增加一个约束条件（目标值下界）。

（3）改进过滤条件。

（4）由于对每个组合首先计算目标值以验证过滤条件，故应优先计算目标值 Z 大的组合，这样可提前抬高过滤门槛，以减少计算量。

当然，对有些问题隐枚举法并不适用，所以有时穷举法还是必要的。

有关整数规划的求解方法还有很多，如割平面法以及其他计算机辅助解法等，这里只简单介绍如上两种。在实际应用中，我们更多的是结合计算机辅助软件来对数学模型进行分析求解。对于其他求解方法感兴趣的同学，请查阅相关资料和书籍进行学习。

【任务实施】

一、分支定界法

现用例题来说明分支定界法的具体步骤。

【例 3－5】 求解下述整数规划：

$$\text{Max } Z=40x_1+90x_2$$

$$\text{s. t.}\begin{cases}9x_1+7x_2\leqslant 56\\7x_1+20x_2\leqslant 70\\x_1,x_2\geqslant 0,\text{且为整数}\end{cases}$$

解：（1）先不考虑整数限制，即解相应的线性规划 B，得最优解为：

$x_1 = 4.8092$，$x_2 = 1.8168$，$z = 355.8779$

可见它不符合整数条件。这时 Z 是问题 A 的最优目标函数值 z^* 的上界，记作 $\bar{z}$。而 $x_1 = 0$，$x_2 = 0$ 显然是问题 A 的一个整数可行解，这时 $z = 0$，是 z^* 的一个下界，记作 $\underline{z}$，即 $0 \leqslant z^* \leqslant 356$。

（2）因为 x_1，x_2 当前均为非整数，故不满足整数要求，任选一个进行分支。设选 x_1 进行分支，把可行集分成 2 个子集：

$x_1 \leqslant [4.8092] = 4$，$x_1 \geqslant [4.8092] + 1 = 5$

因为 4 与 5 之间无整数，故这两个子集内的整数解必与原可行集合整数解一致。这一步称为分支。这两个子集的规划及求解如下：

问题 B_1：Max $Z = 40x_1 + 90x_2$

$$\text{s.t.}\begin{cases}9x_1 + 7x_2 \leqslant 56\\ 7x_1 + 20x_2 \leqslant 70\\ 0 \leqslant x_1 \leqslant 4, x_2 \geqslant 0\end{cases}$$

最优解为：$x_1 = 4.0$，$x_2 = 2.1$，$z_1 = 349$。

问题 B_2：Max $Z = 40x_1 + 90x_2$

$$\text{s.t.}\begin{cases}9x_1 + 7x_2 \leqslant 56\\ 7x_1 + 20x_2 \leqslant 70\\ x_1 \geqslant 5, x_2 \geqslant 0\end{cases}$$

最优解为：$x_1 = 5.0$，$x_2 = 1.57$，$z_1 = 341.4$。

再定界：$0 \leqslant z^* \leqslant 349$。

（3）对问题 B_1 再进行分支得问题 B_{11} 和 B_{12}，它们的最优解为：

B_{11}：$x_1 = 4$，$x_2 = 2$，$z_{11} = 340$；

B_{12}：$x_1 = 1.43$，$x_2 = 3.00$，$z_{12} = 327.14$。

再定界：$340 \leqslant z^* \leqslant 341$，并将 B_{12} 剪支。

（4）对问题 B_2 再进行分支得问题 B_{21} 和 B_{22}，它们的最优解为：

B_{21}：$x_1 = 5.44$，$x_2 = 1.00$，$z_{22} = 308$；

B_{22} 无可行解。

将 B_{21} 和 B_{22} 剪支。

于是可以断定原问题的最优解为：$x_1 = 4$，$x_2 = 2$，$z^* = 340$。

二、0—1 型整数规划解法——隐枚举法

下面举例说明求解 0—1 型整数规划的隐枚举法。

【例 3-6】 Max $Z = 3x_1 - 2x_2 + 5x_3$

$$\text{s. t.}\begin{cases}x_1+2x_2-x_3\leqslant 2\\x_1+4x_2+x_3\leqslant 4\\x_1+x_2\leqslant 3\\4x_2+x_3\leqslant 6\\x_1,x_2,x_3=0\text{ 或 }1\end{cases}$$

解：第一步，先试探性地求一个可行解，易看出 $(x_1, x_2, x_3)=(1, 0, 0)$ 满足约束条件，故为一个可行解，且相应的目标函数值为 $Z=3$。

第二步，因为是求极大值问题，故求最优解时，凡是目标值 $Z<3$ 的解不必检验是否满足约束条件即可删除，因为它肯定不是最优解，于是应增加一个约束条件（目标值下界）：$3x_1-2x_2+5x_3\geqslant 3$，称该条件为过滤条件（Filtering Constraint）。从而使原问题等价于：

$$\text{Max } Z=3x_1-2x_2+5x_3$$

$$\text{s. t.}\begin{cases}3x_1-2x_2+5x_3\geqslant 3 & \text{(a)}\\x_1+2x_2-x_3\leqslant 2 & \text{(b)}\\x_1+4x_2+x_3\leqslant 4 & \text{(c)}\\x_1+x_2\leqslant 3 & \text{(d)}\\4x_2+x_3\leqslant 6 & \text{(e)}\\x_1,x_2,x_3=0\text{ 或 }1 & \text{(f)}\end{cases}$$

若用全部枚举法，3 个变量共有 8 种可能的组合，我们对这 8 种组合依次检验它是否满足条件（a）~（e），对某个组合，若它不满足（a），即不满足过滤条件，则（b）~（e）即可行性条件不必再检验；若它满足（a）~（e）且相应的目标值严格大于3，则进行第三步。

第三步，改进过滤条件。

第四步，由于对每个组合首先要计算目标值以验证过滤条件，故应优先计算目标值 Z 大的组合，这样可提前抬高过滤门槛，以减少计算量。

按上述思路与方法，例 3－6 的求解过程可由表 3－2 来表示。

表 3－2　隐枚举法求解例 3－6 的过程

(x_1, x_2, x_3)	目标值	约束条件					过滤条件
		a	b	c	d	e	
(0, 0, 0)	0						×（目标值小于目前最大值）
(1, 0, 0)	3	√	√	√	√	√	$3x_1-2x_2+5_3\geqslant 3$
(0, 1, 0)	−2						×（目标值小于目前最大值）
(0, 0, 1)	5	√	√	√	√	√	$3x_1-2x_2+5_3\geqslant 5$
(1, 1, 0)	1						×（目标值小于目前最大值）
(1, 0, 1)	8	√	√	√	√	√	$3x_1-2x_2+5_3\geqslant 8$

续表

(x_1, x_2, x_3)	目标值	约束条件	过滤条件
		a b c d e	
(1, 1, 1)	6		×（目标值小于目前最大值）
(0, 1, 1)	3		×（目标值小于目前最大值）

从而得最优解 $(x_1^*, x_2^*, x_3^*)=(1, 0, 1)$，最优值 $z^*=8$。

整数规划的 Excel 规划求解模块求解例 3－1：

对于整数规划问题的 Excel 规划求解模块求解，操作和一般线性规划是一样的，只需在添加约束条件时需要将取整数的决策变量这个条件添加进去即可。具体步骤如下。

（1）在 Excel 表格中输入基础数据。

输入数据的过程同项目二中例 2－1 一致。

步骤一：在工作表的顶部输入问题的基础数据：

单元格 B5：C5 显示的是甲、乙货物的单位体积；

单元格 B6：C6 显示的是甲、乙货物的单位重量；

单元格 B7：C7 显示的是运输甲、乙货物的单位利润；

单元格 D5：D6 显示的是集装箱体积和重量的托运限制。

步骤二：确定每个决策变量所对应的单元格的位置。

单元格 B12 是甲货物的运输量，单元格 C12 是乙货物的运输量。这里需要说明的是，决策变量单元格要连续。

步骤三：选择一个单元格，输入用来计算目标函数值的公式。

在单元格 B14 中输入"＝B7＊B12＋C7＊C12"。

步骤四：选择单元格输入公式，计算每个约束条件左边的值。

微课：整数规划求解

在单元格 B17 中输入"＝B5＊B12＋C5＊C12"；

在单元格 B18 中输入"＝B6＊B12＋C6＊C12"。

步骤五：选择一个单元格输入公式，计算每个约束条件右边的值，即所受的客观限制值。

对于此模型中的两个条件，选择相应的单元格输入其条件，即

在单元格 D17 中输入"＝D5"；

在单元格 D18 中输入"＝D6"；

得到的基础数据表格如图 3－1 所示。

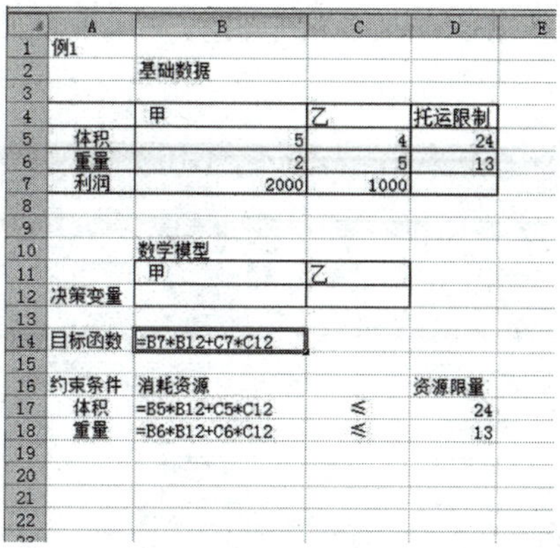

	A	B	C	D	E
1	例1				
2		基础数据			
3					
4		甲	乙	托运限制	
5	体积	5	4	24	
6	重量	2	5	13	
7	利润	2000	1000		
8					
9					
10		数学模型			
11		甲	乙		
12	决策变量				
13					
14	目标函数	=B7*B12+C7*C12			
15					
16	约束条件	消耗资源		资源限量	
17	体积	=B5*B12+C5*C12	≤	24	
18	重量	=B6*B12+C6*C12	≤	13	
19					
20					
21					
22					

图 3-1　利用 Excel 规划求解模块求解例 3-1 的基础数据表格

（2）使用规划求解模块求解。

在输入了基础数据的 Excel 表格中，调用出规划求解模块，将需要的基础数据填充到规划求解模块中，调用数据的过程同项目二中例题 2-1 的调用过程，这里不再赘述。但是要注意的是，我们需要多添加一个决策变量为整数的约束条件，如图 3-2 所示。

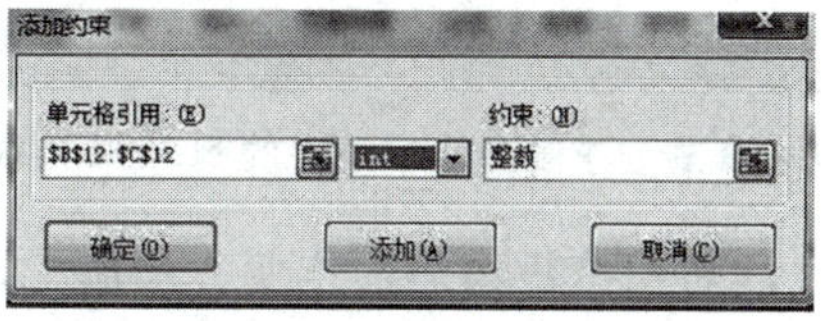

图 3-2　添加决策变量为整数的约束条件的示意图

这个条件是利用 Excel 规划求解模块过程求解整数规划问题和求解普通线性规划问题操作的唯一差别，如果不添加变量为整数的条件，求解出的最优解会有很大区别，大家可以自行测试比较一下。

图 3-3 为所有数据均输入规划求解模块后的截图。

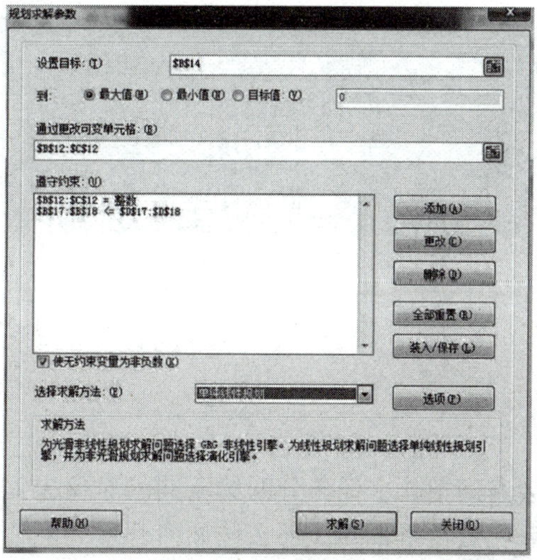

图 3-3　所有数据均输入规划求解模块示意图

点击“求解”按钮，就会在 Excel 表格中自动生成最优目标函数值以及最优解，如图 3－4 所示。

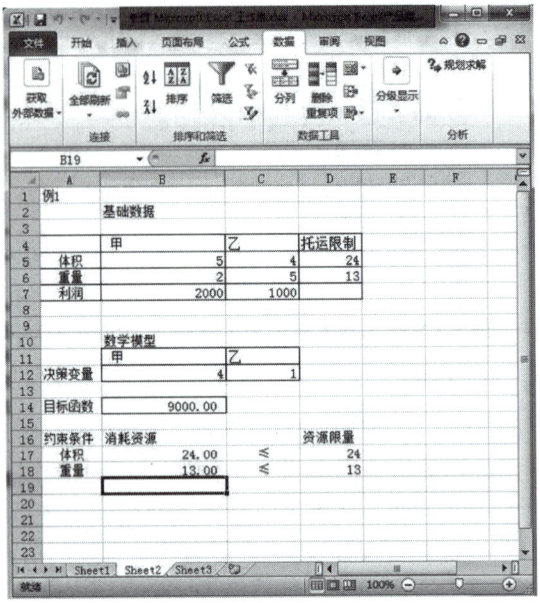

图 3－4 用 Excel 规划求解模块求解出的例 3－1 的最优解示意图

从图 3－4 我们可以看出，对于该货物运输作业，运输甲货物 4 个单位、运输乙货物 1 个单位是最优运输方案，刚好满足所有约束条件，得到的最优利润值是 9 000 元。

掌握上述方法后，请试着利用 Excel 规划求解模块，对例 3－5 和例 3－6 进行求解。

任务三

指派问题

【任务引入】

在现实生活中经常会遇到把几个任务分派给不同的对象去完成，由于每个对象的条件不同，完成任务的效率和效益也不同，那么该如何合理分配任务才能够使所消耗的总资源最少（或总效益最优）呢？请解决如下例题。

【例 3-7】某公司欲将 4 个项目（A、B、C、D）承包给 4 个物流公司（甲、乙、丙、丁），规定每个承包商只能承包一个项目，4 个投标者分别对 4 个项目的报价如表 3-3 所示。请问为使总费用最低，应如何确定各个项目的承包商？

表 3-3　投标者对不同项目的报价表　　单位：千元

承包商	A	B	C	D
甲	6	7	11	2
乙	4	5	9	8
丙	3	1	10	4
丁	5	9	8	2

任务：了解指派问题，掌握指派问题的匈牙利解法，会用 Excel 规划求解模块求解。

【任务分析】

对于该任务，解决思路是首先将实际问题转化为数学模型，然后用特定的数学方法进行求解，最后将得到的最优解带到实践中进行检验。

如上问题是生活中常见的一种类型，称为指派问题，目标就是如何分派使所消耗的总资源最少（或总效益最优），如给工人分派工作、给车辆分配道路、给工人分配机床等，同时许多网络问题（如旅行问题、任务分配问题、运输问题等），都可以演化成指派问题来解决。在现实生活中，指派问题是十分常见的问题。指派问题是一种特殊的 0—1 整数规划，而匈牙利解法是解决指派问题的一种非常简单有效的方法。此外，我们也可以利用 Excel 规划求解模块求解。

【知识学习】

一、指派问题及其数学模型

指派问题是指有 m 项任务，需要由 n 个人来承担，每人只能承担一项任务，且每项任务只能由一人来承担。由于各人的专长不同，各人完成的任务不同，导致其效率也各不相同。因此，就产生了怎样科学地指派任务，才能使完成各项任务所消耗的总资源最少（或总成本最低等）的问题。由于 m、n 不同，指派问题可分为以下三种情况：

第一，当 $m=n$ 时，即为每人指派一项任务。

第二，当 $m>n$ 时，即任务数 > 人数，这时可虚设 $m-n$ 个人构成 $m\times n$ 的效率矩阵，并且这 $m-n$ 个人在执行 m 项任务时的效率应该是最高的。

第三，当 $m<n$ 时，即配置人数 > 任务数，这时应虚设 $n-m$ 项任务，并且这 n 个人在执行这 $n-m$ 项任务时的成本最低。

通过虚设任务或人，指派问题的效率矩阵都可以转化成方阵。其数学模型为：设用

$c_{ij}>0$（i，$j=1$，2，…，n）表示指派第 i 个人去完成第 j 项任务时所用的时间，定义决策变量为：

$$x_{ij}=\begin{cases}1 & \text{表示指派第 } i \text{ 个人完成第 } j \text{ 项任务}\\0 & \text{表示不指派第 } i \text{ 个人完成第 } j \text{ 项任务}\end{cases}$$

则问题可转化为 0—1 型整数规划问题：

$$\text{Min } Z=\sum_{i=1}^{n}\sum_{j=1}^{n}c_{ij}x_{ij}$$

$$\text{s.t.}\begin{cases}\sum\limits_{j=1}^{n}x_{ij}=1\ (i=1,2,\cdots,n)\\\sum\limits_{i=1}^{n}x_{ij}=1\ (i=1,2,\cdots,n)\\x_{ij}\text{ 取 } 0 \text{ 或 } 1(i,j=1,2,\cdots,n)\end{cases}$$

若指派问题要求的是最大化问题如 Max F，则可以转化为最小化问题。一般方法是：取 $M=\text{Max } c_{ij}$（i，$j=1$，2，…，n），令 $b_{ij}=M-c_{ij}$（i，$j=1$，2，…，n），则：$\text{Min } f=\sum_{i=1}^{n}\sum_{j=1}^{n}b_{ij}$，有 $F=nM-f$，从而求 Max F。

二、指派问题的解法——匈牙利解法

“匈牙利解法”最早是由匈牙利数学家康尼格（D. Konig）用来求矩阵中 0 元素的一种方法，由此他证明了“矩阵中独立 0 元素的最大个数等于能覆盖所有 0 元素的最少直线数”。1955 年由库恩（W. W. Kuhn）在求解著名的指派问题时引用这一结论，并对具体解法做了改进，仍称为匈牙利解法。

（一）匈牙利解法的基本原理和解题思想

从根本上讲，求指派问题的最优解就是要在 n 阶方阵中找到 n 个这样的元素，它们分布在不同行不同列上，并且这些元素之和为最小，而要使这些元素之和为最小，就要使其中的每一个元素尽可能小——最好这些元素都是其所在行所在列上的最小元素。

而指派问题的最优解又具有这样的性质（定理 3.1）：若从系数矩阵（c_{ij}）的每行（列）各元素中分别减去该行（列）的最小元素，得到的新矩阵（b_{ij}），那么以（b_{ij}）为系数矩阵求得的最优解与用（c_{ij}）求得的最优解相同。

由于新矩阵（b_{ij}）中每行每列都有最小元素“0”，因此，求原指派问题的最优解转化为在（b_{ij}）中指出 n 个分布在不同行不同列上的“0”元素（以下简称“独立 0 元素”）。而康尼格（Konig）证明的定理（定理 3.2）：矩阵中独立 0 元素的最多个数等于能覆盖所有 0 元素的最少直线数。利用这一定理，就可以通过寻找“能覆盖所有 0 元素的最少直线数”来确定（b_{ij}）中独立 0 元素的具体数量。若（b_{ij}）中独立 0 元素的个数

少于矩阵的阶数 n，就要继续对矩阵（b_{ij}）进行化简，直到找到 n 个独立 0 元素为止，这就是匈牙利解法的基本原理和解题思想。

（二）匈牙利解法的解题步骤

第一步：变换效益矩阵，使新矩阵中的每行每列中至少有一个 0。

（1）行变换：找出每行最小元素，再从该行各元素中减去这个最小元素。

（2）列变换：从所得新矩阵中找出每列中的最小元素，再从该列各元素中减去这个最小元素。

第二步：进行试指派，以寻找最优解。

（1）逐行检查。

从第一行开始，如果该行只有一个 0 元素，就对这个 0 元素打上括号，划去与打括号 0 元素同在一列的其他 0 元素，如果该行没有 0 元素，或有两个或多个 0 元素（已划去的不计在内），则转下行。

打括号的意义可理解为该项任务已分配给某人。如果该行只有一个 0，说明只能有唯一分配。划掉同列括号 0 元素可理解为该任务已分配，此后不再考虑分配给他人。当该行有两个或更多的 0 元素时，不计括号内的，其理由是至少有两个分配方案，为使以后分配时具有一定的灵活性，故暂不分配。

（2）逐列检查。

在行检查的基础上，由第一列开始检查，如果该列只有一个 0 元素，就对这个 0 元素打括号，再划去与打括号 0 元素同行的其他 0 元素。若该列没有 0 元素或有两个以上 0 元素，则转下一列。

（3）重复（1）（2）两步后，可能出现以下三种情况：

1）每行都有一个 0 元素标出括号，显然打括号的 0 元素必然位于不同行不同列，因此得到最优解。

2）每行每列都有两个或两个以上的 0 元素，这表示对这个人可以分配不同任务中的任意一个。这时可以从所剩 0 元素最少的行开始，比较这行各 0 元素所在列中元素的个数，选择 0 元素少的那列这个 0 元素打括号，划掉同行同列的其他 0 元素，然后重复前面的步骤，直到所有 0 都做了标记。

3）矩阵中所有 0 都做了标记，但标有（0）的元素个数少于 m 个，则转下步。

第三步：作最少的直线覆盖所有 0 元素，以确定该系数矩阵中能找到最多的独立 0 元素。

对没有（0）的行打√；

对打√的行上所有含 0 元素的列打√；

再对打√的列上有（0）的行打√；

重复上两步，直到过程结束；

对没有打√的行画横线，对所有打√的列画纵线。

这样就得到了能覆盖矩阵中所有 0 元素的最少直线数。

第四步：非最优阵的变换——0 元素的移动。

（1）在没有被直线覆盖的所有元素中，找出最小元素。

（2）所有未被直线覆盖的元素都减去这个最小元素。

（3）覆盖线十字交叉处的元素都加上这个最小元素。

（4）只有一条直线覆盖的元素的值保持不变。

第五步：回到第二步，反复进行，直到矩阵中每行每列都有一个打（）的 0 元素为止，即找到最优解。

（三）匈牙利解法的一点注记

微课：指派问题与匈牙利解法

（1）匈牙利解法第一步变换效益矩阵使每行每列都出现 0 元素，一般方法是先行变换，再列变换，但先列变换再行变换最优解不变。

（2）有些时候先行后列变换后不能得到最优解，但先列后行变换时却能直接找到最优解，从而减少了计算步骤，使计算简明。

【任务实施】

根据任务分析和基本理论的学习，实施任务。下面对例 3－7 进行分析求解。

一、建立数学模型

我们先来回顾一下例 3－7：某公司欲将 4 个项目（A、B、C、D）承包给 4 个物流公司（甲、乙、丙、丁），规定每个承包商只能承包一个项目，由于 4 个投标者分别对 4 个项目的报价不同，如表 3－4 所示，为使总费用最低，该如何确定各个项目的承包商？

表 3－4 投标者对不同项目的报价表 单位：千元

承包商	A	B	C	D
甲	6	7	11	2
乙	4	5	9	8
丙	3	1	10	4
丁	5	9	8	2

解：根据题意，找出决策变量，引入 0—1 变量 x_{ij} 并令：

$$x_{ij}=\begin{cases}1 & \text{表示指派第 } i \text{ 个人完成第 } j \text{ 项任务}\\ 0 & \text{表示不指派第 } i \text{ 个人完成第 } j \text{ 项任务}\end{cases}$$

根据题意，目标函数费用最低，利用决策变量可以表达为：

$$\begin{aligned}\text{Min } Z = & 6x_{11}+7x_{12}+11x_{13}+2x_{14}+4x_{21}+5x_{22}+9x_{23}+8x_{24}\\ & +3x_{31}+x_{32}+10x_{33}+4x_{34}+5x_{41}+9x_{42}+8x_{43}+2x_{44}\end{aligned}$$

由于每个承包商只能承包一个项目，因此约束条件为：

$$x_{11}+x_{12}+x_{13}+x_{14}=1$$
$$x_{21}+x_{22}+x_{23}+x_{24}=1$$
$$x_{31}+x_{32}+x_{33}+x_{34}=1$$
$$x_{41}+x_{42}+x_{43}+x_{44}=1$$

由于每个项目只能由一个承包商承包，因此约束条件为：

$$x_{11}+x_{21}+x_{31}+x_{41}=1$$
$$x_{12}+x_{22}+x_{32}+x_{42}=1$$
$$x_{13}+x_{23}+x_{33}+x_{43}=1$$
$$x_{14}+x_{24}+x_{34}+x_{44}=1$$

二、用匈牙利解法求解

用匈牙利解法求解指派问题，是在系数矩阵上做文章，例 3-7 的系数矩阵为：

$$(c_{ij})=\begin{bmatrix}6 & 7 & 11 & 2\\ 4 & 5 & 9 & 8\\ 3 & 1 & 10 & 4\\ 5 & 9 & 8 & 2\end{bmatrix}$$

第一步：变换效益矩阵，使新矩阵中的每行每列至少有一个 0。

变换系数矩阵，增加 0 元素。

$$(c_{ij})=\begin{bmatrix}6 & 7 & 11 & 2\\ 4 & 5 & 9 & 8\\ 3 & 1 & 10 & 4\\ 5 & 9 & 8 & 2\end{bmatrix}\begin{matrix}-2\\ -4\\ -1\\ -2\end{matrix}\longrightarrow\begin{bmatrix}4 & 5 & 9 & 0\\ 0 & 1 & 5 & 4\\ 2 & 0 & 9 & 3\\ 3 & 7 & 6 & 0\end{bmatrix}\longrightarrow\begin{bmatrix}4 & 5 & 4 & 0\\ 0 & 1 & 0 & 4\\ 2 & 0 & 4 & 3\\ 3 & 7 & 1 & 0\end{bmatrix}$$

第二步：进行试指派，以寻找最优解。

检验是否有足够的 0 元素用于分配。首先第 1 行只有一个 0，将其圈出用（0）表示，将该 0 所在列的其他 0 元素划去，表示不再考虑指派别人完成这项任务；继续寻找独立 0 元素。第 3 行只有一个 0，我们再将它们圈出（0），并检查该 0 元素所在列是否有其他 0，如果有则划去。第 2 行有 2 个 0，它们所在的列也只有一个 0，故将这两个 0 中任意一个圈出（0），则另一个划去。这样矩阵中所有的 0 元素全部被圈出（0）或划去，得到结果如下所示。可以看出，圈出（0）的 0 元素有 3 个，而矩阵阶数为 4，故需继续变换。

$$\begin{bmatrix} 4 & 5 & 4 & (0) \\ (0) & 1 & \emptyset & 4 \\ 2 & (0) & 4 & 3 \\ 3 & 7 & 1 & \emptyset \end{bmatrix}$$

第三步：作能覆盖所有0元素的最少数的直线集合。对没有圈（0）的第4行打“√”号，对已打“√”号的第4行中所有含0元素的列（仅第4列）打“√”号，再对第4列中有圈（0）的第1行打“√”号，此时该行已没有0元素，于是我们对没有打“√”号的行画一横线，对有打“√”号的列画纵线，这样就得到覆盖所有0元素的最少直线数，得到结果如下：

$$\begin{array}{c} \begin{bmatrix} 4 & 5 & 4 & (0) \\ (0) & 1 & \emptyset & 4 \\ 2 & (0) & 4 & 3 \\ 3 & 7 & 1 & \emptyset \end{bmatrix} \begin{array}{l} \surd \\ \\ \\ \surd \end{array} \\ \qquad\qquad\quad \surd \end{array}$$

第四步：增加0元素。从未被覆盖的元素中找出最小的元素1，对打“√”行各元素都减去1；对打“√”列各元素都加上1，得到新矩阵。

$$\begin{bmatrix} 3 & 4 & 3 & 0 \\ 0 & 1 & 0 & 5 \\ 2 & 0 & 4 & 4 \\ 2 & 6 & 0 & 0 \end{bmatrix}$$

第五步：对含有更多0元素的新矩阵重新进行试指派。得到4个独立0元素，问题得到最优解。

$$\begin{bmatrix} 3 & 4 & 3 & (0) \\ (0) & 1 & \emptyset & 5 \\ 2 & (0) & 4 & 4 \\ 2 & 6 & (0) & \emptyset \end{bmatrix} \Rightarrow \begin{bmatrix} 0 & 0 & 0 & 1 \\ 1 & 0 & 0 & 0 \\ 0 & 1 & 0 & 0 \\ 0 & 0 & 1 & 0 \end{bmatrix}$$

得到最优方案：甲做D任务，乙做A任务，丙做B任务，丁完成做C任务。

将该解带入目标函数，得到最省费用为 $2+4+1+8=15$。

指派问题的Excel规划求解模块求解：

对于指派问题的Excel规划求解模块求解，操作和整数规划是一样的。下面对例3-7用Excel规划求解模块求解，具体步骤如下。

（1）在Excel表格中输入基础数据。

具体输入过程不再详细描述，基础数据表如图3-5所示。

（2）使用规划求解模块求解。

在输入了基础数据的Excel表格中，调用出规划求解模块，将需要的基础数据填充到规划求解模块中，调用数据的过程同例2-1，这里不再赘述。但是要注意的是，我们需要多添加一个决策变量为二进制的约束条件，如图3-6所示。

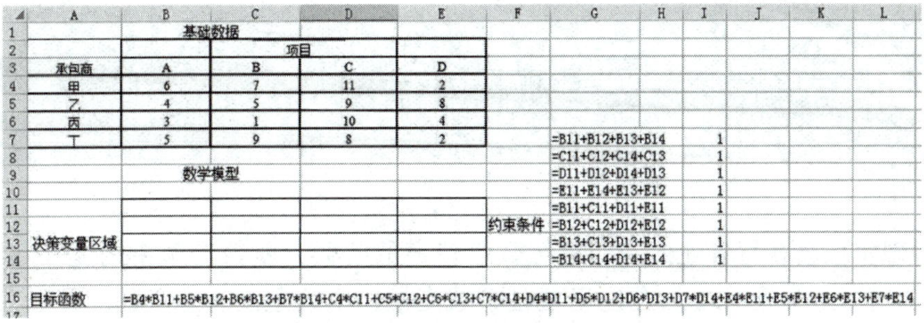

图 3－5　利用 Excel 规划求解模块求解例 3－7 的基础数据表格

图 3－6　规划求解模块中变量为二进制

图 3－7 为所有数据均输入规划求解模块后的截图。点击“求解”按钮，系统就会在 Excel 表格中自动生成最优目标函数值以及最优解，如图 3－8 所示。

从图 3－8 我们可以看出，该指派问题的最优方案为：甲完成 D 任务，乙完成 A 任务，丙完成 B 任务，丁完成 C 任务。

将该解带入目标函数，得到最省费用为 2＋4＋1＋8＝15。

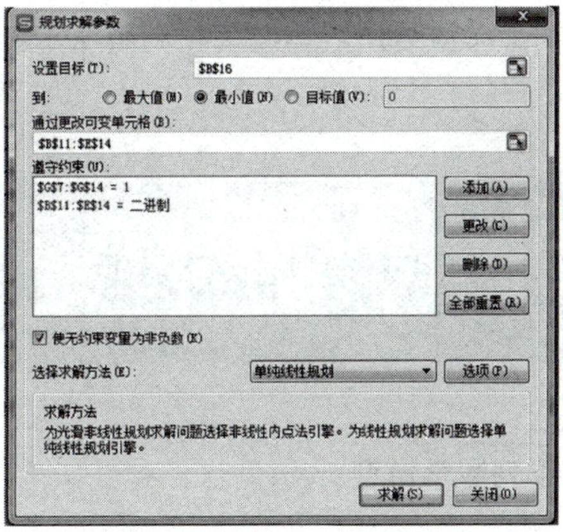

图 3－7　利用规划求解模块求解例 3－7 示意图

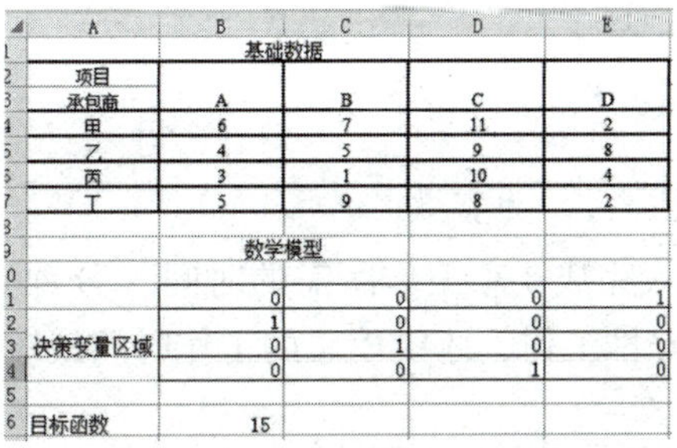

图 3－8　Excel 规划求解模块求解出的最优目标函数值以及最优解

【项目小结】

在对现实社会各行各业的问题进行数学建模的时候，整数变量有时是不可避免的。例如：x 辆车，y 个人。x，y 在这里便是整数变量，小数是没有意义的。0—1 变量同样被广泛地应用在商业和决策领域。路径优化问题，仓储、运输等物流以及供应链领域问题，火车、课程、飞机时刻表安排等调度问题，资产配置、风险控制等经济金融领域问题，以上问题的解决，频繁地使用着整数变量、决策变量，并需要建模为整数（混合）规划模型，因此学习和掌握整数规划有很强的实际意义。

本项目通过具体实例及其讲解，介绍了整数线性规划的数学模型、整数线性规划的基本概念，并介绍了特殊的整数规划形式：0—1 型整数规划，能将更多的实际问题合理转化为数学模型，为解决问题打下基础。

对于整数规划的求解，先要理解其与普通线性规划求解的不同之处。对于特殊的整数规划类型，有相应的求解思路和方法。随着计算机和软件应用的普及，我们更多地会运用相应软件对模型进行求解，但应用软件的前提是对于基础求解思路和原理要熟悉和掌握，这样在运用不同的求解软件时能够更加得心应手。

对于特殊的 0—1 型整数规划指派问题，它的数学模型建立和求解方式都比较特殊，针对类似的实际问题，要学会灵活运用。掌握匈牙利解法求解方法以及 Excel 规划求解模块求解方法。

【思考与练习】

1. 用分支定界法求解下列数学模型：

$$\text{Max } Z = x_1 + x_2$$

$$\text{s. t.} \begin{cases} x_1 + \dfrac{9}{14}x_2 \leqslant \dfrac{51}{14} \\ -2x_1 + x_2 \leqslant \dfrac{1}{3} \\ x_1, x_2 \geqslant 0, \text{且} x_1, x_2 \text{ 为整数} \end{cases}$$

2. 甲、乙、丙、丁 4 人完成 4 项工作所需的时间（分钟）如表 3－5 所示，每人只能完成一项工作，应如何安排工作，才能使总的工作时间最短？

表 3-5　甲、乙、丙、丁 4 人完成 4 项工作所需的时间表　　单位：分钟

	A	B	C	D
甲	9	4	6	8
乙	8	5	9	10
丙	9	7	3	5
丁	4	8	6	9

3. 某钻井队要从以下 10 个可供选择的井位中确定 5 个钻井探油，使总的钻探费用为最低。若 10 个井位的代号为 s_1，s_2，…，s_{10}，相应的钻探费用为 c_1，c_2，…，c_{10}，并且井位选择上要满足下列限制条件：

（1）或选择 s_1 和 s_7，或选择 s_9。

（2）选择了 s_3 或 s_4 就不能选 s_5，或反过来也一样。

（3）在 s_5、s_6、s_7、s_8 中最多只能选两个。

试建立这个问题的整数规划模型。

4. 某所大学打算在暑假期间对三幢教学大楼进行维修，该校让三个建筑公司对每幢大楼的修理费用进行报价承包，如表 3-6 所示。

表 3-6　三个建筑公司对每幢大楼的修理费用报价表　　单位：万元

	教学 1 楼	教学 2 楼	教学 3 楼
建一公司	13	24	10
建二公司	17	19	15
建三公司	20	22	21

在暑假期间每个建筑公司只能维修一幢教学大楼，因此该大学必须把各教学大楼指派给不同的建筑公司，为了使报价的总和最低，应指定各建筑公司承包哪一幢教学大楼？

5. 工厂 A_1 和 A_2 生产某种物资。由于该种物资供不应求，故需要再建一家工厂。相应的建厂方案有两个：A_3 和 A_4。这种物资的需求地有四个：B_1、B_2、B_3、B_4。各工厂年生产能力、各地年需求量、各厂至各需求地的单位物资运费 c_{ij}，如表 3-7 所示。

表 3-7　各工厂年生产能力、各地年需求量以及各厂至各需求地单位运费表　单位：元

	B_1	B_2	B_3	B_4	年生产能力
A_1	2	9	3	4	400
A_2	8	6	5	7	600
A_3	7	3	1	2	200
A_4	4	5	2	5	200
年需求量	350	400	300	150	

工厂 A_3 或 A_4 开工后，每年的生产费用估计分别为 1 200 万元或 1 500 万元。现要决定应该建设工厂 A_3 还是 A_4，才能使今后每年的总费用最低。

6. 现有资金总额为 B。可供选择的投资项目有 n 个，项目 j 所需投资额和预期收益分别为 a_j 和 c_j（$j=1, 2, \cdots, n$）。此外由于种种原因，有三个附加条件：

（1）若选择项目 1，就必须同时选择项目 2；反之不一定。

（2）项目 3 和项目 4 至少选择一个。

（3）项目 5、项目 6、项目 7 中恰好选择 2 个。

应该怎样选择投资项目，才能使总预期收益最大？

7. 人事部门欲安排 4 人到 4 个不同岗位工作，每个岗位一个人。经考核，四人在不同岗位的成绩（百分制）如表 3－8 所示。应该如何安排他们的工作使总成绩最好？

表 3－8　不同人员在不同岗位的成绩表

	A	B	C	D
甲	85	92	73	90
乙	98	87	78	95
丙	82	83	79	90
丁	86	90	80	88

【综合实训】

上机实训：整数规划问题的 Excel 处理。

请为“思考与练习”中的练习题建立数学模型，利用 Excel 的规划求解模块求解，并分析与总结整数规划与普通线性规划的联系与区别。

项目四
运输问题

【学习目标】

※ 知识目标

1. 了解运输问题模型的特点。
2. 学会产销不平衡运输问题的转化。
3. 掌握产销平衡的运输问题的表上作业法。
4. 掌握 Excel 求解运输问题。

※ 能力目标

1. 会建立运输问题数学模型。
2. 会用表上作业法求解产销平衡的运输问题。
3. 熟练掌握 Excel 求解运输问题。

※ 素养目标

1. 培养学生的运输调度概念，树立职业认同感。
2. 强化学生的成本管理意识。
3. 培养学生环保、节约、节能的意识，倡导绿色物流。

【情境设定】

人们在从事生产活动中，不可避免地要进行物资调运工作。如果一定时期内要将生产基地的煤、钢铁、粮食等各类物资，分别运送到需要这些物资的地区，根据各地的生产量和需求量及各地之间的运输费用，如何制定一个运输方案，使总的运输费用最低，这样的问题称为运输问题。有时候为了书写简便，运输问题也被写为 TP（transportation problem）。

运输规划是一类特殊的线性规划问题，它最早是从物资调运中产生的。后续有些其他问题的模型也被归结为运输问题。虽然运输问题也是线性规划问题，可以用单纯形法解决，但考虑到运输问题数学模型的特点，人们提出了更简单的求解方法——表上作业法。目前运输规划已成为现代物流管理中一项最基本的也是最重要的功能。

本项目的运输问题就是研究把某种商品从若干个产地运至若干个销售地而使总运费最低的一类问题。然而更广义地讲，运输问题是具有一定模型商品的调运规划问题。它不仅可以用来求解商品的调运问题，还可以解决诸多非商品调运问题。下面将从运输问题的数学模型建立、运输问题的特殊求解方式以及 Excel 规划求解模块求解运输问题三个方面简单地解读运输问题。

任务一 运输问题的数学模型

【任务引入】

【例 4-1】 设有某种物质要从 A_1、A_2、A_3 3 个仓库运往 4 个销售点 B_1、B_2、B_3、B_4。各发点（仓库）的发货量、各收点（销售点）的收货量以及 A_i 到 B_j 的单位运费 C_{ij}（$i=1, 2, 3$；$j=1, 2, 3, 4$）如表 4-1 所示。请问如何组织运输才能使总运费最少？

表 4-1 发货量、收货量以及 A_i 到 B_j 的单位运费表

销售点 / 运价（元） / 仓库	B_1	B_2	B_3	B_4	发货量（千克）
A_1	9	18	1	10	9

续表

销售点 运价（元） 仓库	B_1	B_2	B_3	B_4	发货量（千克）
A_2	11	6	8	18	10
A_3	14	12	2	16	6
收货量（千克）	4	9	7	5	25

任务：学会建立运输问题的数学模型，学会将产销不平衡问题变为产销平衡问题。

【任务分析】

该任务是一个非常典型的运输问题。对某种物资，设有 m 个产地 A_1，A_2，…，A_m，称为发点，其对应产量为 a_1，a_2，…，a_m，称为产量；另有 n 个销地 B_1，B_2，…，B_n，称为收点，其对应销量为 b_1，b_2，…，b_n，称为销量。又知，从产地（发点）A 运至销地（收点）B，该种物资每单位的运价为 c_{ij}（$c_{ij} \geqslant 0$）。试问：应如何安排调运方案，在满足一定要求的前提下，使产生的总运费最低？此类问题我们统称为运输问题。

运输问题是一种特殊的线性规划问题，因此求解该问题的思路同线性规划一致，首先通过对题目的分析将实际问题转化为数学语言，即写出该问题的数学模型。然后用一定的方法对其求解。

【知识学习】

在实际问题中建立数学模型在项目二中已做过详细介绍，一般有以下 3 个步骤：

（1）根据所要达到目的的因素找到决策变量。

（2）由决策变量和所要达到目的之间的函数关系确定目标函数。

（3）由决策变量所受的限制条件确定决策变量所要满足的约束条件。

针对运输问题，数学模型的建立也按照上述 3 个步骤完成。

第一，分析实际问题，要解决的是给出一个合理的调运方案，使总运费最低。调运方案即分别从不同的产地运输物资到不同的销售地的数量。选取 $x_{ij} \geqslant 0$（$i=1$，2，…，m；$j=1$，2，…，n）代表从产地 A_i 运往销售地 B_j 的调运量，填入表格，如表 4－2 所示。

表 4－2　发货量、收货量、A_i 到 B_j 的单位运费以及各产地到销地运价表

收点 运量和运输 发点	B_1	B_2	…	B_n	发量
A_1	X_{11} C_{11}	X_{12} C_{12}	…	X_{1n} C_{1n}	a_1

续表

收点 / 运量和运输 / 发点	B_1	B_2	…	B_n	发量
A_2	X_{21} C_{21}	X_{22} C_{22}	…	X_{2n} C_{2n}	a_2
…	…	…	…	…	…
A_m	X_{m1} C_{m1}	X_{m2} C_{m2}	……	X_{mn} C_{mn}	a_m
收量	b_1	b_2	…	b_n	$\sum a_i$ / $\sum b_j$

第二，用决策变量表达目标函数，此运输问题的目标是总运费最低，则目标函数可以表示为：

$$\text{Min } Z = \sum_{i=1}^{m}\sum_{j=1}^{n} c_{ij}x_{ij}$$

第三，用决策变量将所受实际约束条件表达出来。该运输问题所受约束条件有三个：（1）产地的运出总量不能高于产量；（2）需求地的达到总量不能超出需求量；（3）运输量不能为负数。

第四，对于运输问题，还要分析从产地发出的货物总量和销售地的货物需求总量之间的关系。如果二者刚好相等，我们称之为产销平衡运输问题。如果二者不相等，我们称之为产销不平衡运输问题。针对不同问题，数学模型如下：

当 $\sum_{i=1}^{m} a_i = \sum_{j=1}^{n} b_j$（总发量 = 总收量）时，我们有如下线性规划问题：

$$\text{Min } Z = \sum_{i=1}^{m}\sum_{j=1}^{n} c_{ij}x_{ij}$$

$$\text{s. t.}\begin{cases}\sum_{j=1}^{n} x_{ij} = a_i(i = 1,2,\cdots,m)\\ \sum_{i=1}^{m} x_{ij} = b_j(j = 1,2,\cdots,n)\\ x_{ij} \geqslant 0(i = 1,2,\cdots m;\ j = 1,2,\cdots,n)\end{cases}$$

上述模型称为产销平衡运输问题的数学模型。

微课：运输问题数学模型的建立

当 $\sum_{i=1}^{m} a_i \neq \sum_{j=1}^{n} b_j$（总发量 = 总收量）时；当产大于销（$\sum_{i=1}^{m} a_i > \sum_{j=1}^{n} b_j$）时，其数学模型为：

$$\text{Min } Z = \sum_{i=1}^{m} \sum_{j=1}^{n} c_{ij} x_{ij}$$

$$\text{s. t.} \begin{cases} \sum_{j=1}^{n} x_{ij} \leqslant a_i (i = 1,2,\cdots,m) \\ \sum_{i=1}^{m} x_{ij} = b_j (j = 1,2,\cdots,n) \\ x_{ij} \geqslant 0 (i = 1,2,\cdots m; j = 1,2,\cdots,n) \end{cases}$$

当销大于产（$\sum_{i=1}^{m} a_i < \sum_{j=1}^{n} b_j$）时，其数学模型为：

$$\text{Min } Z = \sum_{i=1}^{m} \sum_{j=1}^{n} c_{ij} x_{ij}$$

$$s. t. \begin{cases} \sum_{j=1}^{n} x_{ij} = a_i (i = 1,2,\cdots,m) \\ \sum_{i=1}^{m} x_{ij} \leqslant b_j (j = 1,2,\cdots,n) \\ x_{ij} \geqslant 0 (i = 1,2,\cdots m; j = 1,2,\cdots,n) \end{cases}$$

【任务实施】

根据如上分析，我们来写出例 4－1 的数学模型。

首先，3 个产地的产量总和为 9＋10＋6＝25（千克），4 个销售地的总收货量为 4＋9＋7＋5＝25（千克），因此该问题为产销平衡问题。

根据题意选取 $x_{ij} \geqslant 0$（$i=1, 2, 3; j=1, 2, 3, 4$）代表从产地 A_i 运往销售地 B_j 的调运量，则目标函数可以表达为：

$$\text{Min } Z = 9x_{11} + 18x_{12} + x_{13} + 10x_{14} + 11x_{21} + 6x_{22} + 8x_{23} + 18x_{24} + 14x_{31} + 12x_{32} + 2x_{33} + 16x_{34}$$

满足产地产量的约束条件为：

$$x_{11} + x_{12} + x_{13} + x_{14} = 9$$

$$x_{21} + x_{22} + x_{23} + x_{24} = 10$$

$$x_{31} + x_{32} + x_{33} + x_{34} = 6$$

满足销售地需求量的约束条件为：

$$x_{11} + x_{21} + x_{31} = 4$$

$$x_{12} + x_{22} + x_{32} = 9$$

$$x_{13} + x_{23} + x_{33} = 7$$

$$x_{14} + x_{24} + x_{34} = 5$$

所以，此运输问题的数学模型如下：

$$\text{Min } Z = 9x_{11} + 18x_{12} + x_{13} + 10x_{14} + 11x_{21} + 6x_{22} + 8x_{23} + 18x_{24} + 14x_{31} + 12x_{32} + 2x_{33} + 16x_{34}$$

$$x_{11} + x_{12} + x_{13} + x_{14} = 9$$
$$x_{21} + x_{22} + x_{23} + x_{24} = 10$$
$$x_{31} + x_{32} + x_{33} + x_{34} = 6$$
$$x_{11} + x_{21} + x_{31} = 4$$
$$x_{12} + x_{22} + x_{32} = 9$$
$$x_{13} + x_{23} + x_{33} = 7$$
$$x_{14} + x_{24} + x_{34} = 5$$
$$x_{ij} \geqslant 0 \ (i = 1, 2, 3;\ j = 1, 2, 3, 4)$$

产销不平衡运输问题的几点说明：

对于产销不平衡的运输问题，可将其分为总供给量（总产量）大于总需求量（总销量）和总需求量（总销量）大于总供给量（总产量）两种情形。对于这两种情形，通过按具体情况虚设收点或虚设发点，其收量或发量是其总量的差数，并将虚线点到其余各点的单位设置为无穷大，均可将它们转化为产销平衡的运输问题。

（一）需求量小于供应量的运输问题

对于需求量小于供应量的运输问题，采取的求最优解的方法是：

（1）虚设一个需求点。

（2）虚设的需求点的需求量 = 总供应量 - 总需求量。

（3）任何一个供应点到虚设的需求点的单位运费设置为无穷大，用 M 表示。这里所包含的意思是：任何一个供应点如果向虚设的需求点有供应量的话，由于它们之间的单位运费是无穷大，也就是说，在一般情况下，不会考虑向虚设点运输货物，因为那是多余的供应量。

（二）需求量大于供应量的运输问题

对于需求量大于供应量的运输问题，采取的求最优解的方法是：

（1）虚设一个供应点。

（2）虚设的供应点的供应量 = 总需求量 - 总供应量。

（3）虚设的供应点到任何一个需求点的单位运输费用设置为无穷大，用 M 表示。这里所包含的意思是：虚设的供应点向任何一个需求点一般不供应货物，由于它们之间的单位运输费用是无穷大，也就是说，该项运量根本不能运出，因为供应点是虚设的，从而对应的需求点就短缺该项运量。

任务二
运输问题的表上作业法

【任务引入】

针对任务一中的例4-1，我们已经写出其数学模型，那么该如何求解该模型得到一个最优调运方案呢?

任务：理解表上作业法的思路，学习最小元素法，掌握闭回路法检验。

【任务分析】

运输问题有 $m\times n$ 个未知量，$m+n$ 个约束方程。例如，$m=40$，$n=70$ 产销平衡的运输问题就有2 800个未知量，110个约束方程，若用前面的单纯形法求解，计算工作量是相当大的。我们必须寻找特殊解法。由于运输问题的技术系数矩阵具有特殊结构，这就有可能找到比一般单纯形法更简便高效的求解方法，即用列表的方法求解线性规划问题中的运输模型。当某些线性规划问题采用图上作业法难以进行直观求解时，可以将各元素列成相关表作为初始方案，然后采用检验数来验证这个方案，否则就要采用闭回路法、位势法或矩形法等方法进行调整，直至得到满意的结果。这种列表求解方法就是表上作业法。这正是单独研究运输问题的目的所在，根据单纯形法的基本原理结合运输问题的具体特性用表上作业的方法求解。因为产销不平衡的运输问题可以转化为产销平衡的运输问题，所以我们先讨论产销平衡的运输问题的求解。

【知识学习】

利用表上作业法求解运输问题时，与单纯形法类似，首先要给出一个初始方案（即线性规划问题的初始基本可行解）。一般来讲，这个方案不一定是最优的，因此需要给出一个判别准则，并对初始方案进行判别、调整和改进。每进行一次调整，我们就得到一个新的方案（基本可行解），而这个新方案一般比前一个方案要合理些，也就是对应的目标函数值比前个方案要小些。经过若干次调整，我们就得到一个使目标函数达到最小值的方案（即最优解）。而这些过程都可在产销矩阵表（运输表）上进行，故称为表上作业法。

微课：表上作业法基本步骤

表上作业法可分为3个基本步骤：确定初始方案；进行最优性检验；调整、改进非最优方案。重复第二步和第三步，直至得到最优方案。

一、初始方案的确定

微课：表上作业法初始可行解的确定

确定初始方案的方法较多，有西北角法、最小元素法和最大差额法（又称Vogel法）等，下面我们简单介绍西北角法和最小元素法。

（一）西北角法

西北角法的思想是：先给作业表中左上角那格安排最大运量，然后划去该格所在的行或列，重复进行，直到求出初始方案为止。具体步骤为：

（1）从运输表中左上角点（1，1）开始，先选 x_{11} 为基变量，并令 $x_{11}=\text{Min}(a_1, b_1)$，将 x_{11} 的值填写在产销平衡表中，并将 a_1，b_1 均减去 x_{11}。

（2）若 $a_1-x_{11}=0$，则划去 a_1 所在行；否则，划去 b_1 所在列。

（3）然后在运输表余下表格中选取左上角上的点，重复上述步骤，直到最后选取 x_{mn} 为基变量，这时同时划去最后一行和最后一列。

这些被选取的基变量在运输表中的每一行、每一列至少有一个，其个数恰好有 $m+n-1$ 个，并且不出现闭回路，它们正好构成了一个基本可行解。

（二）最小元素法

所谓最小元素，是指运价表中最小运价 C_{ij}。该法的基本思想是“运价小者优先供应”，即先给运价表中最小运价那格安排最大运量，然后划去该运价所在行或列；接下去继续这样做，每次总在表中剩余运价的最小元素那格确定运量，直到求出初始方案为止。

上述过程可总结为以下步骤：

（1）在单位运价表中找出最小元素 C_{ij}，令 $x_{ij}=\text{Min}(a_i, b_j)$。

（2）将 x_{ij} 的值填写在产销平衡表中，并将 a_i，b_j 均减去 x_{ij}。

（3）若 $a_i - x_{ij} = 0$，则划去 a_i所在行；否则，划去 b_j所在列。

（4）在单位运价表中未划去的部分，重复上述步骤。

可以证明，最小元素法确定的方案肯定不会构成闭回路，因此，它必可作为表上作业法的初始方案。

二、求出检验数

确定初始方案后，就要对它进行最优性检验，即检验初始基本可行解对应的目标值是否达到最优。表上作业法求检验数一般有两种方法：闭回路法和位势法。下面介绍这两种方法。

（一）闭回路法

首先介绍闭回路的概念。如果已确定了某一调运方案，从某一空格出发（无调运量的格子），沿水平方向或垂直方向前进，遇到某一个适当有调运量的格子就转向 90°（当然也可以不改变方向）继续前进。如此继续下去，经过若干次，就一定回到原来出发的空格。这样形成的一条由水平和垂直线段组成的封闭折线称为闭回路。

在表上作业法中，闭回路是最重要的概念之一，它既可以计算检验数又可以调整调运方案。由于数字格对应着基变量，其检验数均为零，而我们考虑的是非基变量的检验数，因此只研究从空格出发所形成的闭回路。

由闭回路的构成可见，除起点是空格外，其余所有的拐角点都是填有调运量的。我们可以证明一个重要的事实：从每一个空格出发都存在唯一的闭回路。

所谓闭回路法，就是在代表非基变量的空格（其调运量为零）对应的闭回路上做运量的调整，首先在此空格处运量加上 1，其次在闭回路的顶点上依次减 1，加 1，减 1……最后计算出由于这些变化给整个运输方案的总运费带来的变化。用奇数顶点运价之和减去偶数顶点运价之和，即可得到非基变量的检验数。

（二）位势法

用闭回路法求检验数，需要给每一个空格找一条闭回路，当产销点很多时，这种方法计算步骤繁杂。下面介绍一种较为简单的方法——位势法。

对一切 x_{ij}有 $x_{ij}（c_{ij} - u_i - v_j）=0$。因此，在 $m+n-1$ 个基变量 $\{x_{ij}\}$ 处，应有：

$$u_i + v_j = C_{ij}$$

在非基变量处，应有：

$$c_{ij} - u_i - v_j \geqslant 0$$

首先，在基变量处，$u_i + v_j = C_{ij}$等价于求 $m+n-1$ 个方程、$m+n$ 个未知数的方程组的解。只要让其中的一个变量为自由未知变量，就可求出所有 u_i的值。其次，在非基变量处，可以计算出检验数 $\sigma_{ij} = c_{ij} - u_i - v_j$的值。由松弛互补定理可知，解 x_{ij}是最优解的充分必要条件为 $\sigma_{ij} \geqslant 0$。因此，将 $\sigma_{ij} = c_{ij} - u_i - v_j$定义为所有变量 x_{ij}的检验数。

基变量对应的检验数显然全为 0，因此，只需计算非基变量的检验数即可。这种计算检验数的方法就是位势法。

三、判别方案是否最优

在讨论闭回路法求检验数时，如果某空格的检验数为正，那么若使该空格的调运量增加（即由非基变量变为基变量），总运费就会增加；如果某个空格的检验数为负，若使该空格的调运量增加，总运费就会减少。我们自然会想到：如果没有负的检验，总运费就不能再减少了。得出如下结论，即判别最优方案准则：

对于运输问题的一个基本可行方案，如果所有的检验数非负，即 $\sigma_{ij} \geqslant 0$，那么该方案就是一组最优方案。这里的结论和前面线性规划的结论是一致的。因为运输问题是极小化线性规划问题。所以，最优判别准则是所有检验数非负。

四、调运方案的改进

如果所得的基本可行方案不是最优的，就要对其进行改进，这一步工作相当于普通单纯形法的换基迭代，其运算法则和步骤是：

第一步：确定进基格。选取绝对值最大的负检验数格为进基格，标以“*”，进基格所对应的变量就是单纯形法所对应的变量。

微课：最优性检验、方案调整

第二步：从进基格出发作闭回路，并沿任一方向对该闭回路的顶点进行编号，但进基格必须为第一个顶点。

第三步：确定调整量，求出闭回路上所有偶数顶点调运量的极小值 θ，θ 叫作调整量。

第四步：调整方案，令此闭回路上所有奇数顶点的调运量加 θ，所有偶数顶点的调运量减 θ，其余调运量不变。调整后进基格由空格变为数字格，在闭回路的偶数顶点中选取一个调运量为零的顶点改为空格，如果有几个偶数顶点的调运量同时变为零，只能选取其中一个顶点改为空格。这个变为空格的偶数顶点所对应的变量，就是单纯形法中所说的出基变量。

第五步：重复第二、三、四步，直到所有检验数均为负数，得到最优方案。

【任务实施】

依据如上步骤，对例 4－1 运用表上作业法进行求解。

一、利用最小元素法给出初始调运方案

首先根据题意，列出产销平衡的运价表，如表4－3所示。

表4－3 产销平衡的运价表

仓库 \ 运价（元） \ 销售点	B_1	B_2	B_3	B_4	产量（千克）
A_1	9	18	1	10	9
A_2	11	6	8	18	10
A_3	14	12	2	16	6
销量（千克）	4	9	7	5	25

在表上进行作业，确定初始可行解。由线性规划的理论可知，基本可行解非基变量的取值为零，因此，只需要确定基变量及其数值，过程如下：

从表4－3中选出数值最小的C_{ij}，并将它所对应的变量X_{ij}作为第一个基变量。若有几个C_{ij}同时最小，则可从中任选一个。在表4－3中$C_{13}=1$是最小元素，则确定X_{13}为第一个基变量。X_{13}的值表示A_1仓库到B_3销售点的运输量，为了满足约束条件，应取$X_{13}=\text{Min}\{a_1, b_3\}=\text{Min}\{9, 7\}=7$，把7填入表4－4的$X_{13}$格内，这样$B_3$地区的销量已经满足，因此不再需要往$B_3$调货物，故将$B_3$所在列的运价和需求量划去，表示$B_3$列的其余变量$X_{23}$、$X_{33}$只能取0值，即都为非基变量。同时，由于$A_1$的货物已经运出7个单位，只剩下2个单位，所以将$A_1$由9变为2（$=9-7$），结果如表4－4所示。

表4－4 最小元素法求初始可行解表1

仓库 \ 运价（元） \ 销售点	B_1	B_2	B_3	B_4	产量（千克）
A_1	9	18	7 1	10	9（2）
A_2	11	6	8	18	10
A_3	14	12	2	16	6
销量（千克）	4	9	7	5	25

剩余格子中运费最小为C_{22}，该处调运量应为9，划掉B_2列，得到结果如表4－5所示。

表 4-5 最小元素法求初始可行解表 2

仓库＼运价（元）＼销售点	B_1	B_2	B_3	B_4	产量（千克）
A_1	9	18	7 1	10	9（2）
A_2	11	9 6	8	18	10（1）
A_3	14	12	2	16	6
销量（千克）	4	9（0）	7（0）	5	25

剩余格子中运费最小为 C_{11}，该处调运量应为2，划掉 A_1 行，得到结果如表4-6所示。

表 4-6 最小元素法求初始可行解表 3

仓库＼运价（元）＼销售点	B_1	B_2	B_3	B_4	产量（千克）
A_1	2 9	18	7 1	10	9（0）
A_2	1 11	9 6	8	18	10（1）
A_3	14	12	2	16	6
销量（千克）	4（2）	9（0）	7（0）	5	25

剩余格子中运费最小为 C_{12}，该处调运量应为 1，划掉 A_2 行，得到结果如表 4-7 所示。

表 4-7 最小元素法求初始可行解表 4

仓库＼运价（元）＼销售点	B_1	B_2	B_3	B_4	产量（千克）
A_1	2 9	18	7 1	10	9（0）
A_2	1 11	9 6	8	18	10（0）
A_3	14	12	2	16	6
销量（千克）	4（1）	9（0）	7（0）	5	25

剩余格子中运费最小为 C_{13}，该处调运量应为1，划掉 B_1 列，得到结果如表4-8所示。

表 4-8　最小元素法求初始可行解表 5

销售点 运价（元） 仓库	B_1	B_2	B_3	B_4	产量（千克）
A_1	2 9	 18	7 1	 10	9（0）
A_2	1 11	9 6	 8	 18	10（0）
A_3	1 14	 12	 2	 16	6（5）
销量（千克）	4（0）	9（0）	7（0）	5	25

剩余格子只剩 C_{34}，刚好需求为 5，可供给量也为 5，直到所有调运格都有运量或者被划掉。至此找到了一个满足所有约束条件的初始调运方案，得到的结果如表 4-9 所示。

表 4-9　最小元素法求初始可行解表 6

销售点 运价（元） 仓库	B_1	B_2	B_3	B_4	产量（千克）
A_1	2 9	 18	7 1	 10	9（0）
A_2	1 11	9 6	 8	 18	10（0）
A_3	1 14	 12	 2	5 16	6（0）
销量（千克）	4（0）	9（0）	7（0）	5（0）	25

我们利用最小元素法得到了一个初始调运方案，$X_{11}=2$，$X_{13}=7$，$X_{21}=1$，$X_{22}=9$，$X_{31}=1$，$X_{34}=5$，其余变量为 0，如表 4-10 所示。该初始调运方案的运费为：$z=9\times2+1\times7+11\times1+6\times9+14\times1+16\times5=184$（元）。

表 4-10　最小元素法得到的基本可行解

销售点 运价（元） 仓库	B_1	B_2	B_3	B_4	产量（千克）
A_1	2 9	 18	7 1	 10	9
A_2	1 11	9 6	 8	 18	10
A_3	1 14	 12	 2	5 16	6
销量（千克）	4	9	7	5	25

二、利用闭回路法判定初始方案是否最优

根据闭回路的概念，需要找到所有非基变量的闭回路，并对其进行检验数的计算，所有非基变量检验格的闭回路、检验数值计算如表4-11所示。

表4-11 非基变量检验格的闭回路、检验数值计算表1

检验格	闭回路	检验数
X_{12}	$X_{12}—X_{11}—X_{21}—X_{22}—X_{12}$	$\sigma_{12}=18-9+11-6=14$
X_{14}	$X_{14}—X_{34}—X_{31}—X_{11}—X_{14}$	$\sigma_{14}=10-16+14-9=-1$
X_{23}	$X_{23}—X_{13}—X_{11}—X_{21}—X_{23}$	$\sigma_{23}=8-11+9-1=5$
X_{24}	$X_{24}—X_{34}—X_{31}—X_{21}—X_{24}$	$\sigma_{24}=18-16+14-11=5$
X_{32}	$X_{32}—X_{31}—X_{21}—X_{22}—X_{32}$	$\sigma_{32}=12-14+11-6=3$
X_{33}	$X_{33}—X_{31}—X_{11}—X_{13}—X_{33}$	$\sigma_{33}=2-14+9-1=-4$

由于表4-11中还有负的检验数，所以，现在得到的方案还不是最优方案。

三、调运方案的改进

如表4-11所示，σ_{33}是绝对值最大的负检验数，以X_{33}格为空格出发的闭合回路$X_{33}—X_{31}—X_{11}—X_{13}—X_{33}$，用$\theta_1$表示该闭合回路上的调整量，则$\theta_1=\text{Min}（x_{13}，x_{31}）=\text{Min}（7，1）=1$。沿着该闭合回路奇数顶点的调运量加$\theta_1$，偶数顶点的调运量减$\theta_1$，得到一个新的调运方案，如表4-12所示。

表4-12 第一次调整后新的调运方案表

仓库 \ 运价（元） \ 销售点	B_1	B_2	B_3	B_4	产量（千克）
A_1	3 9	18	6 1	10	9
A_2	1 11	9 6	8	18	10
A_3	14	12	1 2	5 16	6
销量（千克）	4	9	7	5	25

我们得到了一个新的调运方案，$X_{11}=3$，$X_{13}=6$，$X_{21}=1$，$X_{22}=9$，$X_{33}=1$，$X_{34}=5$，其余变量为0。该调运方案的运费为180（元）。

对新的调运方案进行闭回路检验，所有非基变量检验格的闭回路、检验数值计算如

表 4－13 所示。

表 4－13　非基变量检验格的闭回路、检验数值计算表 2

检验格	闭回路	检验数
X_{12}	$X_{12}—X_{11}—X_{21}—X_{22}—X_{12}$	$\sigma_{12}=18-9+11-6=14$
X_{14}	$X_{14}—X_{34}—X_{33}—X_{13}—X_{14}$	$\sigma_{14}=10-16+2-1=-5$
X_{23}	$X_{23}—X_{13}—X_{11}—X_{21}—X_{23}$	$\sigma_{23}=8-11+9-1=5$
X_{24}	$X_{24}—X_{34}—X_{33}—X_{13}—X_{11}—X_{21}—X_{24}$	$\sigma_{24}=18-16+2-1+9-11=1$
X_{32}	$X_{32}—X_{22}—X_{21}—X_{11}—X_{13}—X_{33}—X_{32}$	$\sigma_{32}=12-6+11-9+1-2=7$
X_{31}	$X_{31}—X_{11}—X_{13}—X_{33}—X_{31}$	$\sigma_{33}=14-9+1-2=4$

如表 4－13 所示，σ_{14} 是绝对值最大的负检验数，以 X_{14} 格为空格出发的闭合回路 $X_{14}—X_{34}—X_{33}—X_{13}—X_{14}$，用 θ_2 表示该闭合回路上的调整量，则 $\theta_2=\text{Min}(x_{13}, x_{34})=\text{Min}(6, 5)=5$。沿着该闭合回路奇数顶点的调运量加 θ_2，偶数顶点的调运量减 θ_2，得到一个新的调运方案，如表 4－14 所示。

表 4－14　第二次调整后新的调运方案表

仓库 ＼ 运价（元） ＼ 销售点	B_1	B_2	B_3	B_4	产量（千克）
A_1	3 9	18	1 1	5 10	9
A_2	1 11	9 6	8	18	10
A_3	14	12	6 2	16	6
销量（千克）	4	9	7	5	25

我们得到了一个新的调运方案，$X_{11}=3$，$X_{13}=1$，$X_{14}=5$，$X_{21}=1$，$X_{22}=9$，$X_{33}=6$，其余变量为 0。该调运方案的运费为：$z=9\times3+1\times1+10\times5+11\times1+6\times9+2\times6=155$（元）。

对新的调运方案进行闭回路检验，所有非基变量检验格的闭回路、检验数值计算如表 4　15 所示。

表 4－15　非基变量检验格的闭回路、检验数值计算表 3

检验格	闭回路	检验数
X_{12}	$X_{12}—X_{11}—X_{21}—X_{22}—X_{12}$	$\sigma_{12}=18-9+11-6=14$
X_{23}	$X_{23}—X_{13}—X_{11}—X_{21}—X_{23}$	$\sigma_{23}=8-11+9-1=5$
X_{24}	$X_{24}—X_{14}—X_{11}—X_{21}—X_{24}$	$\sigma_{24}=18-11+9-10=6$

续表

检验格	闭回路	检验数
X_{32}	$X_{32}—X_{22}—X_{21}—X_{11}—X_{13}—X_{33}—X_{32}$	$\sigma_{32}=12-6+11-9+1-2=7$
X_{31}	$X_{31}—X_{11}—X_{13}—X_{33}—X_{31}$	$\sigma_{33}=14-9+1-2=4$
X_{34}	$X_{34}—X_{33}—X_{13}—X_{14}—X_{34}$	$\sigma_{14}=16-2+1-10=5$

由表4－15可见，所有的检验数 $\sigma_{ij}\geqslant 0$，当前的方案为最优调运方案。此时，总的调运费为：$z=9\times 3+1\times 1+10\times 5+11\times 1+6\times 9+2\times 6=155$（元）。

即当 $X_{11}=3$，$X_{13}=1$，$X_{14}=5$，$X_{21}=1$，$X_{22}=9$，$X_{33}=6$，其余变量为0时，运费最省，最小运费为155元。

表上作业法的几点说明：

第一，使用表上作业法求解运输问题，要先考察该问题是否为产销平衡的运输问题，如是产销不平衡问题，需要先转化为产销平衡问题再进行求解。

第二，在给出初始方案或者进行方案调整的过程中，可能出现退化解的现象，即填上一个运输量可以同时划去两个约束条件，遇到这种情况要在其所在行和列剩余的任一非基变量中随机给定一个“0运量”。

第三，在用闭回路法进行非基变量检验时，要计算所有检验数，选取检验数为负数的，且绝对值最大的那个格子进行调整。

任务三
运输问题的 Excel 处理

【任务引入】

运输问题是一种特殊的线性规划问题，我们既可以用基本的单纯形法对其求解，也可以用专门的表上作业法对运输问题进行求解。那么前面学习的 Excel 规划求解模块是否可以应用到运输问题的求解中来呢？

任务：熟练掌握运输问题的 Excel 处理。

【任务分析】

运输问题是一种特殊的线性规划问题，在软件求解过程中，和普通线性规划的求解方式相同。前面学习的 Excel 规划求解模块完全可以应用到运输问题的求解中来，这也大大提高了利用运输问题解决各种实际问题的效率。

【知识学习】

和普通线性规划问题一样，要使用 Excel 规划求解模块求运输问题，首先要将运输问题的数学模型列出，并将相应基础数据和数学模型输入 Excel 表中。基础工作完成后，打开 Excel 规划求解模块，将相应的决策变量、目标函数和约束条件添加到求解模块中，设置好相应数据后就可以直接使用 Excel 规划求解模块对运输问题进行求解。

【任务实施】

利用 Excel 规划求解模块求解例 4－1。

首先在工作表的顶端部分输入运输费用、原始产地供应量和目的地需求等相关数据，然后在工作表的底端部分设计线性规划模型。基础数据输入如图 4－1 所示。

其中决策变量位置为 B_8：E_{10}，目标函数格为 B_{12}，目标函数式、约束条件如图 4－1 所示，基础数据的输入过程不再赘述。

	A	B	C	D	E	F	G	H
1	运费	B_1	B_2	B_3	B_4	产量		
2	A_1	9	18	1	10	9		
3	A_2	11	6	8	18	10		
4	A_3	14	12	2	16	6		
5	需求量	4	9	7	5	产销平衡		
6								
7		决策变量						
8								
9								
10								
11								
12	目标函数	=B2*B8+B3*B9+B4*B10+C2*C8+C3*C9+C4*C10+D2*D8+D3*D9+D4*D10+E2*E8+E3*E9+E4*E10						
13		=B8+C8+D8+E8		9				
14	约束条件	=B9+C9+D9+E9		10				
15		=B10+C10+D10+E10		6				
16		=B8+B9+B10		4				
17		=C8+C9+C10		9				
18		=D8+D9+D10		7				
19		=E8+E9+E10		5				

图 4－1 例 4－1 在 Excel 中的基础数据图

基础数据输入完毕后，打开 Excel 规划求解模块，将相应参数填入正确位置。这里要特别注意目标函数值为求最小，并且所有变量为运输量，不能为负数。注意勾选“使无约束变量为非负数”选项，并选择“单纯线性规划”模式进行求解。各参数输入如图 4－2 所示。

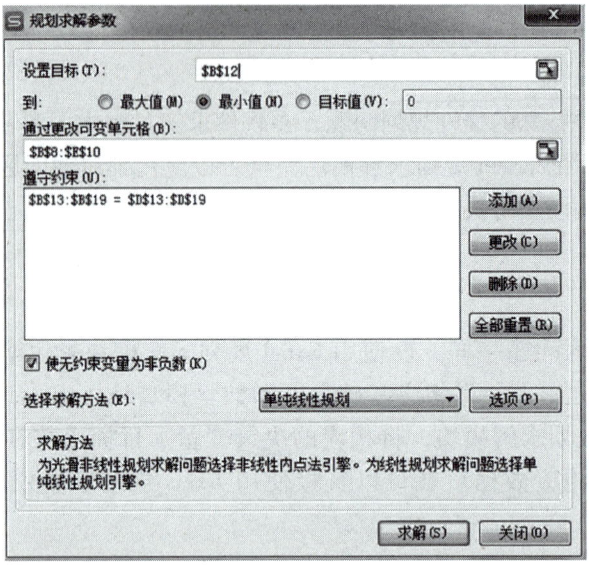

图 4-2　规划求解模块求解例 4-1 示意图

点击“求解”按钮后，会自动得出最优调运方案和最低运费值，显示如图 4-3 所示。

	A	B	C	D	E	F
1	运费	B_1	B_2	B_3	B_4	产量
2	A_1	9	18	1	10	9
3	A_2	11	6	8	18	10
4	A_3	14	12	2	16	6
5	需求量	4	9	7	5	产销平衡
6						
7		决策变量				
8		3	0	1	5	
9		1	9	0	0	
10		0	0	6	0	
11						
12	目标函数	155				
13		9		9		
14	约束条件	10		10		
15		6		6		
16		4		4		
17		9		9		
18		7		7		
19		5		5		

图 4-3　规划求解模块求解例 4-1 的最优解及目标函数值

【项目小结】

运输问题是一类具有特殊结构的线性规划问题。本项目中首先回顾了规划问题数学模型的建立，认识到运输问题的数学模型有其特殊性，由于运输问题约束方程组的系数矩阵的特殊性，故存在比单纯形法更简单的特殊解法——表上作业法。本项目重点介绍了产销平衡运输问题的表上作业法求解。需掌握初始方案的给出，检验数的计算，是否最优的判定，以及方案的调整过程。同时应掌握如何将产销不平衡转化为产销平衡问题进行求解。

运输问题本身为一种特殊的线性规划，可以使用 Excel 的规划求解模块对其进行求解。在基础数据输入的过程中要注意决策变量的连续性。

运输问题在物流管理中应用广泛，如仓配中心的选址问题，就可以转化为运输问题来进行规划求解。

【思考与练习】

1. 某公司从两个产地 A_1、A_2将物品运往三个销地 B_1、B_2、B_3，各产地的产量、各销地的销量和各产地运往各销地每件物品的运费如表 4－16 所示。应如何调运使总运输费用最小?

表 4－16　产量、销量和各产地运往各销地每件物品的运费　单位：百元/吨

	B_1	B_2	B_3	产量（吨）
A_1	6	4	6	200
A_2	6	5	5	300
销量（吨）	150	150	200	

2. 某油料供应公司有两个油库，分别有 2 000 吨和 1 000 吨油料，供应 3 个机床厂，这 3 个机床厂的需求量分别为 1 400 吨、800 吨和 600 吨，油库与机床厂之间的距离如表 4－17 所示。假设运输成本与距离成正比，试拟定运送方案，使运输成本最低。

表 4－17　油库与机床厂之间的距离　单位：千米

机床厂 / 油库	1	2	3	虚拟供应点 4	供应量（吨）
1	20	22	16	0	2 000
2	15	12	22	0	1 000
需求量（吨）	1 400	800	600	200	3 000

3. 佳新机械厂有 3 种类型的收割机各 6 台，功能基本相同，租给 4 个农场收割农作物，农场每月需求量分别为 3、5、6、4 台机器。收割机在 3 个农场作业的维修费用不同（见表 4－18）。试分析佳新机械厂如何安排，才能使维修费用最低。

表 4-18 收割机的维修费用 单位：元/台

收割机＼农场	1	2	3	4	现有数量（台）
Ⅰ	15	20	35	35	6
Ⅱ	10	25	32	45	6
Ⅲ	12	22	40	45	6
需求量（台）	3	5	6	4	18

4. 某地区有 4 个矿山，开采一种价值很高的矿石，经费由政府提供。其中迪卡矿山生产 14 000 吨，泼里特矿山生产 12 000 吨，阿维斯矿山生产 9 000 吨，瑞根塔矿山生产 5 000 吨。这些矿石必须经过初加工才能运出。共 3 个加工地点，每一地点都有 15 000 吨的容量。各矿山到诸加工点费用见表 4-19。试拟定运送方案，使运输成本最低。

表 4-19 矿山到各加工点的费用 单位：元/吨

矿山＼过程	加工点 1	加工点 2	加工点 3	产量（吨）
迪卡矿山	80	60	135	14 000
泼里特矿山	75	85	100	12 000
阿维斯矿山	130	95	110	9 000
瑞根塔矿山	150	90	130	5 000
虚拟矿山	0	0	0	5 000
容量（吨）	15 000	15 000	15 000	45 000

5. 某竹藤器制造公司有 4 个工厂，生产一种装运果品的容器，供应 4 个果品配送中心，其需求量、供应量和各点之间的运送费用见表 4-20。试分析容器的供应方案。

提示：这也是一个运输规划问题，由于供应总量不等于需求总量，所以需要设立一个“虚拟供应点”，虚拟供应点的供应量为它们之间的差额，其运输费用可取零值。

表 4-20 容器运输表 单位：元/个

工厂＼中心	果品中心 1	果品中心 2	果品中心 3	果品中心 4	现有数量（个）
工厂 1	10	24	18	35	2 000
工厂 2	15	20	22	40	1 500
工厂 3	20	12	20	25	1 500
工厂 4	25	12	30	20	2 000
虚拟供应点	0	0	0	0	1 000
需求量（个）	2 000	1 100	1 900	3 000	8 000

【综合实训】

上机实训：整数规划运输问题的 Excel 处理。

请为“思考与练习”中的练习题建立数学模型，利用 Excel 的规划求解模块进行求解，并分析与总结运输问题在求解过程中的特殊技巧。

项目五
图与网络分析

【学习目标】

※ 知识目标

1. 了解图与网络的基本概念。
2. 掌握最小树的概念和求解。
3. 掌握最短路径问题。
4. 了解一笔画概念和中国邮路问题。

※ 能力目标

1. 针对实际情况，能熟练识别、转换各类典型图与网络问题。
2. 掌握最小树的破圈法和避圈法。
3. 会求解最短路径。

※ 素养目标

1. 培养学生接受新事物、新思维、新方法的意识。
2. 培养学生持续改进与优化的意识，并能将优化方法用于实际工作。
3. 培养学生严谨细致的工作态度。

【情境设定】

某物流公司拥有自己的一套车辆调度系统，该系统要解决的重要内容是车辆行车路线的安排。车辆路线就是对应一系列运输网点，从一个网点出发，有序地通过它们，最后再回到出发网点。车辆必须按一定的次序在规定的时间通过这些网点。由于实际运输任务的性质和特点不同、道路条件及车辆类型不同，即使在相同收发货运点间完成同样任务时，所采用的行驶路线方案也可能不同，而车辆按不同运行路线完成运输工作时，其实施效果也有所不同。因此在满足运输任务要求的前提下，如何选择最经济的运行路线是该公司车辆调度一项重要工作。

什么样的表达方式能更加直观、高效地表达和解决上述问题呢？哪个运筹学分支可以为我们解答诸如最短路径问题、最小支撑树问题、中国邮路问题等相关问题呢？

在实际的生产和生活中，人们为了反映事物之间的关系，常常在纸上用点和线来画出各式各样的示意图。图是客观世界最直观、最简单的符号和沟通语言，用来表示所研究对象以及它们之间的某种特定的联系，在物流活动中有着广泛的应用。网络是图的一种特殊形式，例如交通路线网络、水暖管道网络、局域网络等都是网络图的原型。图与网络理论用来研究图与网络的一般规律以及典型问题的定量算法。

下面再通过一些实例来了解图与网络问题。

(1) 最短路径问题。一名货车司机奉命在最短的时间内将一车货物从甲地运往乙地。从甲地到乙地的公路网纵横交错，因此有多种行车路线，这名司机应选择哪条线路呢？假设货柜车的运行速度是恒定的，那么这一问题相当于需要找到一条从甲地到乙地的最短路径。

(2) 公路连接问题。某一地区有若干个主要城市，现准备修建高速公路把这些城市连接起来，使得从其中任何一个城市都可以经高速公路直接或间接到达另一个城市。假定已经知道了任意两个城市之间修建高速公路的成本，那么应如何决定在哪些城市间修建高速公路，使得总成本最低？

(3) 中国邮路问题。一名邮递员负责投递某个街区的邮件。如何为他设计一条最短的投递路线（从邮局出发，经过投递区内每条街道至少一次，最后返回邮局）？因为这一问题是由我国的管梅谷教授于1960年首先提出的，所以国际上称之为中国邮路问题。

(4) 旅行商问题。一名推销员准备前往若干城市推销产品。如何为他（她）设计一条最短的旅行路线（从驻地出发，经过每个城市恰好一次，最后返回驻地）？此问题的研究历史十分悠久，通常称之为旅行商问题。

上述问题有两个共同的特点：一是它们的目的都是从若干可能的安排或方案中寻求某种意义下的最优安排或方案，二是它们都易于用图形的形式直观地描述和表达。人们把这种与图相关的结构称为网络，图与网络所研究的就是可用图表达的那些管理活动的优化问题。

图与网络分析是应用非常广泛的运筹学分支，它已经广泛地应用于物理学控制论、信息论、工程技术、交通运输、经济管理、电子计算机等各项领域。市场和社会生活中的许多问题都可以用图论的理论和方法来加以解决。例如，各种通信线路的架设，输油管道的铺设，铁路或者公路交通网络的合理布局等问题，都可以应用图论的方法，简便、快捷地加以解决。

任务一
图的基本概念

【任务引入】

【例5-1】假设你是某仓储部门管理人员，现需要入库储存五种化学药品A、B、C、D和E，其中，某些药品不能放在同一库房里，要求如表5-1所示。

表5-1 仓储要求表

药品名称	不能混放药品
A	B、C、E
B	A、C、D
C	B、D、E
D	B、C、E
E	A、C、D

微课：图的基本概念

请问该如何合理安排，才能用最少库房存放这些化学药品？

任务：掌握图的基本概念，会用图来表达实际问题。

【任务分析】

上述任务的问题很简单，也是日常生活中常见的问题。给出了明确目标，即用最少的库房存放化学药品。也给出了相应的约束，即很多药品会发生化学反应不能共放。此类问题要用前面所学的运筹学分支来解决似乎有一定的难度。对于这类问题，我们常常会用简单的示意图的方式解决，更加直观和简便。这种示意图就是我们要讨论的图和网络。

【知识学习】

1736 年瑞士科学家莱昂哈德·欧拉（Leonhard Euler）发表了关于图论方面的第一篇科学论文，解决了著名的哥尼斯堡七座桥问题。如图 5－1 所示，即一个漫步者如何能够走过这七座桥，并且每座桥只能走过一次，最终回到原出发地。欧拉为了解决这个问题，采用了建立示意图的方法，将每一块陆地用一个点来代替，将每一座桥用连接相应两点的一条线来代替，从而将要实地考察的问题转化到纸上，如图 5－2 所示。同时将这个问题抽象成一笔画问题，即能否从某一点开始不重复地一笔画出这个图形，最终回到原点。欧拉在他的论文中证明了这是不可能的，因为这个图形中每一个顶点都与奇数条边相连接，不可能将它一笔画出，这就是古典图论中的第一个著名问题。

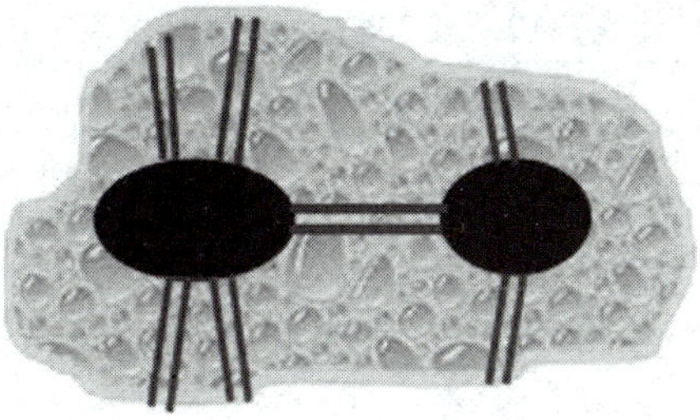

图 5－1　“七桥问题”

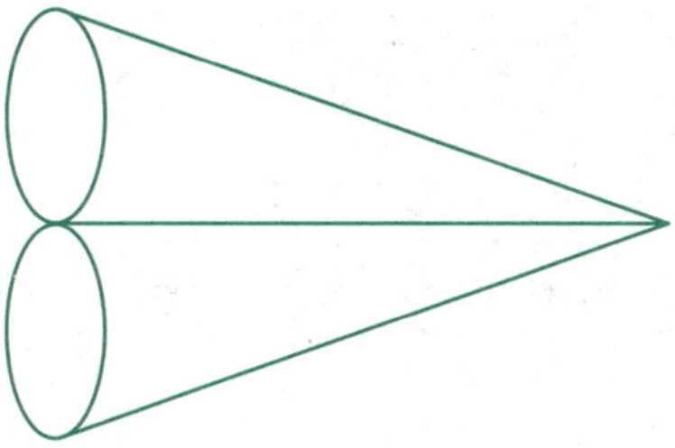

图 5－2　“七桥问题”示意图

一、无向图和有向图

自然界和人类社会中，大量的事物以及事物之间的关系，常可以用图形来描述。例如，图 5－3 所示的我国北京、上海等十个城市间的交通图反映了这十个城市间的铁路分布情况。这里用点代表城市，用点和点之间的连线代表这两个城市之间有直通铁路。

前面两个例子涉及的对象之间的关系具有“对称性”，就是说，如果甲与乙有这种关系，那么同时乙与甲也有这种关系。在实际生活中，有许多关系不具有这种对称性。例如，有甲、乙、丙、丁、戊五个球队，各队之间的比赛情况如表 5－2 所示。五个球队

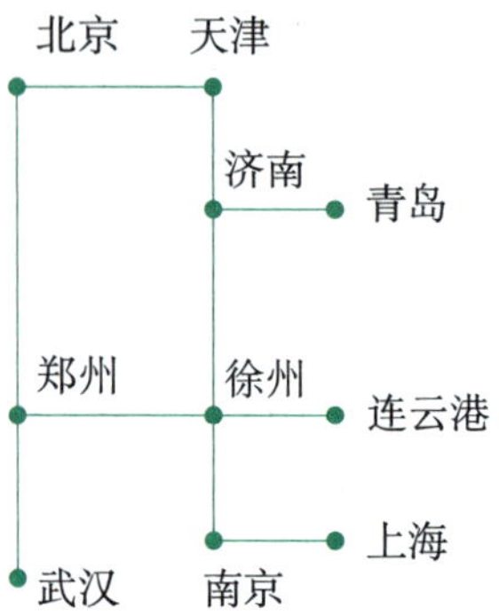

图 5-3　十个城市间铁路分布图

之间的胜负关系显然是一种非对称关系，如果球队甲胜了球队乙，可以用一条带箭头的连线表示，即 $v_{甲}\to v_{乙}$，于是，表 5-2 的关系可以表示成如图 5-4 所示。请在理解的基础上，根据图 5-4，补全表 5-2。

表 5-2　五个球队的比赛情况表

	甲	乙	丙	丁	戊
甲	×	胜	负	胜	
乙	负	×	胜	×	
丙	胜	负	×	胜	
丁	负	×	负	×	
戊					

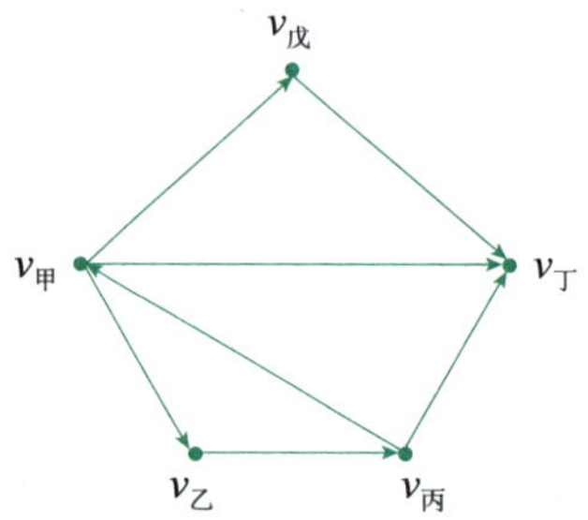

图 5-4　五个球队比赛的胜负连线图

从以上分析可以看出，我们常将所研究的对象看成一个点，用连线（带箭头或不带箭头）表示对象之间的某种特定的关系，这时连线的长短曲直无关紧要，重要的是两点之间有无线相连。为了区别起见，把两点之间不带箭头的连线称为边，带箭头的连线称为弧。由此，我们便抽象出图的概念。

图是描述对象之间某种特定关系的工具，用数字语言描述如下：

定义 5.1　一个图 G 是由一个非空集合 V，以及由 V 中元素的无序（或有序）对组成的集合 E（或 A）所组成。V 中元素的无序点对构成的集合称为边集合 E，由点集合 V 和边

集合 E 构成的无向图（简称图）记为 $G=(V, E)$，一条连接点 v_i，$v_j\in V$ 的边 e_{ij}，记为 $e_{ij}=[v_i, v_j]$ 或 $e_{ij}=[v_j, v_i]$。V 中元素的有序点对构成的集合称为弧集合 A，由点集合 V 和弧集合 A 构成的有向图，记为 $D=(V, A)$，一条方向是从 v_i 指向 v_j 的弧记为 $a_{ij}=(v_i, v_j)$。

如图 5－5 所示是一个无向图。

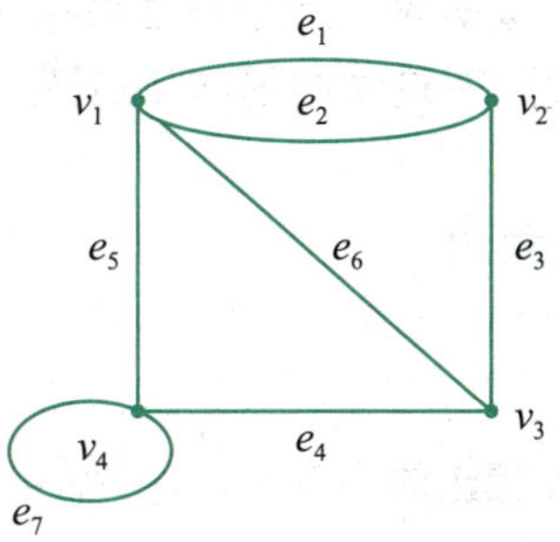

图 5－5　一个无向图

图 5－5 可以表示为：

$G=(V, E)$

$V=\{v_1, v_2, v_3, v_4\}$

$E=\{e_1, e_2, e_3, e_4, e_5, e_6, e_7\}$

其中：

$e_1=[v_1, v_2]$，$e_2=[v_1, v_2]$，$e_3=[v_2, v_3]$，$e_4=[v_3, v_4]$，

$e_5=[v_1, v_4]$，$e_6=[v_1, v_3]$，$e_7=[v_4, v_4]$

如图 5－6 所示是一个有向图。

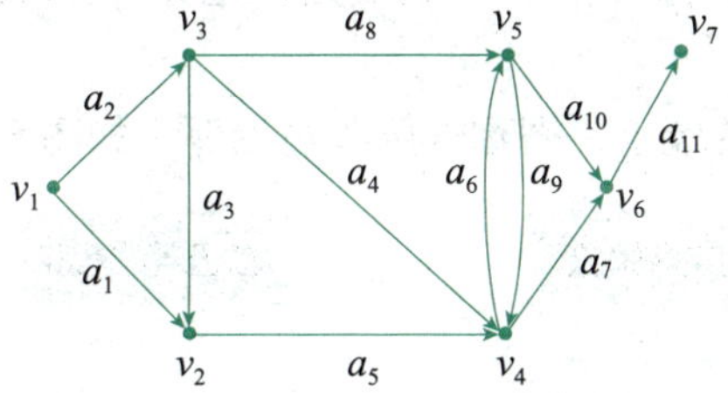

图 5－6　一个有向图

图 5－6 可以表示为：

$D=(V, A)$

$V-\{v_1, v_2, v_3, v_4, v_5, v_6, v_7\}$，$A=\{a_1, a_2, a_3, a_4, \cdots, a_{11}\}$

其中：

$a_1=(v_1, v_2)$，$a_2=(v_1, v_3)$，$a_3=(v_3, v_2)$，$a_4=(v_3, v_4)$，$a_5=(v_2, v_4)$，

$a_6=(v_4, v_5)$，$a_7=(v_4, v_6)$，$a_8=(v_3, v_5)$，$a_9=(v_5, v_4)$，$a_{10}=(v_5, v_6)$，

$a_{11}=(v_6, v_7)$

若图 G 中，某个边的两个端点相同，则称 e 是环（如图 5－5 中 e_7）。若两个点之间有多于一条的边，称为多重边（如图 5－5 中 e_1，e_2）。一个无环多重边的图称为简单图，但允许有多重边的图称为多重图。

综上所述，用点来表示研究对象，点间连线表示对象之间的特定关系。这种关系可以是对称关系，我们用没有箭头的线表示，称为边；也可以是非对称关系，用带箭头的线表示，称为弧。

由点和边组成的图我们称为无向图，由点和弧组成的图我们称为有向图。

一般情况下，图中的相对位置如何，点与点之间线的长短曲直，对于反映研究对象之间的关系显的并不重要，因此，图论中的图与几何图、工程图等在本质上是不同的。

二、图中有关点、边关系的术语

（一）端点

当 $e_{ij}=[v_i, v_j]$ 时，与边 e_{ij} 相连的顶点 v_i、v_j 分别叫作 e_{ij} 的端点。

（二）边与顶相关联

当 $e_{ij}=[v_i, v_j]$ 时，e_{ij} 与 v_i、v_j 称为边与顶相关联。

（三）邻顶

当 $e_{ij}=[v_i, v_j]$ 时，v_i、v_j 之间叫作邻顶。

（四）邻边

与同一顶点关联的边叫作邻边。

若边 $e_{ij}=[v_i, v_j]\in E$，称 v_i、v_j 是 e 的端点，也称 v_i、v_j 是相邻的。称 e_{ij} 是点 v_i（及点 v_j）的关联边。

若两条边有一个公共的端点，则称这两条边相邻。如图 5－7 所示。

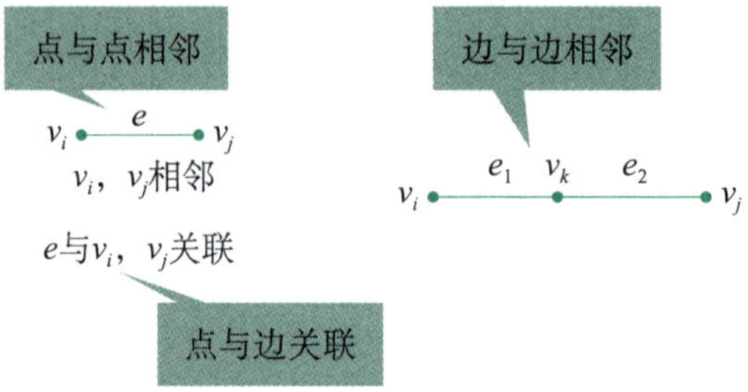

图 5－7　相邻与关联

（五）环

只与一个顶点关联的边叫作环，表示为：$e_{ii}=v_i v_i$。

（六）平行边

具有相同的两个端点的边称为平行边。

（七）邻域

图 G 中点 v_i 的邻域定义为 G 中与 v_i 相邻接的点的集合，记为：

$$N_G(v_i)=\{v_j \mid [v_i,v_j]\in E\}$$

（八）次

以点 v_i 为端点的边的数目称为点 v_i 在 G 中的次，记为：$d_G(v_i)$ 或 $d(v_i)$。如果有环，则按两条边记，即

$$d(v_i)=d_l(v_i)+2l(v_i)$$

其中：$d_l(v_i)$ 是与 v_i 相关联的非环边数，$l(v_i)$ 是与 v_i 相关联的环数。

（九）次序列

若 $V=\{v_1, v_2, \cdots, v_p\}$，则相对于每个点都有一个次，则可以得到一个序列 $[d(v_1), d(v_2), \cdots]$。

定理 5.1　对于图 $G=(V, E)$，其中 $|V|=n$，$|E|=m$，则有：

$$\sum_{v\in V} d(v)=2m$$

证明：每条边都有两个端点，在计算顶点的次时，每个端点都要计算对应边次，故共有 $2m$ 次。

通俗地讲，就是线有两头，共有 $2m$ 个线头的意思。

定理 5.2　奇次顶的总数是偶数。

证明：将点分为两类，奇次顶的点和偶次顶的点，于是有：

$$\sum_{v_i\in V_0} d(v_i)+\sum_{v\in V_e} d(v)=2m$$

其中：V_0——奇次顶的集合，V_e——偶次顶的集合。

于是有：

$$\sum_{v_i\in V_0} d(v_i)=2m-\sum_{v_i\in V_e} d(v_i)$$

偶数减去偶数仍是偶数，于是得证。

（十）悬顶

G 中次为 1 的点称为悬挂点或悬顶。

（十一）悬挂边

悬挂点所关联的边称为悬挂边。

（十二）孤立点

G 中次为 0 的点称为孤立点。

如图 5－8 中，v_5为孤立点，v_4为悬挂点，e_4为悬挂边，e_1、e_2为平行边，e_5为环。

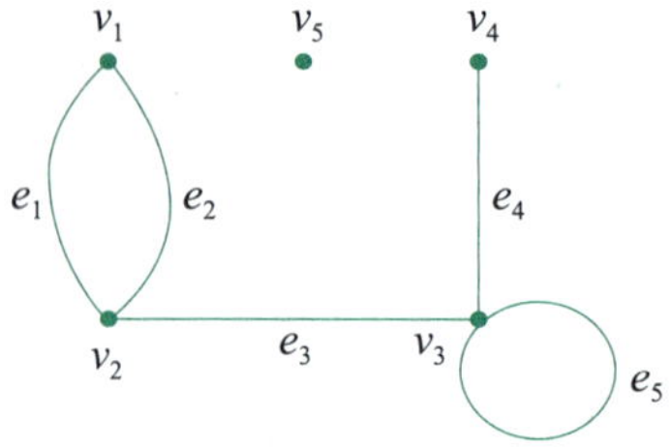

图 5－8　孤立点、悬挂点

（十三）链

设 $G=(V, E)$ 是给定的图。若 G 的某些点和边可以交错排成非空的有限序列：

$Q=(v_{i_0}, e_{j_1}, v_{i_1}, \cdots, v_{i_{x-1}}, e_{i_x}, v_{ix}, \cdots, v_{t_{k-1}}, e_{i_k}, v_{i_k})$ 且 $e_{j_s}=[v_{j_{s-1}}, v_{j_s}]$ $(s=1, 2, \cdots, k)$，则称 Q 为 G 中一条连接 v_{i_o} 与 v_{i_k} 的链。如果 G 是简单图，则链 Q 记为 $(v_{i_0}, v_{i_1}, \cdots, v_{i_k})$。

（十四）初等链

若链 Q 中诸顶点皆不相同，则称 Q 为一条初等链。

（十五）简单链

若一条链中的边都不相同，则称为简单链。如图 5－9 所示。

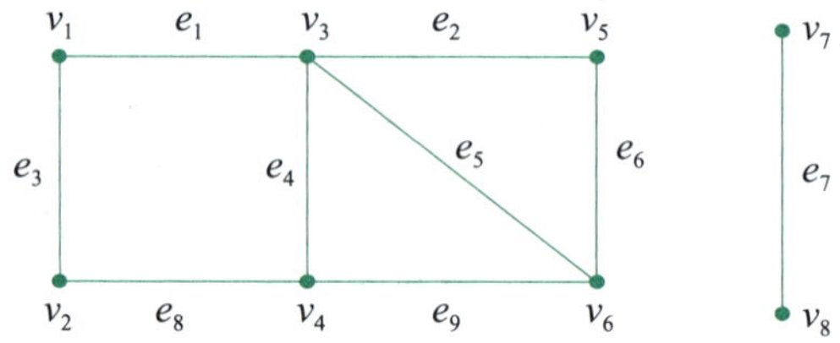

简单链：$\mu_1=(v_2, v_1, v_3, v_6, v_4, v_3, v_5)$

初等链：$\mu_2=(v_2, v_1, v_3, v_5)$

图 5－9　简单链和初等链

（十六）链的长度

链的长度为它所包含的边数。

（十七）圈

若点边交错序列 $Q=(v_{i_0}, e_{j_1}, v_{i_1}, \cdots, v_{i_{s-1}}, e_{i_s}, v_{i_s}, \cdots, v_{i_{k-1}}, e_{i_k}, v_{i_k})$ 中，有：$v_{i_0}=v_{ik}$，则称 Q 为一个圈。

（十八）路

若 $(v_{i_0}, a_{j_1}, v_{i_1}, \cdots, v_{i_{s-1}}, a_{j_s}, v_{i_s}, \cdots, v_{i_{k-1}}, a_{i_k}, v_{i_k})$ 是有向图 D 中的一条链，

并且对 $t=1, 2, \cdots, k-1$，均有 $a_{i_t}=(v_{i_t}, v_{i_{t+1}})$，称之为从 v_{i_1} 到 v_{i_k} 的一条路，用 P 表示，对于简单有向图 P，记为 $(v_{i_0}, v_{i_1}, \cdots, v_{i_k})$。

（十九）路径

若有向图中路的每个顶点都不相同则称为路径。

（二十）回路

若路的第一个点和最后一个点相同，则称为回路。

三、图的矩阵表示

图的基本信息一般以矩阵的形式输入计算机程序中。图的矩阵表示法主要有邻接矩阵、可达矩阵、关联矩阵、权矩阵等。

（一）邻接矩阵

邻接矩阵用于描述两个顶点之间是否有边（弧）相连。

对于有 n 个顶点的无向图 $G=(V, E)$，定义邻接矩阵 $B=(b_{ij})_{n\times n}$。其中：

$$b_{ij}=\begin{cases}0 & [v_i,v_j]\notin \mathrm{E}\\ 1 & [v_i,v_j]\in \mathrm{E}\end{cases}$$

对于有 n 个顶点的有向图 $D=(V, A)$，定义邻接矩阵 $B=(b_{ij})_{n\times n}$。其中：

$$b_{ij}=\begin{cases}0 & (v_i,v_j)\notin \mathrm{A}\\ 1 & (v_i,v_j)\in \mathrm{A}\end{cases}$$

【例 5-2】已知：无向图如图 5-10 所示，求其邻接矩阵。

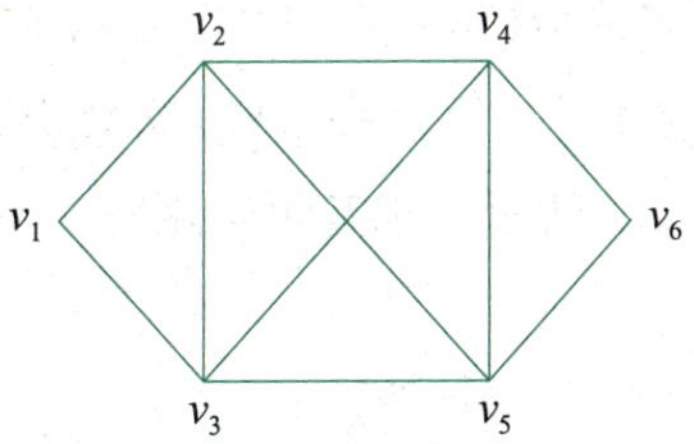

图 5-10　例 5-2 示意图

解：其邻接矩阵为：

$$R=(b_{ij})_{6\times 6}=\begin{array}{c} \\ v_1\\ v_2\\ v_3\\ v_4\\ v_5\\ v_6\end{array}\begin{array}{c} \begin{array}{cccccc} v_1 & v_2 & v_3 & v_4 & v_5 & v_6\end{array}\\ \begin{bmatrix}0&1&1&0&0&0\\1&0&1&1&1&0\\1&1&0&1&1&0\\0&1&1&0&1&1\\0&1&1&1&0&1\\0&0&0&1&1&0\end{bmatrix}\end{array}$$

显然，无向图的邻接矩阵是关于对角线的对称矩阵。

【例 5－3】 已知：如图 5－11 所示，求其邻接矩阵。

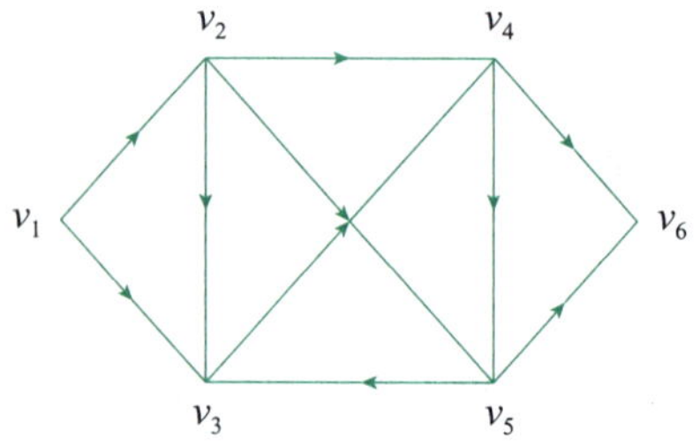

图 5－11　例 5－3 示意图

解：其邻接矩阵为：

$$B=(b_{ij})_{6\times 6}=\begin{array}{c} \\ v_1 \\ v_2 \\ v_3 \\ v_4 \\ v_5 \\ v_6 \end{array}\begin{array}{c} \begin{array}{cccccc} v_1 & v_2 & v_3 & v_4 & v_5 & v_6 \end{array} \\ \begin{bmatrix} 0 & 1 & 1 & 0 & 0 & 0 \\ 0 & 0 & 1 & 1 & 1 & 0 \\ 0 & 0 & 0 & 1 & 0 & 0 \\ 0 & 0 & 0 & 0 & 1 & 1 \\ 0 & 0 & 1 & 0 & 0 & 1 \\ 0 & 0 & 0 & 0 & 0 & 0 \end{bmatrix} \end{array}$$

（二）可达矩阵

在有向图中可达矩阵用于描述两点之间是否有路相连，即 $R=(r_{ij})_{n\times n}$。

其中：

$$r_{ij}=\begin{cases} 1 & \text{当} v_i \text{经过一定的弧（顺箭头方向）可到达} v_j \text{时} \\ 0 & \text{当} v_i \text{经过一定的弧（顺箭头方向）无法到达} v_j \text{时} \end{cases}$$

【例 5－4】 已知：如图 5－11 所示，求其可达矩阵。

解：其可达矩阵为：

$$R=(r_{ij})_{6\times 6}=\begin{array}{c} \\ v_1 \\ v_2 \\ v_3 \\ v_4 \\ v_5 \\ v_6 \end{array}\begin{array}{c} \begin{array}{cccccc} v_1 & v_2 & v_3 & v_4 & v_5 & v_6 \end{array} \\ \begin{bmatrix} 1 & 1 & 1 & 1 & 1 & 1 \\ 0 & 1 & 1 & 1 & 1 & 1 \\ 0 & 0 & 1 & 1 & 1 & 1 \\ 0 & 0 & 1 & 1 & 1 & 1 \\ 0 & 0 & 1 & 1 & 1 & 1 \\ 0 & 0 & 0 & 0 & 0 & 1 \end{bmatrix} \end{array}$$

（三）关联矩阵

有向图的关联矩阵也称顶点—边关联矩阵。

设有向图 $D=(V, A)$，其中 $r_{ij}=V=\{v_1, v_2, \cdots, v_n\}$，$A=\{a_1, a_2, \cdots, a_m\}$，则关联矩阵可定义为 $M=(m_{ij})_{n\times m}$。其中：

$$m_{ij}=\begin{cases}1 & \text{当顶点}v_i\text{是弧}a_j\text{的起点时}\\-1 & \text{当顶点}v_i\text{是弧}a_j\text{的终点时}\\0 & \text{当顶点}v_i\text{与弧}a_j\text{无关时}\end{cases}$$

【**例 5－5**】已知：如图 5－12 所示，求其关联矩阵。

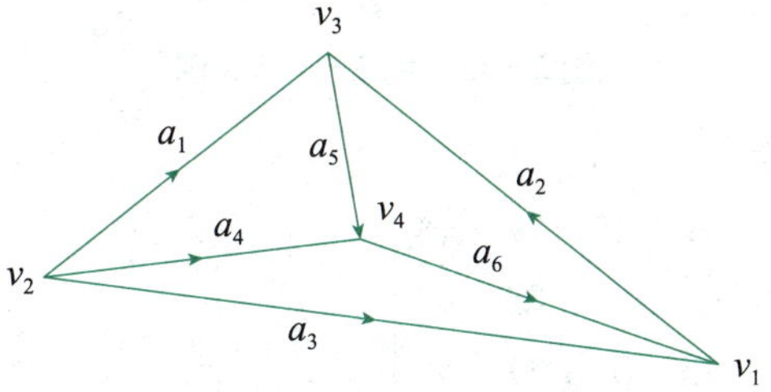

图 5－12　例 5－5 示意图

解：其关联矩阵为：

$$M=(m_{ij})_{4\times 6}=\begin{array}{c}\\ v_1\\ v_2\\ v_3\\ v_4\end{array}\begin{array}{c}\begin{matrix}a_1 & a_2 & a_3 & a_4 & a_5 & a_6\end{matrix}\\ \begin{bmatrix}0 & 1 & -1 & 0 & 0 & -1\\ 1 & 0 & 1 & 1 & 0 & 0\\ -1 & -1 & 0 & 0 & 1 & 0\\ 0 & 0 & 0 & -1 & -1 & 1\end{bmatrix}\end{array}$$

（四）权矩阵

权矩阵是最流行的一种网络矩阵表示法。对于有 n 个顶点的无向网络 $G=(V, E, W)$，边 $[v_i, v_j]$ 的权为 w_{ij}，则权矩阵为 $D=(d_{ij})_{n\times n}$。其中：

$$d_{ij}=\begin{cases}w_{ij} & [v_i,v_j]\in E\\ \infty & [v_i,v_j]\notin E\\ 0 & v_i=v_j\end{cases}$$

显然无向网络的权矩阵 D 是对角线对称的。

对于有 n 个顶点的有向网络 $D=(V, A, W)$，弧 (v_i, v_j) 的权为 w_{ij}，则权矩阵为 $D=(d_{ij})_{n\times n}$。其中：

$$d_{ij}=\begin{cases}w_{ij} & (v_i,v_j)\in A\\ \infty & (v_i,v_j)\notin A\\ 0 & v_i=v_j\end{cases}$$

【**例 5－6**】已知：如图 5－13 所示，弧上的数字代表数。求 $D=(d_{ij})_{5\times 5}$。

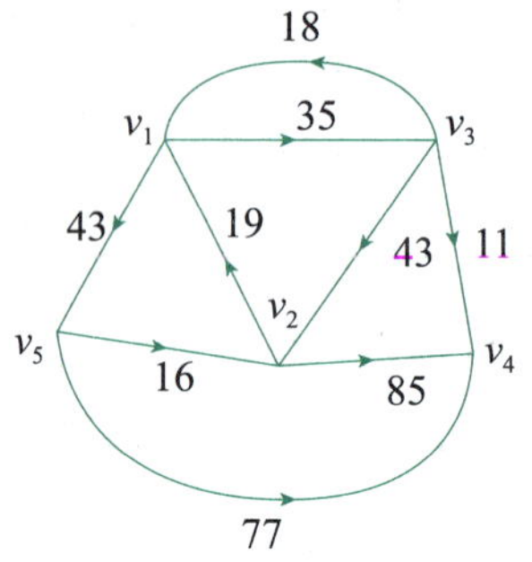

图 5-13 例 5-6 示意图

解：

$$(d_{ij})_{5\times5}=\begin{bmatrix}0 & \infty & 35 & \infty & 43\\ 19 & 0 & \infty & 85 & \infty\\ 18 & 43 & 0 & 11 & \infty\\ \infty & \infty & \infty & 0 & \infty\\ \infty & 16 & \infty & 77 & 0\end{bmatrix}$$

【任务实施】

在学习了图的基本概念后，分析例题 5-1，可以用点 v_1、v_2、v_3、v_4、v_5 分别代表这五种药品，药品之间的反应是对称关系，我们用没有箭头的线，即边来表示两种药品不能够共放，若药品 v_i 和药品 v_j 是不能存放在同一库房的，则在 v_i 和 v_j 之间连一条线。根据例题中的描述，可以得到一个关系示意图，如图 5-14 所示。

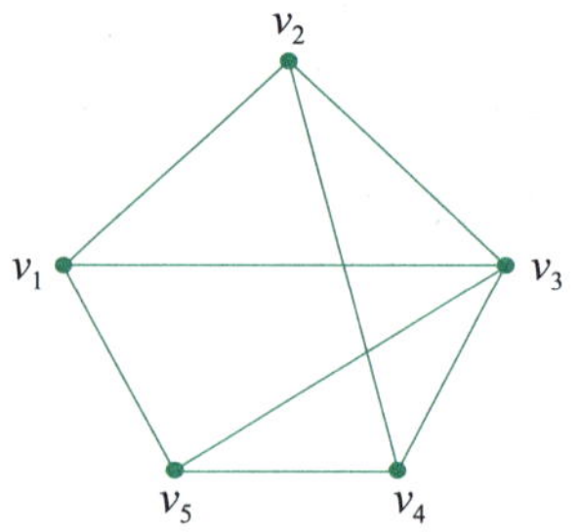

图 5-14 五个药品之间会发生化学反应的关系示意图

根据图 5-14，要寻求存放这种化学药品的最少库房个数，事实上，就是将不相邻的点放在一起。由图可知至少需要三个库房来存放这些药品，即 v_1 和 v_5、v_2 和 v_4、v_3 各存放在一个库房里。

显然，图论的方法解决该问题直观，不需要设置决策变量、写出数学方程，只要分析清楚题目要求，就能快速解决问题。

任务二
树和最小树

【任务引入】

【例 5－7】图 5－15 表示某城市 7 个乡镇间拟修建一条能连接各个乡镇的通信线路，每条边的权数表示两个乡镇之间通信线路的建设费用（单位：万元）。请问应如何修建，才能使该线路的建设费用最低？

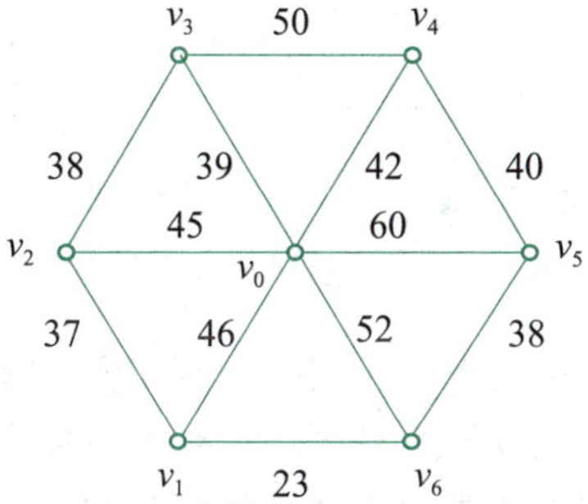

图 5－15　7 个乡镇间通信线路建设费用示意图

这类问题在现实生活中非常常见，我们已经把实际问题用图的形式表达出来了，那么该如何对其求解，得出费用最低的建设方案呢？

任务：理解树的概念，会用避圈法和破圈法求最小支撑树。

【任务分析】

例 5－7 题目中已经把实际问题转化成了图这种数学语言，我们要做的就是利用图论的相关理论来对其进行求解。在图论中，有一种很特殊的图，因为其形状与大自然中的树相似，我们称之为树图，简称树。

微课：树与图的最小树

树图是无圈的连通图，也是最简单的连通图。

题目中要求修建一条能连接各个乡镇的通信线路，并要求费用最低，那么就可以在各个乡镇的修建费用图上做文章，找到该图的最小支撑树即可。

【知识学习】

一、树的定义及基本性质

定义 5.2 无圈的连通图称为树，用 T 表示。

如图 5－16 所示是一个管道铺设方案路线图，是一棵树，其特征是任意两点之间都有唯一的一条链相连且没有圈。

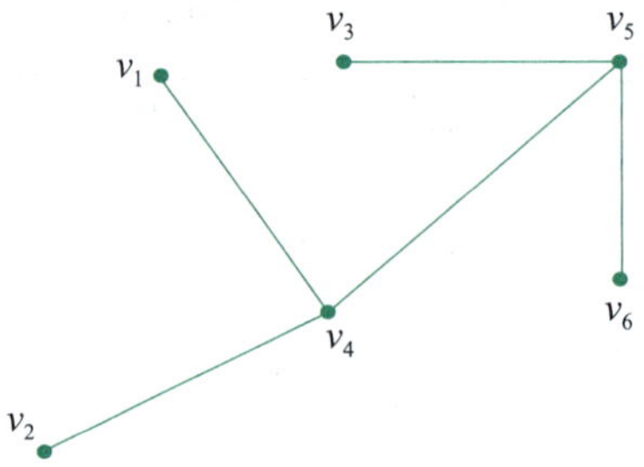

图 5－16 管道铺设方案路线图

树是一类重要的简单图。树的概念在实际中有很多应用。例如，管理中常用的组织机构图是一棵树，邮件、图书的分拾过程可以表示为一棵树，决策分析中也是用树的形式来表达决策过程的。树的概念亦是图论理论的重要基础，很多图论难题或猜想提出之后，往往先从树入手来解决问题。

由树的定义可以得到树的几个相互关联的基本性质。

树的性质 1 图 T 是树，则树中点的个数 $n(T)\geqslant 2$，则 T 中至少有两个悬挂点。

证明：令 $Q=(v_1, v_2, \cdots, v_k)$，它是 T 中含边数最多的一条初等链，因 $n(T)\geqslant 2$，并且 T 是连通的，故链 Q 中至少有一条边，从而 v_1 与 v_k 是不同的。现在来证明：v_1 是悬挂点，即 $d(v_1)=1$。用反证法，如果 $d(v_1)\geqslant 2$，则存在边 $[v_1, v_m]$，使 $m\neq 2$。若点 v_m 不在 Q 上，那么 $(v_m, v_1, v_2, \cdots, v_k)$ 是 T 中的一条初等链，它含的边数比 Q 多一条，这与 Q 是含边数最多的初等链矛盾。若点 v_m 在 Q 上，那么 $(v_1, v_2, \cdots, v_m, v_1)$ 是 T 中的一个圈，这与树的定义矛盾。于是必有 $d(v_1)=1$，即 v_1 是悬挂点。同理可证 v_k 也是悬挂点，因而 T 中至少有两个悬挂点。

树的性质 2 图 T 是树，则 T 中的边数 m 等于点数 n 减 1，即 $m=n-1$。

证明：图 T 是树，则依树的定义，则 T 是连通图，对于 $m=n-1$ 可以用数学归纳法证明。

（1）当 $n=1$ 时，$m=0$，$m=n-1$ 成立。

（2）当 $n=1$ 时，$m=1$，$m=n-1$ 成立。

（3）假设当 $n=k$ 时，$m=n-1$ 成立。

（4）对于 $k+1$ 个顶点的图 T 而言，由树的性质 1 可知，T 中至少有两个悬挂点。设

v_1是 T 的一个悬挂点，考虑图 $T-\{v_1\}$，则图 $T-\{v_1\}$ 的顶点数为 K，由归纳假设可得：$m_{T-(v_1)}=n_{T-(v_1)}-1$，因为 $m_{T-(v_1)}=m_T+1$，$n_{T-(v_1)}=n_T+1$，则 $m_T=n_T-1$，证毕。

树的性质 3　图 T 是树的充分必要条件是任意两个顶点之间有且只有一条链。

证明：

必要性　因 T 是连通的，故任两个点之间至少有一条链。但如果某两个点之间有两条链的话，那么图 T 中含有圈，这与树的定义矛盾，从而任两个点之间恰有一条链。

充分性　设图 T 中任两个点之间恰有一条链，那么易见 T 是连通的，如果 T 中含有圈，那么这个圈上的两个顶点之间有两条链，这与假设矛盾，故 T 不含圈，于是 T 是树。

由这个定理，很容易推出如下结论：

第一，从一个树中去掉任意一条边，则余下的图是不连通的。

由此可知，在点集合相同的所有图中，树是含边数最少的连通图。

第二，在树中不相邻的两个点间添上一条边，则恰好得到一个圈，进一步地说，如果再从这个圈上任意去掉一条边，可以得到一个树。

根据树的定义及三个性质的证明，我们可以归纳出树 T 的六个基本性质如下：

（1）T 是无圈图。

（2）T 是连通图。

（3）T 中边数为点数减 1，即 $m_T=n_T-1$。

（4）T 中减去一条边则不连通。

（5）T 中加一条边则恰有一个圈。

（6）T 中至少有两个悬挂点。

二、图的支撑树

（一）支撑树

定义 5.3　设图 $T=(V, E')$ 是图 $G=(V, E)$ 的支撑子图，如果图 $T=(V, E')$ 是一个树，则称 T 是 G 的一个支撑树。

【例 5-8】 如图 5-17 所示，图（b）是图（a）的一个支撑树。

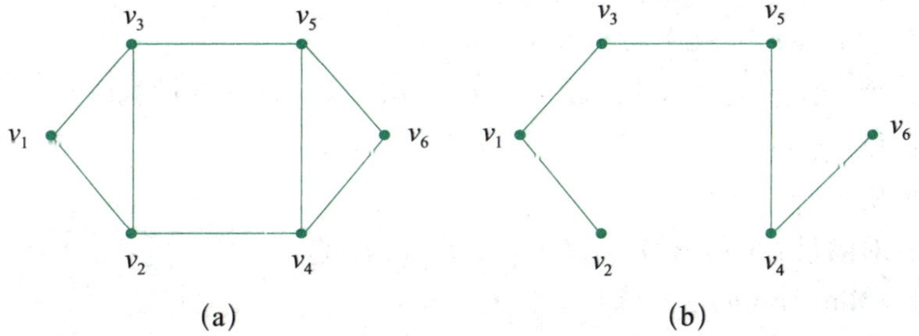

图 5-17　图与支撑树

支撑树——若 T 是无向图 G 的生成子图，并且 T 同时又是树，则称 T 是 G 的支撑树，也称为生成树。

图 $G=(V, E)$ 有支撑树的充分必要条件是 G 为连通图。

（二）最小支撑树

给定一个网络 $G=(V, E, w)$，设 $T=(V, E_1)$ 是 G 的支撑树，称 T 中所有边的权数之和为树 T 的权，记为 $w(G)$，即

$$w(T)=\sum_{e\in E_1} w(e)$$

如果 G 的支撑树 $T^*=(V, E^*)$ 满足：

$$w(T^*)=\mathop{\mathrm{Min}}_{E_1} w(T) \text{ 或 } \sum_{e\in E^*} w(e)=\mathop{\mathrm{Min}}_{E_1}\sum_{e\in E_1} w(e)$$

则称 T^* 为 G 的最小支撑树，简称最小树。

对于一个连通的网络，如何寻找或构造一个最小支撑树，通常称为最小支撑树问题。

三、最小支撑树算法

（一）避圈法

微课：避圈法

避圈法，即 Kruskal 算法。其基本思想是：首先将网络 G 的边按权的大小排序，然后从最小边开始选起，每次选出一个新的边后要判断是否与所选的边构成一个圈，如果是则放弃该边，否则入选该边直至所选的边数为点数减 1 为止。该算法每次选择边时，总是优先选择考虑权最小的边，所以避圈法又叫作最小边优选法。

避圈法算法步骤如下：

第 1 步：将图 G 的 m 条边按权的递增顺序排列：

$$w(e_{i_1})\leqslant w(e_{i_2})\leqslant\cdots\leqslant w(e_{i_m})$$

第 2 步：令 $l(v_j)=j\ (j=1, 2, \cdots, n)$，$E_1=\Phi$，循环变量赋值 $k=1$。

第 3 步：设 $e_{i_k}=[u, v]$，若 $l(u)=l(v)$，转第 6 步，否则令 $E_1=E_1\cup\{e_{i_k}\}$。

第 4 步：对满足 $l(v_j)=\mathrm{Max}\{l(u), l(v)\}$ 的 v_j，令 $l(v_j)=\mathrm{Min}\{l(u), l(v)\}$。

第 5 步：若 E_1 中的边的条数 $|E_1|=n-1$，则算法终止；否则继续第 6 步。

第 6 步：若 $|E_1|=m<n-1$，则算法终止，图 G 为非连通图，无支撑树；否则，令 $k=k+1$，转第 3 步。

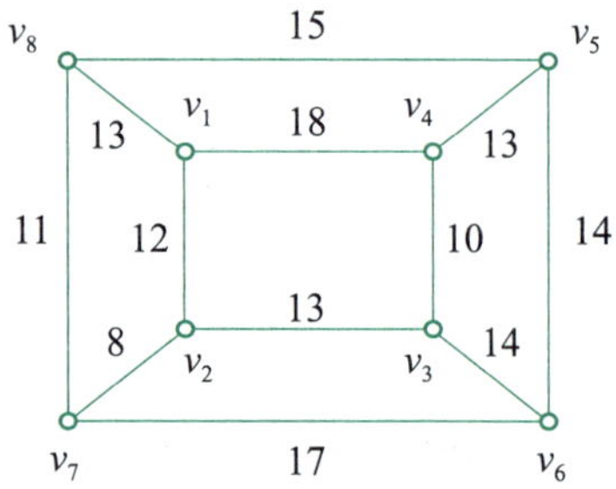

图 5-18　例 5-9 示意图

【例 5-9】用避圈法构造图 5-18 的最小支撑树。

解：根据避圈法算法，不断选择权最小的边，同时新增边必须与已选边不构成回路，所选边顺序为：$[v_2, v_7]$，$[v_3, v_4]$，$[v_7, v_8]$，$[v_1, v_2]$，$[v_2, v_3]$，$[v_5, v_6]$。具体步骤见图 5-19（a）~（g）。

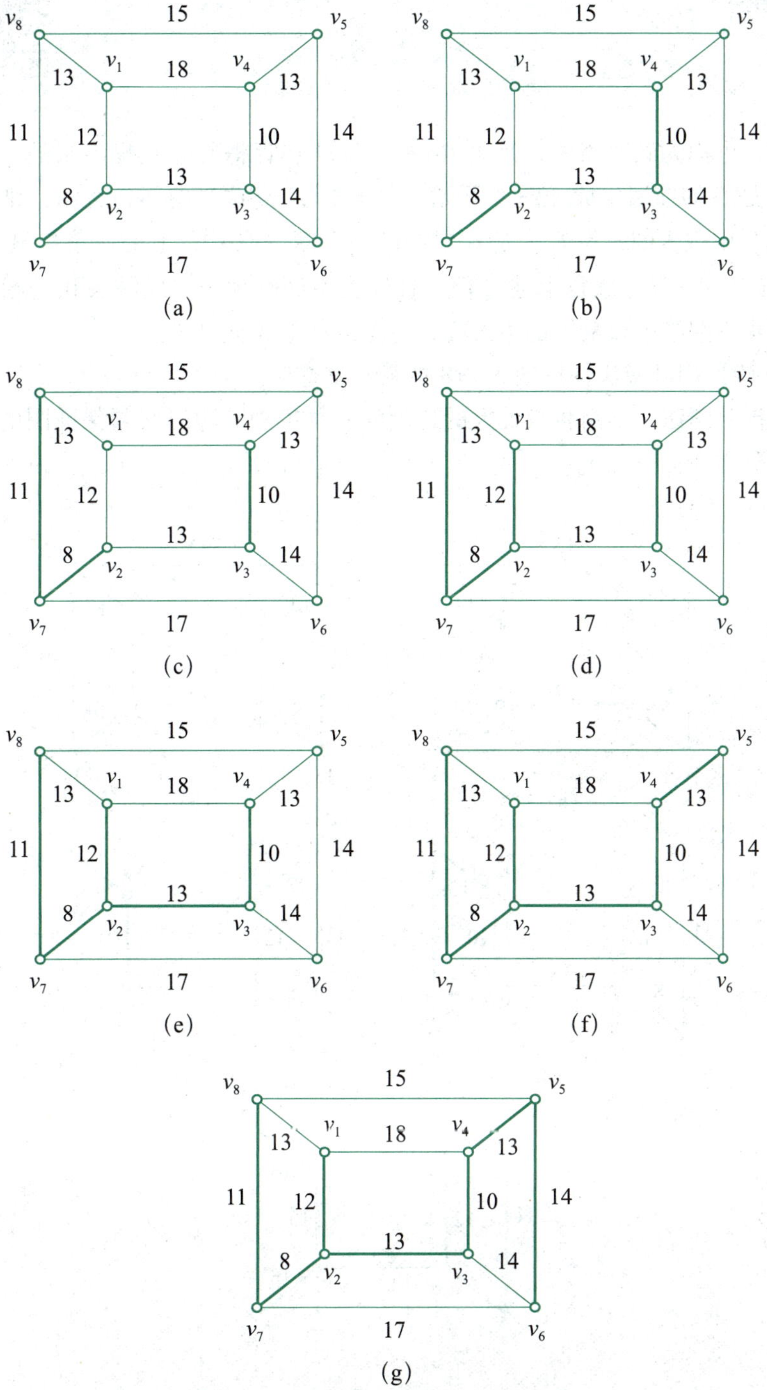

图 5-19　避圈法求最小支撑树步骤

（二）破圈法

微课：破圈法

破圈法，也称为破回路法，是由 Rosens Tiehl 和管梅谷分别提出来的。其基本思路是：设 $G^{(k)}$ 是 G 的连通生成子图［开始 $G^{(0)}=G$］，若 $G^{(k)}$ 中不包含圈，则它是最小支撑树；若 $G^{(k)}$ 中包含圈，设 $C^{(k)}$ 是 $G^{(k)}$ 中的一个圈，取 $C^{(k)}$ 上的一条权最大的边 $e^{(k)}$，令 $G^{(k+1)}=G^{(k)}-e^{(k)}$，重复上述过程，直到找不到圈为止。破圈法和避圈法算法的方向相反，逐步将网络中权最大的边去除，直至网络形成支撑树。

【例 5－10】用破圈法构造图 5－18 的最小支撑树。

解：根据破圈法，不断将权最大的边剔除，每步剔除边时必须保证图的连通性，每步剔除的边分别为：$[v_1, v_4]$，$[v_6, v_7]$，$[v_5, v_8]$，$[v_5, v_6]$，$[v_1, v_8]$。具体步骤见图 5－20（a）～（e）。

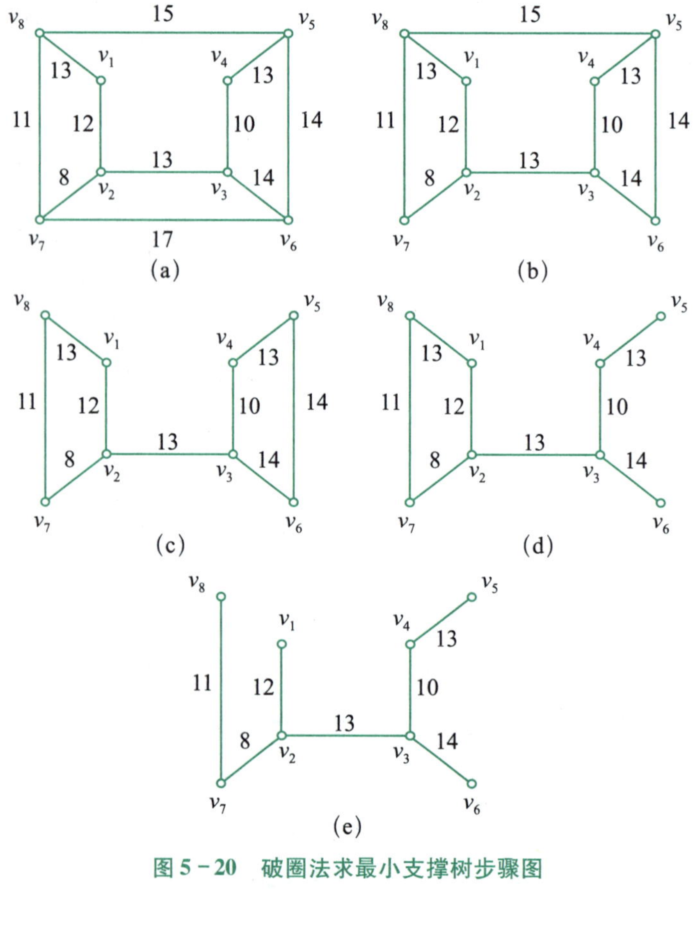

图 5－20　破圈法求最小支撑树步骤图

由上面两个例题可以看出，不管用哪种方法，最好找到的最小支撑树的权重都是相等的。

【任务实施】

任务二的引例（例 5－7），显然是一个最小支撑树问题。我们可以采用避圈法和破圈法对其进行求解，找到的最小支撑树即是能使建设费用最省的建设方案。下面给出破圈法求解步骤，逐步将网络中的权最大的边去除，过程如图 5－21 所示。

该问题的最小建设费用为 215 万元。建设方案如图 5－21 所示。

有关避圈法的求解请自行练习。

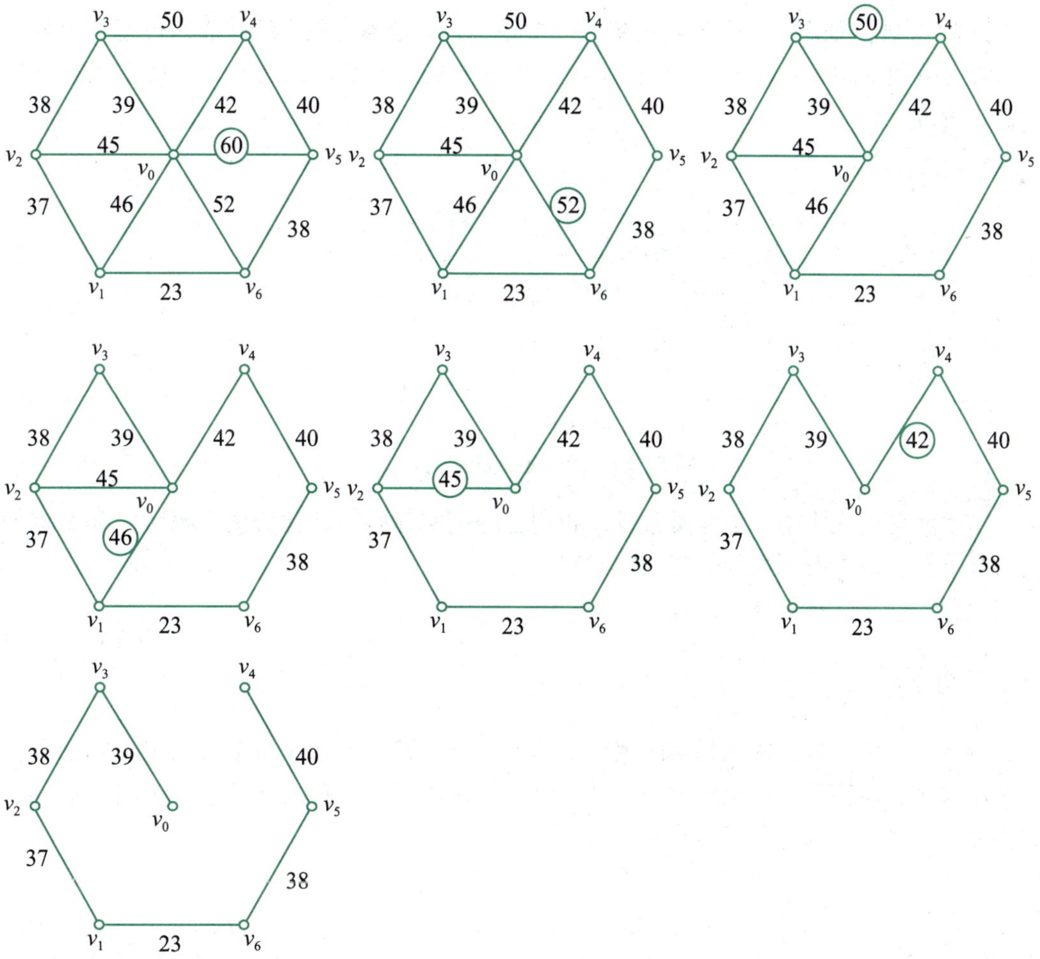

图 5－21　破圈法求解例 5－7 步骤

任务三
最短路径问题

【任务引入】

【例 5－11】 如图 5－22 所示的单行线交通网，每条弧旁的数字代表通过这条单行线所需要的费用（单位：元）。现在物流运输车辆要从 v_s 出发，到达 v_5，求使费用最小的运输路线。

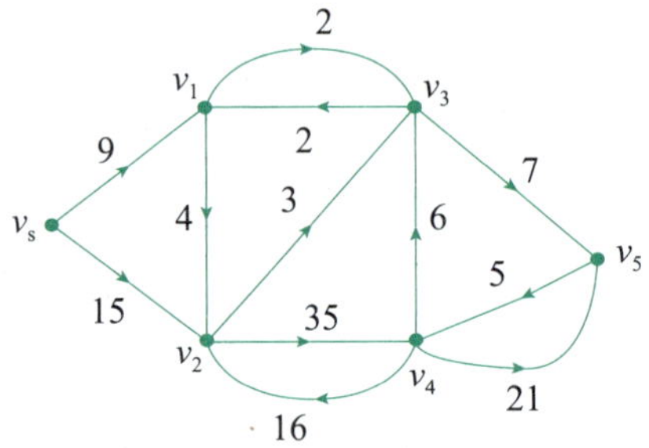

图 5－22　求最短路的有向网络图

这类问题在现实生活中非常常见，我们已经把实际问题转化为图形模型，那么该如何对其求解，得出费用最低的建设方案呢？

任务：会求解最短路径问题。

【任务分析】

例 5－11 中所描述的问题实际生活中非常常见，题目中已经帮助我们将实际问题转化为图这种数学模型，在该模型中，从 v_s 出发，到达 v_5，二者之间有若干条不同的道路，我们需要在其中寻找到费用最小的一条。

上述问题符合如下描述：在一个网络中，给定一个始点 v_s，和一个终点 v_t，求 v_s 到 v_t 的一条路，使路长最短（即路的各边权数之和最小），这就是运筹学图与网络分支中的最短路问题。

许多实际问题都可归结为最短路问题，例如两地间的管道铺设、线路安装、道路修筑等；再如工厂布局、设备更新等问题也可转化为最短路问题。

本任务将介绍求最短路的基本算法。此外，由于网络的中心问题和重心问题也与上述内容有关，因此也在本任务加以讨论。

【知识学习】

一、最短路问题定义

定义 5.4　给定一个赋权有向图，即给了一个有向图 $G=(V, A, W)$，对每一个弧 $a_{ij}=(v_i, v_j)\in A_1$，相应地有权 $w(a_{ij})=w_{ij}\in V_1$，又给定 G 中的两个顶点 v_s，v_t。设 P 是 G 中从 v_s 到 v_t 的一条路，定义路 P 的权是 P 中所有弧的权之和，记为 $W(P)$。最短路问题就是要在所有从 v_s 到 v_t 的路中，求一条权最小的路，即求一条从 v_s 到 v_t 的路 P^*，使：

$$W(P^*)=\operatorname*{Min}_{p} W(P)$$

式中对 G 中所有从 v_s 到 v_t 的路 P 取最小，称 P^* 是从 v_s 到 v_t 的最短路，记为 $P(v_s, v_t)$。路 P^* 的权称为从 v_s 到 v_t 的距离，记为 $d(v_s, v_t)$。显然，$P(v_s, v_t)$ 与 $d(v_t, v_s)$ 不一定相等。

最短路问题是重要的最优化问题之一，它不仅可以直接应用于解决生产实际中的许多问题，如管道铺设、线路安排、厂区布局、设备更新等，而且经常被作为一个基本工具，用于解决其他的优化问题。

本任务中的最短路问题主要研究有向网络，对于无向网络，每条边可以看成双向弧。

二、最短路算法之一——DijksTra 算法

DijksTra 算法是 1959 年提出的用于解决非负权网络中寻找一个指定顶点到其他顶点的最短路的最好的算法之一。

(一) DijksTra 算法的基本依据

DijksTra 算法的基本思想基于以下三个出发点：

第一，最短路的子路还是最短路。

定理 5.1　对于弧的权大于零的有向网络 $G=(V, A, W)$，若 P 是 G 中的一条最短路，则 P 的子路也是最短路。

证明：设 v_s、v_t 是网络 G 中的任意两点，$P(v_s, v_t)$ 是从 $v_s\to v_t$ 的一条最短路。令 v_1、v_2 是最短路 $P(v_s, v_t)$ 上的任意两点，则 $P(v_s, v_t)$ 可以分为三段子路之和，即 $P(v_s, v_t)=P(v_s, v_1)\cup P(v_1, v_2)\cup P(v_2, v_t)$，若 $P(v_1, v_2)$ 不是 G 中从 v_1 到 v_2 的最短路，则我们找到 G 中的路 $P'(v_1, v_2)$，它的长度小于 $P(v_1, v_2)$。这样，G 中的路径 $P'(v_s, v_t)=P(v_s, v_1)\cup P(v_1, v_2)\cup P(v_2, v_t)$ 长度小于 $P(v_s, v_t)$。这与 $P(v_s, v_t)$ 是最短路径矛盾。故 $P(v_1, v_2)$ 也是最短路。

同理，$P(v_s, v_1)$、$P(v_1, v_t)$ 也是最短路。(证毕)

第二，设非负权网络 $D=(V, A, W)$ 中，v_s到所有其他顶点的最短路长度按大小排列为 $d_0 \leqslant d_1 \leqslant d_2 \cdots \leqslant d_n$。假设 $d_1 \cdots d_e$已对应的最短路径分别为 $P_1=P(v_s, v_1)$，$P_2=P(v_s, v_2)$，…，$P_k=P(v_s, v_k)$，并记 $S_K=\{v_s, v_1, \cdots, v_k\}$。则 P_k中弧的数目不大于 K。

显然，因 P_k是长度为 d_k（第 k 条最短）的路，P_k短路的子路还是最短的，则 P_k中所包含的顶点一定在 S_k中。

对于有 $K+1$ 个顶点的非负权网络中，任意两点的最短路的路长包含的弧的数目一定小于等于 K。因为若弧的数目大于 K，则路上一定至少有两个顶点重复出现，即有回路出现，那么这条路一定还不是最短路。因此，对于 $S_K=\{v_s, v_1, \cdots, v_k\}$，$S_K$中共有 $K+1$个顶点，则 $P(v_s, v_k)$ 的最短路的所包含弧的数目一定不大于 K。

第三，最短路的迭代计算公式。

定理 5.2 对于非负权有向网络 $G=(V, A, W)$ 中，v_S到所有其他顶点的最长度按大小排列为 $d_0 \leqslant d_1 \leqslant d_2 \cdots \leqslant d_n$，假设 $P_1=P(v_s, v_1)$，$P_2=P(v_s, v_2)$，…，$P_k=P(v_s, v_k)$ 已求出。并记 $S_k=\{v_s, v_1, \cdots, v_k\}$，$\overline{S_k}=V-S_k$，则第 $k+1$ 最短路的路长 d_{k+1} 可以按下式求得：

$$d_{k+1}=\operatorname*{Min}_{v_i \in S_k, v' \in \overline{S_k}}\{d(v_s, v_i)+w(v_i, v')\}$$

证明：设 v'为 P_{k+1}的终点，则 P_{k+1}至少由一条弧组成，假定 P_{k+1}的最后一条弧为 (v_i, v')，则 $P_{k+1}=P(v_s, v_i) \cup \omega(v_i, v')$，根据定理5.1，$P(v_s, v_i)$ 一定是从 v_s到 v_t的最短路，而且 $P(v_s, v_i)$ 的长度为 d_i。

因为 $d_i<d_{k+1}$，所以 $v_i \in S_k$（$0 \leqslant i \leqslant k$）。

因此 d_{k+1}具有 $d(v_s, v_i)+w(v_i, v')$（$v_i \in S_k$，$v' \in \overline{S_k}$）的形式。于是定理 5.2 得证。

（二）最短路算法的基本步骤

DijksTra 最短路算法的基本思想：采用标号法，每个顶点有两个标号，一个用于标记路长，用 $d(v_i)$ 表示；另一个用于标记从起点到终点路径的最后一条弧的起始点号。网络顶点的标号分两类，一类是永久标号，另一类是临时标号。当迭代至第 k 步时，获得永久标号的点意味着已经找到 v_s到该点的最短路的路长和路径。将获得永久标号的点放在 S_k集合中，获得永久标号的点的 d 值（路长标号）和 λ 值（路径标号）不再修改。获得临时标号的点意味着还没找到从 v_s到终点的最短路。若 v_l是临时标号的点，则路长标记值为：

$$d(v_e)=\operatorname*{Min}_{v_i' \in S_k, v_e \in \overline{S_k}}\{d(v_s, v_i)+w(v_i, v_l)\}$$

应该是从 v_s到 v_l的最短路路长的上界值，该值为中间结果保留。若第 k 步，新求的永久标号点为 v_k，对于临时标号点 v_l来说，求得 $d^{(k)}(v_l)$，在第 $k+1$ 步，v_l的 $d^{(k+1)}(v_l)$ 的取值可以用下列迭代式来计算：

$$d^{(k+1)}(v_l)=\operatorname{Min}\{d^{(k)}(v_l), d(v_s, v_k)+w(v_k, v_l)\}$$

若 $d^{(k)}(v_l)$ 小于 $d(v_s, v_k)+w(v_k, v_l)$，则 $\lambda^{(k+1)}(v_l)=\lambda^{(k)}(v_l)$；

若 $d^{(k)}(v_l)$ 大于 $d(v_s, v_k)+w(v_k, v_l)$，则 $\lambda^{(k+1)}(v_l)=v_k$。

该算法从 v_s 出发，逐步向外探寻最短路，依次找 d_1，d_2，…，d_n 和它们对应的路径。这是计算最短路生成树的方法。

DijksTra 算法的步骤为：

第一步（初始化）：

令 $k=0$，$S^{(0)}=\{v_s\}$（S 是永久标号点的集合），$T^{(0)}=\{v_1, v_2, \cdots, v_n\}$（$T$ 是临时标号点的集合），$d^{(0)}(v_s)=0$，$d^{(0)}(v_i)=\infty$ [$d(v_i)$ 是 v_i 点赋予的路长的初始标号，$i=1, 2, \cdots, n$]。$\lambda(v_i)=v_s$ [$\lambda(v_i)$] 是 $\lambda(v_i)$ 点被赋予的 $v_s \to v_i$ 路径的 v_i 先驱点号，$resent=v_S$（$resent$ 用于表示最新获得永久标号的顶点）。

第二步：$k=k+1$。

对所有临时标号 $v_l \in T$，计算：

$$d^{(k)}(v_l)=\text{Min}\{d^{(k-1)}(v_l), d(resent)+w(resent, v_l)\}$$

如果 $d^{(k)}(v_l)<d^{(k-1)}(v_l)$，则 $\lambda^{(k)}(v_l)=resent$。

第三步：

若 v_k 满足：$d(v_k)=\underset{v_l \in T}{\text{Min}}\{d^{(k)}(v_l)\}$，

则 $resent=v_k$，$S^{(k)}=S^{(k-1)} \cup \{v_k\}$，$T^{(k)}=T^{(k-1)}-\{v_k\}$。

若 $k=n$，则结束，否则转第二步。

三、最短路算法之二——PDM 算法

DijksTra 算法用于解决非负权网络中某一顶点到其他顶点的最短路问题。如果网络有负权，DijksTra 算法就不适用，可以用 PDM 算法。

【例 5-12】 如图 5-23 所示的网络中，边上的数字代表权，试求 $v_1 \to v_6$ 的最短路。

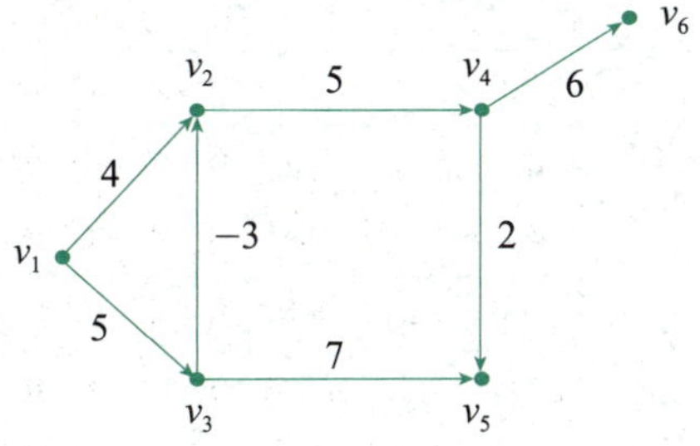

图 5-23　负权网络

如果用 DijksTra 算法求得的最短路为 $v_1 \to v_2 \to v_4 \to v_6$，而事实上从 $v_1 \to v_6$ 的最短路为 $v_1 \to v_3 \to v_2 \to v_4 \to v_6$。用 DijksTra 算法发生错误的根本原因在于 DijksTra 算法中设立永久标号，一旦某一顶点如 v_2 顶点，获得永久标号后，就不再更改，这对于有负权的网络不合适。

所谓负回路是指对于有向负权网络 $G(V, A, W)$ 来说，C 是 G 中的一个回路，C 的权 $W(C)$ 小于零，则称 C 是 G 的一个负回路。PDM 算法适用于有负权但不含负回路的有向赋权网络中一个顶点到多个顶点标号的最短路问题。

PDM 标法在 DijksTra 的算法的基础上进行了改进，取消了永久标号，用一个排队等待顶点集合 Q 取代 DijksTra 算法中的永久标号集合。每一次从排队的顶点集合的队头取出一个顶点作为 *resent* 点，以此进行所有顶点新一轮标号。

如果，某一个顶点在这 轮标号中，标号发生了改变，则把这个顶点排入队 Q 中；如果这个顶点在 Q 中以前从未出现过，则将这个顶点排在队尾，否则排在队头。如此往复，直到队 Q 为空集为止。

PDM 算法的步骤如下：

第一步：初始化。

$k=0$（k 为迭代次数），$Q=\{v_s\}$（Q 为排队的顶点集合，v_s 为指定的起点），$d^{(0)}(v_s)=0$（给起点赋初始的路长标号），$d^{(0)}(v_i)=\infty$（$v_i \in v$，$v_i \notin v_s$）［给网络 $G(V, A, W)$］中除 v_s 外的其他顶点赋初始的路长标号］。$\lambda^{(0)}(v_i)=v_s$（$v_i \in v$）（所有顶点赋初始的路径前驱点标号为 v_s）。

第二步：$k=k+1$。

从 Q 的队首中取一个顶点，并将其赋给 *resent*。对所有 $v_i \in v-\{v_s\}$，计算：

$$d^{(k)}(v_i)=\mathrm{Min}\ \{d^{(k-1)}(v_i),\ d^{(k-1)}(resent)+w(resent,\ v_i)\}$$

如果 $d^{(k)}(v_k)<d^{(k-1)}(v_k)$，则 $\lambda^{(k)}(v_i)=resent$，并进一步判断 v_i 是否在 Q 中出现过，如果 v_i 在 Q 中出现过，则将 v_i 放在 Q 的队前，否则将 v_i 放在 Q 的队尾。

如果 $d^{(k)}(v_k)=d^{(k-1)}(v_k)$，则 $\lambda^{(k)}(v_i)$ 不变，v_i 也不放在 Q 中。

第三步：$Q=Q-\{resent\}$，如果 Q 为空集，则结束，否则转步骤二。

例 5－12 的求解过程如表 5－3 所示。

表 5－3 例 5－12 的 PDM 求解过程

k	排队顶点集合 Q	*resent*	集合 Q 头一个顶点出发弧	路长标号 d						路径标号					
				v_1	v_2	v_3	v_4	v_5	v_6	v_1	v_2	v_3	v_4	v_5	v_6
0	v_1			0	∞	∞	∞	∞	∞	v_1	v_1	v_1	v_1	v_1	v_1
1	v_1	v_1	$w(v_1, v_2)=4$	0	4*	∞	∞	∞	∞	v_1	v_1	v_1	v_1	v_1	v_1
			$w(v_1, v_3)=5$	0	4	5*	∞	∞	∞	v_1	v_1	v_1	v_1	v_1	v_1
2	v_2	v_2	$w(v_2, v_4)=5$	0	4	5	5*	∞	∞	v_1	v_1	v_1	v_2^*	v_1	v_1
3	v_3v_4	v_3	$w(v_3, v_2)=-3$	0	3*	5	9	∞	∞	v_1	v_3^*	v_1	v_1	v_1	v_1
			$w(v_3, v_5)=7$	0	3	5	9	12	∞	v_1	v_3	v_1	v_2	v_3^*	v_1
4	$v_2v_4v_5$	v_2	$w(v_2, v_4)=5$	0	3	5	7*	12	∞	v_1	v_3	v_1	v_3 *	v_3	v_1
5	v_4v_5	v_4	$w(v_4, v_5)=2$	0	3	5	7	9*	∞	v_1	v_3	v_1	v_3	v_4^*	v_1
			$w(v_4, v_6)=6$	0	3	5	7	9	13*	v_1	v_3	v_1	v_3	v_4	v_4^*
6	v_5v_6	v_5		0	3	5	7	9	13	v_1	v_3	v_1	v_3	v_4	v_4
7	v_6	v_6		0	3	5	7	9	11	v_1	v_3	v_1	v_3	v_4	v_4

注：* 表示发生变化的。

四、最短路算法之三——逐次逼近算法

逐次逼近算法的基本步骤与思路如下：

第一步：赋初值。

$k=1$（k 为迭代步骤）

$$d_{1j}^{(1)}=\begin{cases}w_{1j} & (v_1,v_j)\in A\\ \infty & (v_1,v_j)\notin A\end{cases}$$

$d_{1j}^{(1)}$ 为从 v_1 点到 v_j 点只含有一个弧的最短路的路长。

$$\lambda_{1j}^{(1)}=v_1$$

$\lambda_{1j}^{(1)}$ 为从 v_1 点到 v_j 点只含有一个弧的最短路的终点 v_j 的前一个顶点号。

第二步：递推。

$$k=k+1$$

递推关系如下式所示：

$$d_{1j}^{(k)}=\operatorname*{Min}_{i}\{d_{1i}^{(k-1)}+w_{ij}\}\quad(j=1,\ \cdots,\ n)\ [w_{ij}\text{为弧}(v_i,\ v_j)\text{的权}]$$

$d_{1j}^{(k)}$ 为从 v_1 点到 v_j 点只含有 k 个弧的最短路的路长。令 $P_{1j}^{(k)}$ 为从 v_1 到 v_j 含 k 个弧的最短路径。令 v_1 为 $P_{1j}^{(k)}$ 的最后一条弧的起点号，则路径 $P_{1j}^{(k)}$ 可以分为 $P_{1i}^{(k-1)}$ 和弧（v_i，v_j）两部分，$P_{1i}^{(k-1)}$ 是从 v_1 到 v_i 的含 $k-1$ 个弧的最短路径。于是 $d_{1j}^{(k)}$ 就具有 $d_{1i}^{(k-1)}+w_{ij}$ 的形式，由于 v_i 的任意性，则所得 $d_{1j}^{(k)}$ 就为 v_1 到 v_j 的只有 k 个弧的最短路的路长。

同时，路径标号 $\lambda_{1j}^{(k)}$ 为：

$$\lambda_{1j}^{(k)}=\begin{cases}\lambda_{1j}^{(k-1)} & d_{1j}^{(k)}=d_{1j}^{(k-1)}\\ v_l & d_{1j}^{(k)}<d_{1j}^{(k-1)}\end{cases}$$

[$d_{1j}{}^{(A)}=\operatorname*{Min}_{i}\{d_{1i}{}^{(k-1)}+w_{ij}\}=d_{1l}{}^{(k-1)}+w_{lj}$，即 v_l 是 $P_{1j}^{(k)}$ 中 v_j 的前一个顶点号]

第三步：判断。

若对于 $\forall v_j\in V$，有 $d_{1j}^{(k)}=d_{1j}^{(k-1)}$，则算法结束。否则，进一步判断 k 是否为 $n-1$，若是则说明网络存在负回路，否则转步骤二。

【例 5－13】 应用逐次逼近法求解图 5－23 的最短路。

解：用逐次逼近法求解过程如下：

第一轮 $k=1$：

$d_{11}^{(1)}=0$，$d_{12}^{(1)}=4$，$d_{13}^{(1)}=5$，$d_{14}^{(1)}=\infty$，$d_{15}^{(1)}=\infty$，$d_{16}^{(1)}=\infty$，$\lambda_{1j}^{(1)}=v_1$（$j=1$，2，…，6）

第二轮 $k=2$：

$$d_{11}^{(2)}=0$$

$$\begin{aligned}d_{12}^{(2)}&=\operatorname{Min}\{d_{11}^{(1)}+w_{12},d_{12}^{(1)}+w_{22},d_{13}^{(1)}+w_{32},d_{14}^{(1)}+w_{42},d_{15}^{(1)}+w_{52},d_{16}^{(1)}+w_{62}\}\\&=\operatorname{Min}\{4,\ 4,\ 2,\ \infty,\ \infty,\ \infty\}=2\end{aligned}$$

$$d_{13}^{(2)}=\text{Min}\{d_{11}^{(1)}+w_{13},d_{12}^{(1)}+w_{23},d_{13}^{(1)}+w_{33},d_{14}^{(1)}+w_{43},d_{15}^{(1)}+w_{53},d_{16}^{(1)}+w_{63}\}$$
$$=\text{Min}\{5,\infty,5,\infty,\infty,\infty\}=5$$
$$d_{14}^{(2)}=\text{Min}\{d_{11}^{(1)}+w_{14},d_{12}^{(1)}+w_{24},d_{13}^{(1)}+w_{34},d_{14}^{(1)}+w_{44},d_{15}^{(1)}+w_{54},d_{16}^{(1)}+w_{64}\}$$
$$=\text{Min}\{\infty,9,\infty,\infty,\infty,\infty\}=9$$
$$d_{15}^{(2)}=\text{Min}\{d_{11}^{(1)}+w_{15},d_{12}^{(1)}+w_{25},d_{13}^{(1)}+w_{35},d_{14}^{(1)}+w_{45},d_{15}^{(1)}+w_{55},d_{16}^{(1)}+w_{65}\}$$
$$=\text{Min}\{\infty,\infty,12,\infty,\infty,\infty\}=12$$
$$d_{16}^{(2)}=\text{Min}\{d_{11}^{(1)}+w_{16},d_{12}^{(1)}+w_{26},d_{13}^{(1)}+w_{36},d_{14}^{(1)}+w_{46},d_{15}^{(1)}+w_{56},d_{16}^{(1)}+w_{66}\}$$
$$=\text{Min}\{\infty,\infty,\infty,\infty,\infty,\infty\}=\infty$$

于是：$\lambda_{11}^{(2)}=v_1$，$\lambda_{12}^{(2)}=v_3$，$\lambda_{13}^{(2)}=v_1$，$\lambda_{14}^{(2)}=v_2$，$\lambda_{15}^{(2)}=v_3$，$\lambda_{16}^{(2)}=v_1$。

第三轮 $k=3$：

$$d_{11}^{(3)}=0$$
$$d_{12}^{(3)}=\text{Min}\{d_{11}^{(2)}+w_{12},d_{12}^{(2)}+w_{22},d_{13}^{(2)}+w_{32},d_{14}^{(2)}+w_{42},d_{15}^{(2)}+w_{52},d_{16}^{(2)}+w_{62}\}$$
$$=\text{Min}\{4,2,2,\infty,\infty,\infty\}=2$$
$$d_{13}^{(3)}=\text{Min}\{d_{11}^{(2)}+w_{13},d_{12}^{(2)}+w_{23},d_{13}^{(2)}+w_{33},d_{14}^{(2)}+w_{43},d_{15}^{(2)}+w_{53},d_{16}^{(2)}+w_{63}\}$$
$$=\text{Min}\{5,\infty,5,\infty,\infty,\infty\}=5$$
$$d_{14}^{(3)}=\text{Min}\{d_{11}^{(2)}+w_{14},d_{12}^{(2)}+w_{24},d_{13}^{(2)}+w_{34},d_{14}^{(2)}+w_{44},d_{15}^{(2)}+w_{54},d_{16}^{(2)}+w_{64}\}$$
$$=\text{Min}\{\infty,7,\infty,\infty,\infty,\infty\}=7$$
$$d_{15}^{(3)}=\text{Min}\{d_{11}^{(2)}+w_{15},d_{12}^{(2)}+w_{25},d_{13}^{(2)}+w_{35},d_{14}^{(2)}+w_{45},d_{15}^{(2)}+w_{55},d_{16}^{(2)}+w_{65}\}$$
$$=\text{Min}\{\infty,\infty,12,12,\infty,\infty\}=12$$
$$d_{16}^{(3)}=\text{Min}\{d_{11}^{(2)}+w_{16},d_{12}^{(2)}+w_{26},d_{13}^{(2)}+w_{36},d_{14}^{(2)}+w_{46},d_{15}^{(2)}+w_{56},d_{16}^{(2)}+w_{66}\}$$
$$=\text{Min}\{\infty,\infty,\infty,15,\infty,\infty\}=15$$

同时，$\lambda_{11}^{(3)}=v_1$，$\lambda_{12}^{(3)}=v_3$，$\lambda_{13}^{(3)}=v_1$，$\lambda_{14}^{(3)}=v_2$，$\lambda_{15}^{(3)}=v_3$，$\lambda_{16}^{(3)}=v_4$。

第四轮 $k=4$：

$$d_{11}^{(4)}=0$$
$$d_{12}^{(4)}=\text{Min}\{d_{11}^{(3)}+w_{12},d_{12}^{(3)}+w_{22},d_{13}^{(3)}+w_{32},d_{14}^{(3)}+w_{42},d_{15}^{(3)}+w_{52},d_{16}^{(3)}+w_{62}\}$$
$$=\text{Min}\{4,2,2,\infty,\infty,\infty\}=2$$
$$d_{13}^{(4)}=\text{Min}\{d_{11}^{(3)}+w_{13},d_{12}^{(3)}+w_{23},d_{13}^{(3)}+w_{33},d_{14}^{(3)}+w_{43},d_{15}^{(3)}+w_{53},d_{16}^{(3)}+w_{63}\}$$
$$=\text{Min}\{5,\infty,5,\infty,\infty,\infty\}=5$$
$$d_{14}^{(4)}=\text{Min}\{d_{11}^{(3)}+w_{14},d_{12}^{(3)}+w_{24},d_{13}^{(3)}+w_{34},d_{14}^{(3)}+w_{44},d_{15}^{(3)}+w_{54},d_{16}^{(3)}+w_{64}\}$$
$$=\text{Min}\{\infty,7,\infty,7,\infty,\infty\}=7$$
$$d_{15}^{(4)}=\text{Min}\{d_{11}^{(3)}+w_{15},d_{12}^{(3)}+w_{25},d_{13}^{(3)}+w_{35},d_{14}^{(3)}+w_{45},d_{15}^{(3)}+w_{55},d_{16}^{(3)}+w_{65}\}$$
$$=\text{Min}\{\infty,\infty,12,9,12,\infty\}=9$$
$$d_{16}^{(4)}=\text{Min}\{d_{11}^{(3)}+w_{16},d_{12}^{(3)}+w_{26},d_{13}^{(3)}+w_{36},d_{14}^{(3)}+w_{46},d_{15}^{(3)}+w_{56},d_{16}^{(3)}+w_{66}\}$$
$$=\text{Min}\{\infty,\infty,\infty,13,\infty,15\}=13$$

同时，$\lambda_{11}^{(4)}=v_1$，$\lambda_{12}^{(4)}=v_3$，$\lambda_{13}^{(4)}=v_1$，$\lambda_{14}^{(4)}=v_2$，$\lambda_{15}^{(4)}=v_4$，$\lambda_{16}^{(4)}=v_4$。

第五轮 $k=5$：

同理计算得：

$$d_{11}^{(5)}=d_{11}^{(4)}, d_{12}^{(5)}=d_{12}^{(4)}, d_{13}^{(5)}=d_{13}^{(4)}, d_{14}^{(5)}=d_{14}^{(4)}, d_{15}^{(5)}=d_{15}^{(4)}, d_{16}^{(5)}=d_{16}^{(4)}$$

$$\lambda_{11}^{(5)}=\lambda_{11}^{(4)}, \lambda_{12}^{(5)}=\lambda_{12}^{(4)}, \lambda_{13}^{(5)}=\lambda_{13}^{(4)}, \lambda_{14}^{(5)}=\lambda_{14}^{(4)}, \lambda_{15}^{(5)}=\lambda_{15}^{(4)}, \lambda_{16}^{(5)}=\lambda_{16}^{(4)}$$

于是算法结束。

$d_{1j}^{(5)}=d_{1j}^{(4)}$（$j=1$，2，…，6）就是从 v_1 点到 v_j 点的最短路路长；

$\lambda_{1j}^{(5)}=\lambda_{1j}^{(4)}$（$j=1$，2，…，6）记录下从 v_1 点到 v_j 点的最短路 v_j 的前一个顶点号。

例如，$d_{16}^{(5)}=13$ 意味着从 v_1 点到 v_6 点的最短路的路长为 13，通过 $\lambda_{16}^{(5)}=v_4$，$\lambda_{14}^{(5)}=v_2$，$\lambda_{12}^{(5)}=v_3$，$\lambda_{13}^{(5)}=v_1$，得出 v_1 到 v_6 的最短路的路径为 $v_1\to v_3\to v_2\to v_4\to v_6$。

例 5-13 的算法过程可以用表 5-4 来说明。

表 5-4　例 5-13 的逐次逼近法算法过程

i \ j	w_{ij}						$d_{1j}^{(1)}$	$d_{1j}^{(2)}$	$d_{1j}^{(3)}$	$d_{1j}^{(4)}$	$d_{1j}^{(5)}$
	v_1	v_2	v_3	v_4	v_5	v_6					
v_1	0	4	5				0	0	0	0	0
v_2		0		5			4	2	2	2	2
v_3		-3	0		7		5	5	5	5	5
v_4				0	2	6		9	7	7	7
v_5					0			12	12	9	9
v_6						0			15	13	13
$\lambda_{1j}^{(1)}$	v_1	v_1	v_1	v_1	v_1	v_1					
$\lambda_{1j}^{(2)}$	v_1	v_3	v_1	v_2	v_3	v_1					
$\lambda_{1j}^{(3)}$	v_1	v_3	v_1	v_2	v_3	v_4					
$\lambda_{1j}^{(4)}$	v_1	v_3	v_1	v_2	v_4	v_4					
$\lambda_{1j}^{(5)}$	v_1	v_3	v_1	v_2	v_4	v_4					

注：表中空格为 $+\infty$。

为了加快收敛速度，可以利用如下的递推关系：

$$d_{1j}^{(1)}=w_{1j}\ (j=1, 2, \cdots, n)$$

$$d_{1j}^{(k)}=\mathrm{Min}\left\{\mathop{\mathrm{Min}}_{i<j}\{d_{1i}^{(k)}+w_{ij}\}, \mathop{\mathrm{Min}}_{i\geqslant j}\{d_{1i}^{(k-1)}+w_{ij}\}\right\}$$

五、最短路算法之四——Floyd 算法

有时候我们要求网络中任意两点间的最短路。这时，如果弧上的权都为非负，可以通过重复利用 DijksTra 算法，依次改变起点得到想要的计算结果。如果弧上的权有负数，则可考虑多次调用逐次逼近算法。这显然比较烦琐，本节的 Floyd 算法，可以直接求出含有负权的网络任意两点间的最短路。

网络 $G(V, A, W)$ 中，令矩阵 $D=(d_{ij})_{n\times n}$，d_{ij}表示 G 中从 v_i到 v_j最短路的长度。

Floyd 算法的思路是：设 v_i、v_j是网络 $G(V, A, W)$ 中点的集合 V 中的任意两点。令 $d_{ij}^{(0)}$ 为 v_i到 v_j不经过中间点的最短路路长，显然 $d_{ij}^{(0)} = \begin{cases} w_{ij}(v_i,v_j) \in A \\ \infty(v_i,v_j) \notin A \end{cases}$。$d_{ij}^{(1)}$ 为网络 G 中只考虑 v_i、v_j、v_1这 3 个点的 v_i到 v_j的最短路路长，显然 $d_{ij}^{(1)}$ 的路径只有两种情况：一种是不经过 v_1点，则 $d_{ij}^{(1)} = d_{ij}^{(0)}$；另一种是经过 v_1点，则 $d_{ij}^{(1)} = d_{i1}^{(0)} + d_{1j}^{(0)}$，于是有 $d_{ij}^{(1)} = \text{Min}\{d_{ij}^{(0)}, d_{i1}^{(0)} + d_{1j}^{(0)}\}$。令 $d_{ij}^{(k-1)}$ 为网络 G 中只考虑 v_i、v_j、v_1，v_2，…，v_{k-1}点的 v_i到 v_j的最短路路长，如新加点 v_k，则 $d_{ij}^{(k)}$ 应满足递推关系：$d_{ij}^{(k)} = \text{Min}\{d_{ij}^{(k-1)}, d_{ik}^{(k-1)} + d_{kj}^{(k-1)}\}$。当 $d_{ij}^{(k)}$ 取 $d_{ij}^{(k-1)}$ 的值时，说明在点集为 $\{v_i, v_j, v_1, v_2, \cdots, v_k\}$ 构成的网络中，v_i到 v_j的最短路不经过新加的 v_k点；当 $d_{ij}^{(k)}$ 取 $d_{ik}^{(k-1)} + d_{kj}^{(k-1)}$ 时，说明 v_i到 v_j的最短路经过新加的 v_k点。其中 $d_{ik}^{(k-1)}$ 是点集为 $\{v_i, v_k, v_1, v_2, \cdots, v_{k-1}\}$ 子网络中 v_i到 v_j的最短路路长，$d_{kj}^{(k-1)}$ 是点集为 $\{v_k, v_j, v_1, v_2, \cdots, v_{k-1}\}$ 子网络中 v_k到 v_j的最短路。显然，依此递推，如果网络中有 n 个顶点，那么 $d_{ij}^{(n)}$ 就是所求的原网络中 v_i到 v_j的最短路路长，$D=(d_{ij})_{n\times n}=[d_{ij}^{(n)}]_{n\times n}$。

Floyd 算法因为没有稳定永久标号，因此适用于有负权网络，但前提是网络中不含负圈。

如果计算结果希望给出具体的最短路的路径，则构造路径矩阵 $S=(s_{ij})_{n\times n}$，s_{ij}表示 v_i到 v_j的最短路的第一条弧的终点。如 $s_{ij}^{(n)}=t$，则从 v_i到 v_j的最短路的第一条弧为 (v_i, v_t)。

Floyd 算法的步骤如下：

第一步，$k=0$：

$$D^{(0)}=[d_{ij}^{(0)}]_{n\times n}, \ d_{ij}^{(0)} = \begin{cases} w_{ij}(v_i,v_j) \in A \\ \infty(v_i,v_j) \notin A \end{cases}$$

$$S^{(0)}=[s_{ij}^{(0)}]_{n\times n}, \ s_{ij}^{(0)}=j \ (i, j, 1, 2, \cdots, n)$$

第二步，$k=k+1$：

计算 $D^{(k)}=[d_{ij}^{(k)}]_{n\times n}$

$$S^{(k)}=[s_{ij}^{(k)}]_{n\times n}$$

其中，

$$d_{ij}^{(k)} = \text{Min}\{d_{ij}^{(k-1)}, d_{ik}^{(k-1)} + d_{kj}^{(k-1)}\}$$

$$s_{ij}^{(k)} = \begin{cases} s_{ij}^{(k-1)} & u_{ij}^{(k-1)} \leqslant u_{ik}^{(k-1)} + u_{kj}^{(k-1)} \\ s_{ik}^{(k-1)} & u_{ij}^{(k-1)} > u_{ik}^{(k-1)} + u_{kj}^{(k-1)} \end{cases}$$

第三步，当 $k=n$ 时，算法结束。

$D^{(n)}=[d_{ij}^{(n)}]_{n\times n}$，$d_{ij}^{(n)}$ 是 v_i到 v_j的最短路路长；

$S^{(n)}=[s_{ij}^{(n)}]_{n\times n}$，$s_{ij}^{(n)}$ 是 v_i到 v_j最短路第一条弧的终点。

【例 5-14】 求图 5-24 所示网络中各点之间最短路。

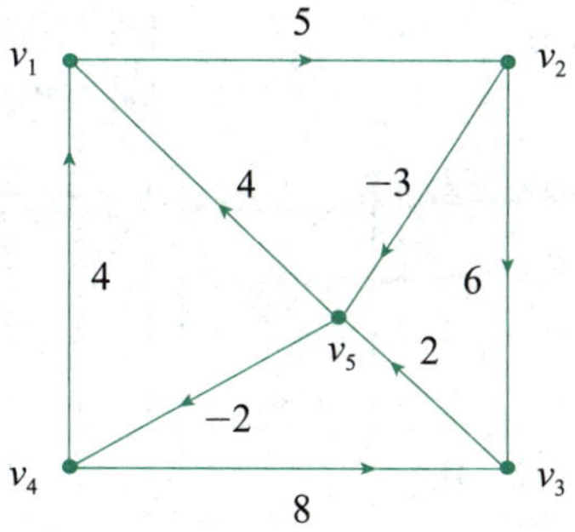

图 5-24　例 5-14 求两点间最短路示意图

解：

第一轮，$k=0$：

$$D^{(0)}=\begin{bmatrix}0&5&0&\infty&\infty\\ \infty&0&6&\infty&-3\\ \infty&\infty&0&\infty&2\\ 4&\infty&8&0&\infty\\ 4&\infty&\infty&-2&0\end{bmatrix},\quad s^{(0)}=\begin{bmatrix}1&2&3&4&5\\1&2&3&4&5\\1&2&3&4&5\\1&2&3&4&5\\1&2&3&4&5\end{bmatrix}$$

第二轮，$k=1$：

计算 $d_{ij}^{(1)}=\mathrm{Min}\{d_{ij}^{(0)},d_{i1}^{(0)}+d_{1j}^{(0)}\}$，即在 $D^{(0)}$ 中用直线画出第一行和第一列，对于 $D^{(0)}$ 中的第 i 行和第 j 列的元素 $d_{ij}^{(0)}$，比较它与第一列 $d_{i1}^{(0)}$ 和第一行 $d_{1j}^{(0)}$ 之和的大小，取小者为 $d_{ij}^{(1)}$。且有 $s_{ij}^{(1)}=\begin{cases}s_{ij}^{(0)} & d_{ij}^{(0)}\leqslant d_{i1}^{(0)}+d_{1j}^{(0)}\\ s_{i1}^{(0)} & d_{ij}^{(0)}>d_{i1}^{(0)}+d_{1j}^{(0)}\end{cases}$。于是：

$$D^{(1)}=\begin{bmatrix}0&5&\infty&\infty&\infty\\ \infty&0&6&\infty&-3\\ \infty&\infty&0&\infty&2\\ 4&9&\infty&0&\infty\\ 4&9&\infty&-2&0\end{bmatrix},\quad s^{(1)}=\begin{bmatrix}1&2&3&4&5\\1&2&3&4&5\\1&2&3&4&5\\1&1&3&4&5\\1&1&3&4&5\end{bmatrix}$$

第三轮，$k=2$：

计算 $d_{ij}^{(2)}=\mathrm{Min}\{d_{ij}^{(1)},d_{i2}^{(1)}+d_{2j}^{(1)}\}$，$s_{ij}^{(2)}=\begin{cases}s_{ij}^{(1)}\text{ 当 }d_{ij}^{(2)}\text{ 取 }d_{ij}^{(1)}\text{ 时}\\ s_{i2}^{(1)}\text{ 当 }d_{ij}^{(2)}\text{ 取 }d_{i2}^{(1)}+d_{2j}^{(1)}\text{ 时}\end{cases}$。

$$D^{(2)}=\begin{bmatrix}0&5&11&\infty&2\\ \infty&0&6&\infty&-3\\ \infty&\infty&0&\infty&2\\ 4&9&8&0&6\\ 4&9&15&-2&0\end{bmatrix},\quad s^{(2)}=\begin{bmatrix}1&2&2&4&2\\1&2&3&4&5\\1&2&3&4&5\\1&1&3&4&1\\1&1&1&4&5\end{bmatrix}$$

第四轮，$k=3$：

计算 $d_{ij}^{(3)}=\text{Min}\{d_{ij}^{(2)},d_{i3}^{(2)}+d_{3j}^{(2)}\}$，$s_{ij}^{(3)}=\begin{cases}s_{ij}^{(2)} 当 d_{ij}^{(3)} 取 d_{ij}^{(2)} 时\\ s_{i3}^{(2)} 当 d_{ij}^{(3)} 取 d_{i3}^{(2)}+d_{3j}^{(2)} 时\end{cases}$。

$$D^{(3)}=\begin{bmatrix}0&5&11&\infty&2\\\infty&0&6&\infty&-3\\\infty&\infty&0&\infty&2\\4&9&8&0&6\\4&9&15&-2&0\end{bmatrix},\ s^{(3)}=\begin{bmatrix}1&2&2&4&2\\1&2&3&4&5\\1&2&3&4&5\\1&1&3&4&1\\1&1&1&4&5\end{bmatrix}$$

本轮，$D^{(3)}=D^{(2)}$，$S^{(3)}=S^{(2)}$。

第五轮，$k=4$：

计算 $d_{ij}^{(4)}=\text{Min}\{d_{ij}^{(3)},d_{i4}^{(3)}+d_{4j}^{(3)}\}$，$s_{ij}^{(4)}=\begin{cases}s_{ij}^{(3)} 当 d_{ij}^{(4)} 取 d_{ij}^{(3)} 时\\ s_{i4}^{(3)} 当 d_{ij}^{(4)} 取 d_{i4}^{(3)}+d_{4j}^{(3)} 时\end{cases}$。

$$D^{(4)}=\begin{bmatrix}0&5&11&\infty&2\\\infty&0&6&\infty&-3\\\infty&\infty&0&\infty&2\\4&9&8&0&6\\2&7&6&-2&0\end{bmatrix},\ s^{(4)}=\begin{bmatrix}1&2&2&4&2\\1&2&3&4&5\\1&2&3&4&5\\1&1&3&4&1\\4&4&4&4&5\end{bmatrix}$$

第六轮，$k=5$：

计算 $d_{ij}^{(5)}=\text{Min}\{d_{ij}^{(4)},d_{i5}^{(4)}+d_{5j}^{(4)}\}$，$s_{ij}^{(5)}=\begin{cases}s_{ij}^{(4)} 当 d_{ij}^{(5)} 取 d_{ij}^{(4)} 时\\ s_{i5}^{(4)} 当 d_{ij}^{(5)} 取 d_{i5}^{(4)}+d_{5j}^{(4)} 时\end{cases}$。

$$D^{(5)}=\begin{bmatrix}0&5&8&0&2\\-1&0&3&-5&-3\\4&9&0&0&3\\4&9&8&0&6\\2&7&6&-2&0\end{bmatrix},\ s^{(5)}=\begin{bmatrix}1&2&2&2&2\\5&2&5&5&5\\5&5&3&5&5\\1&1&3&4&1\\4&4&4&4&5\end{bmatrix}$$

和 $s^{(5)}$ 即为所求。比如：$d_{13}^{(5)}=8$，表示 v_1 到 v_3 的最短路径的长度为 8。又因为：$s_{13}^{(5)}=2$，$s_{23}^{(5)}=5$，$s_{53}^{(5)}=4$，$s_{43}^{(5)}=3$，则 v_1 到 v_3 的最短路径为（v_1，v_2，v_5，v_4，v_3）。

以上四种最短路算法是目前较为多用的基础算法，每种算法针对不同赋权图和不同要求，有不同的应用。其中 DijksTra 算法是最为基础和经典的最短路径算法。当然最短路径问题也可以用 Excel 表格来进行求解，本书不进行具体讨论。下面针对本任务的引例（例 5－11）进行解答。

【任务实施】

例 5－11 中，要求找到从 v_S 到 v_5 的费用最省的运输路线，如图 5－25 所示。

从 v_S 到 v_5 的运输路线是很多的。例如，可以从 v_S 出发，经 v_1、v_3 到达 v_5；也可以从 v_S 出发，经 v_2、v_4 到达 v_5 等。不同的路线所需的总费用是不同的。比如按前一个路线，总费用是 9＋2＋7＝18 个单位；按后一个路线，总费用是 15＋35＋21＝71

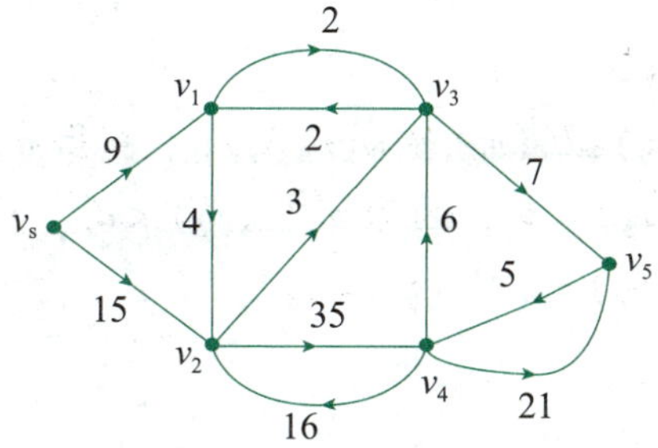

图 5-25 求最短路的有向网络图

个单位。不难看到，用图的语言来描述，从 v_S 到 v_5 的运输路线与从 v_S 到 v_5 的路是一一对应的。比如，第一条旅行路线表示成路（v_S，v_1，v_2，v_5），第二条旅行路线表示成路（v_S，v_2，v_4，v_5）。定义构成路的所有弧上的权（费用）的总和为该路的权（或费用）。

下面我们用 DijksTra 算法求图 5-25 的最短路。

最短路的算法步骤如下：

第一轮，$k=0$：

$S^{(0)}=\{v_s\}$，$T^{(0)}=\{v_1, v_2, v_3, v_4, v_5\}$，$d(v_i)=0$，$d^{(0)}(v_s)=\infty$ $(v_i\in T)$，$\lambda(v_s)=v_s$，$\lambda(v_i)=v_s$ $(v_i\in T)$，$resent=v_1$

第二轮，$k=1$：

$d^{(1)}(v_i)=\mathrm{Min}\{d^{(0)}(v_i), d^*(v_s)+w(v_s,v_i)\}\ [v_i\in T^{(0)}]$

算得：

$d^{(1)}(v_1)=9$，$d^{(1)}(v_2)=15$，$d^{(1)}(v_3)=d^{(1)}(v_4)=d^{(1)}(v_5)=\infty$，$\lambda^{(1)}(v_i)=\lambda^{(0)}(v_i)$

$[v_i\in T^{(0)}]$

因为 $d^{(1)}(v_1)=\mathrm{Min}\{d^{(1)}(v_1), d^{(1)}(v_2), d^{(1)}(v_3), d^{(1)}(v_4), d^{(1)}(v_5)\}$，所以 v_1 获得永久标号，$S^{(1)}=\{v_s, v_1\}$，$T^{(1)}=\{v_2, v_3, v_4, v_5\}$，$d^*(v_1)=9$，$\lambda^*(v_1)=v_s$，$resent=v_1$。

具体见图 5-26，图中方括号代表获得永久标号点的标号值，圆括号代表临时标号值。

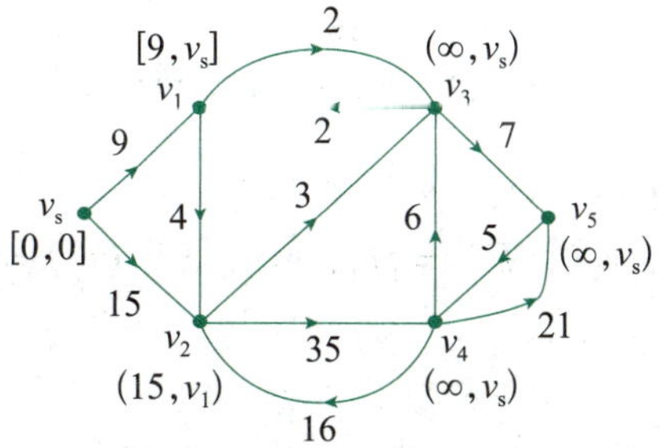

图 5-26 例 5-11 第二轮标号

第三轮，$k=2$：

对于所有 $v_i \in T^{(1)}$，计算：

$d^{(2)}(v_i)=\text{Min}\{d^{(1)}(v_i), d^*(v_1)+w(v_1, v_i)\}$，算得 $d^{(2)}(v_2)=13$，$d^{(2)}(v_3)=11$，$d^{(2)}(v_4)=\infty$，$d^{(2)}(v_5)=\infty$，因为 $d^{(2)}(v_2)<d^{(1)}(v_2)$，所以 $\lambda^{(2)}(v_2)=v_1$，同理 $\lambda^{(2)}(v_3)=v_1$，$\lambda^{(2)}(v_4)=\lambda^{(2)}(v_5)=v_5$。

具体见图 5－27。

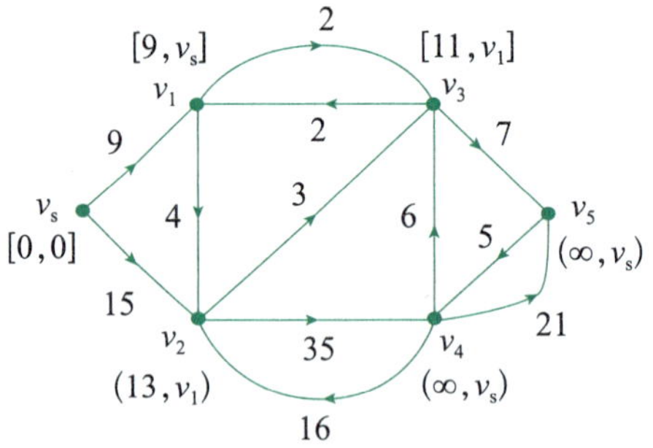

图 5－27　例 5－10 第三轮标号

又因为 $d^{(2)}(v_3)=\text{Min}\{d^{(2)}(v_3), d^{(2)}(v_2), d^{(2)}(v_4), d^{(2)}(v_5)\}$，所以 v_3 获得永久标号。

$S^{(2)}=\{v_s, v_1, v_3\}$，$T^{(2)}=\{v_2, v_4, v_5\}$，$\lambda^*(v_3)=v_1$，$d^*(v_3)=11$，resent $=v_3$

第四轮，$k=3$：

对于所有 $v_i \in T^{(2)}$，计算 $d^{(3)}(v_i)=\text{Min}\{d^{(2)}(v_i), d^*(v_3)+w(v_3, v_i)\}$，计算得：$d^{(3)}(v_2)=13$，$d^{(3)}(v_4)=\infty$，$d^{(3)}(v_5)=15$。

同理 $\lambda^{(3)}(v_2)=v_1$，$\lambda^{(3)}(v_4)=v_s$，$\lambda^{(3)}(v_5)=v_3$。具体见图 5－28。

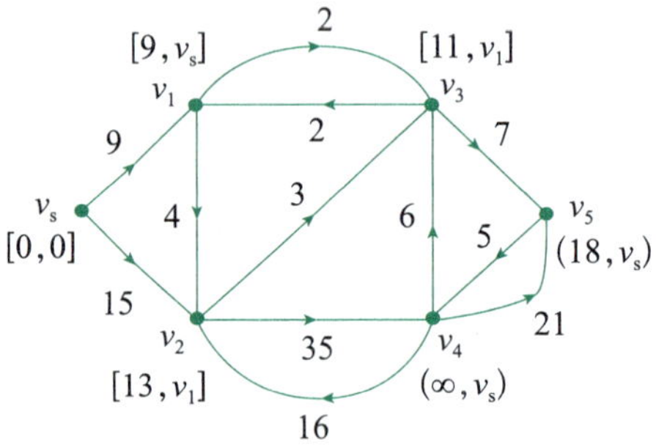

图 5－28　例 5－10 第四轮标号

又因为 $d^{(3)}(v_2)=\text{Min}\{d^{(3)}(v_2), d^{(3)}(v_4), d^{(3)}(v_5)\}$，所以 v_2获得永久标号。

$S^{(3)}=\{v_s, v_1, v_3, v_2\}$，$T^{(3)}=\{v_4, v_5\}$，$\lambda^*(v_2)=v_1$，$d^*(v_2)=13$，

resent $=v_3$

第五轮，$k=4$：

对所有 $v_i \in T^{(3)}$，计算 $d^{(4)}(v_i)=\text{Min}\{d^{(3)}(v_i), d^*(v_3)+w(v_3, v_i)\}$，

算得 $d^{(4)}\ (v_4)=48$，$d^{(4)}\ (v_5)=18$，

同理 $\lambda^{(4)}\ (v_4)=v_2$，$\lambda^{(4)}\ (v_5)=v_3$。

具体见图 5－29。

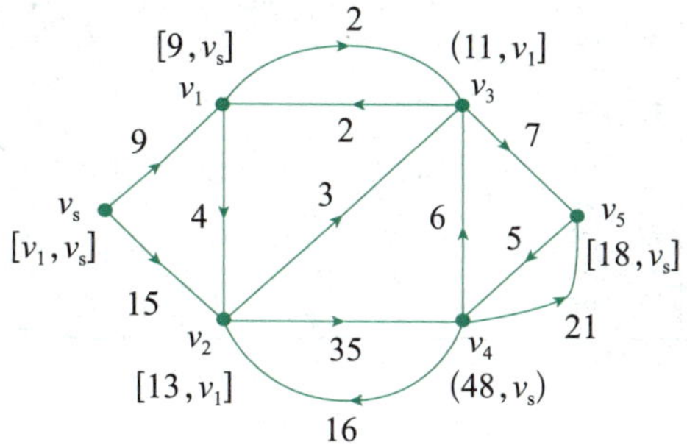

图 5－29　例 5－10 第五轮标号

又因为 $d^{(4)}\ (v_5)=\text{Min}\ \{d^{(4)}\ (v_4),\ d^{(4)}\ (v_5)\}$，所以 v_5 获得永久标号。

$S^{(4)}=\{v_s,\ v_1,\ v_2,\ v_3,\ v_5\}$，$T^{(4)}=\{v_4\}$，$\lambda^*\ (v_5)=v_3$，$d^*\ (v_5)=18$，

resent $=v_5$

第六轮，$k=5$：

对于 v_4，计算 $d^{(5)}\ (v_4)=\text{Min}\ \{d^{(4)}(v_4), d^*(v_5)+w(v_5,v_4)\}=23$，$\lambda^{(s)}\ (v_4)=v_5$。

具体见图 5－30。

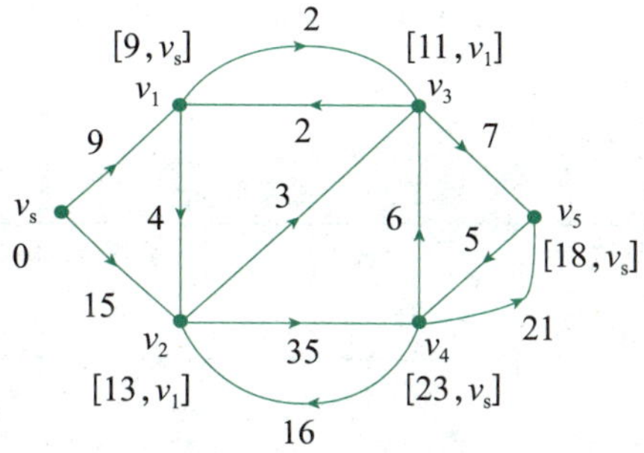

图 5－30　例 5－10 第六轮标号

最后 v_4 获得永久标号 $S^{(5)}=\{v_s,\ v_1,\ v_2,\ v_3,\ v_4,\ v_5\}$，算法结束。

图 5－30 中的粗黑线就是最短路支撑树。于是 $d^*\ (v_i)\ [v_i\in S^{(5)}]$ 标记从 v_s 到 v_i 的最短路的路长。

$\lambda^*\ (v_i)\ [v_i\in S^{(5)}]$ 标从 v_s 到 v_i 的最短路径的 v_i 的前一个顶点号。

例如 $\lambda^*\ (v_4)=v_5$。意味着 v_S 到 v_4 的最短路径的 v_i 的前一个顶点是 v_5，再向前找，则有 $d^*\ (v_5)=v_3$，$d^*\ (v_3)=v_1$，$d^*\ (v_1)=v_s$，于是回溯得出 v_s 到 v_4 的最短路径为 $v_s\rightarrow v_1\rightarrow v_3\rightarrow v_5\rightarrow v_4$，路长为 23。上面的方法迭代过程也可以用表格形式表示。例 5－10 的表格求解过程如表 5－5 所示。表 5－5 中，被□的数字代表永久标号的值。

表 5-5 示例 5-10 最短路求解

迭代步骤 k	路长标号 d						路记标号 λ						resent	永久标号点集合
	v_s	v_1	v_2	v_3	v_4	v_5	v_s	v_1	v_2	v_3	v_4	v_5		
0	0	∞	∞	∞	∞	∞	v_s	v_s	v_s	v_s	v_s	v_s	v_s	$\{v_s\}$
1	0	9	15	∞	∞	∞	v_s	v_s	v_s	v_s	v_s	v_s	v_1	$\{v_s v_1\}$
2	0	9	13	11	∞	∞	v_s	v_s	v_1	v_1	v_s	v_s	v_3	$\{v_s v_1 v_3\}$
3	0	9	13	11	∞	18	v_s	v_s	v_1	v_1	v_s	v_3	v	$\{v_s v_1 v_3 v_2\}$
4	0	9	13	11	48	18	v_s	v_s	v_1	v_1	v_2	v_3	v_5	$\{v_s v_1 v_3 v_2 v_5\}$
5	0	9	13	11	23	18	v_s	v_s	v_1	v_1	v_s	v_3	v_4	$\{v_1 v_2 v_3 v_4 v_5\}$

【应用举例】

一、设备更新问题

某企业在生产过程中使用一台设备，企业领导部门在每年年初需要决定是购置新的还是使用旧的。若购置新设备，则需支付相应的购置费用；若继续使用旧设备，则需支付一定的维修费用，使用时间越长，维修费用越高。企业现欲制订一个设备更新的五年计划，以确定在五年中什么时候购置新设备以使总费用最少。

现已知该设备在各年年初的价格如表 5-6 所示，使用不同时间的维修费用如表 5-7 所示。

表 5-6 设备售价

计划时间	第 1 年	第 2 年	第 3 年	第 4 年	第 5 年
设备价格（万元）	11	11	12	12	13

表 5-7 维修费用

设备使用年数	当年	第 1 年	第 2 年	第 3 年	第 4 年
维修费用（万元）	5	6	8	11	18

这个问题可以转化为最短路问题，模型如图 5-31 所示。用节点 v_i 代表“第 i 年初购入一台新设备”这一状态，为方便起见，加设一个节点 v_6 来表示第五年末。弧（v_i，v_j）表示在第 i 年初购入设备一直使用到第 j 年初（第 $j-1$ 年底）。于是，$v_1 \to v_6$ 的任意一条路即代表了一种设备购置方案。例如，（v_1，v_6）表示在第一年初购置一台设备，一直使用到第五年末（不再购置新设备）；（v_1，v_3），（v_3，v_6）表示在第一年初购置一台设备，使用到第二年末，再于第三年初购置一台新设备使用到第五年末；而（v_1，v_2，v_3，v_4，v_5，v_6）则表示每年初均购置一台新设备。

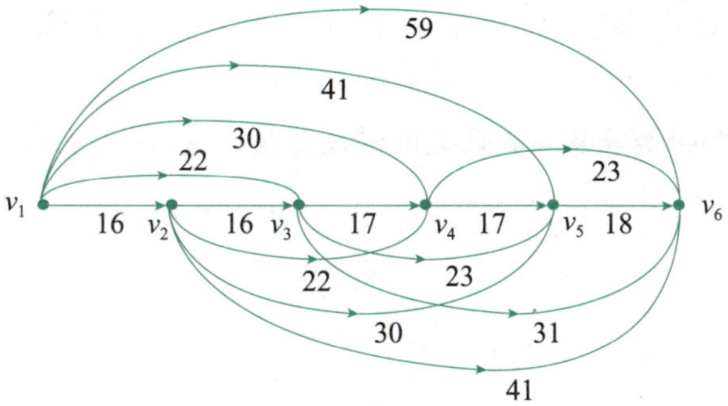

图 5－31　设备更新问题的图论模型

图 5－31 中每条弧（v_i，v_j）上的权值 w_{ij} 表示由状态 v_i 转移到 v_j 的费用。例如，w_{12} 表示“第 1 年初购入一台新设备，且仅使用 1 年”所需的费用，此项费用包括购置费与当年维修费为 16（$=11+5$）万元；而 w_{35} 表示“第 3 年初购入一台设备，且使用 2 年”所需的费用，包括购置费与当年及第二年的维修费为 23（$=12+5+6$）万元，类似地可以确定其他权值。

使总费用最少的购置方案即为 $v_1 \to v_6$ 的最短路。

利用标号法不难求出，$v_1 \to v_6$ 的最短路为（v_1，v_3，v_6）或（v_1，v_4，v_6），最短路长度为 53。故最优购置方案有两个：一是在第一年初购入一台设备，使用两年，到第三年初再购入一台设备，使用到第五年末；二是在第一年初购入一台设备，使用三年，到第四年初再购入一台设备，使用到第五年末。五年的总费用均为 53 万元。

二、布点问题

某地七个村庄之间现有交通道路如图 5－32 所示，边旁的数字为各村庄之间的最短距离，要在某一村庄修建一商店和一小学。

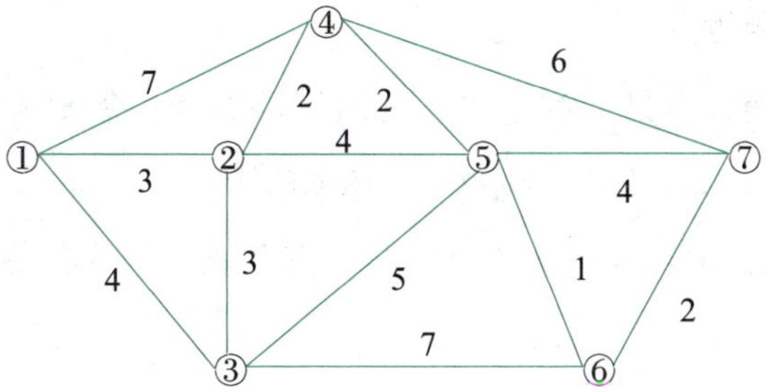

图 5－32　村庄间的道路交通图

试问：(1) 商店应建在何处，使各村都离之较近？

(2) 各村的小学人数分别为 40、25、45、30、20、35、50，则小学应建在何村，使各村小学生走的总路程最短？

解：(1) 第一个问题是中心选址问题，要求网络中最远的被服务点的距离尽可能小。令：$d(v_i)=\max\limits_{1\leq j\leq n}\{d_{ij}\}$。

d_{ij}为v_i到v_j之间的最短路，$d(v_i)$为其他各点距v_i最远的距离。

若$\underset{1\leq i\leq n}{\text{Min}}\{d(v_i)\}=d(v_k)$，则称$v_k$为网络的中心。

依题，首先用 Floyd 算法求各村庄之间的最短路。

$$D^{(0)}=\begin{bmatrix}0&3&4&7&\infty&\infty&\infty\\3&0&3&2&4&\infty&\infty\\4&3&0&\infty&5&7&\infty\\7&2&\infty&0&2&\infty&6\\\infty&4&5&2&0&1&4\\\infty&\infty&7&\infty&1&0&2\\\infty&\infty&\infty&6&4&2&0\end{bmatrix}$$

解得各村庄之间的最短路及$d(v_i)$，如表 5-8 所示。

表 5-8 村庄的中心

v_i	$D=(d_{ij})$							$d(v_i)=\underset{j}{\text{Max}}\{d_{ij}\}$
	1	2	3	4	5	6	7	
1	0	3	4	5	7	8	10	10
2	3	0	3	2	4	5	7	7
3	4	3	0	5	5	6	8	8
4	5	2	5	0	2	3	5	5（min）
5	7	4	5	2	0	1	3	7
6	8	5	6	3	1	0	2	8
7	10	7	8	5	3	2	0	10

故商店最好设在 4 号村庄。

（2）第二个问题是重心问题。

设q_i是点v_i的权重，d_{ij}是v_i到v_j之间的最短路距离，令$h(v_j)=\sum_{i=1}^{n}q_i\,d_{ij}(j=1,2,\cdots n)$，若$\underset{1\leq j\leq n}{\text{Min}}\{h(v_j)\}=h(v_r)$，则称$v_r$为该网络中心。

显然，先用 Floyd 算法求d_{ij}，q_i为各村的学生人数，于是求得q_i、d_{ij}及$h(v_j)$，如表 5-9 所示。

表 5-9 村庄的重心

	q_id_{ij}						
	1	2	3	4	5	6	7
1	0	120	160	200	280	320	400
2	75	0	75	50	100	125	175
3	180	135	0	225	225	270	360

续表

	$q_i d_{ij}$						
	1	2	3	4	5	6	7
4	150	60	150	0	60	90	150
5	140	80	100	40	0	20	60
6	280	175	210	105	35	0	70
7	500	350	400	250	150	100	0
$h(v_j)$	1 325	920	1 095	870	850	925	1 215

可见，小学校设在 5 号村庄比较合适。

任务四
中国邮路问题

【任务引入】

【例 5－15】 假设你是一名快递派送员，所负责派送区域如图 5－33 所示，v_1 为配送站点，其余各点为派送需求点。图上的数字权重代表距离，求最优派送路线。

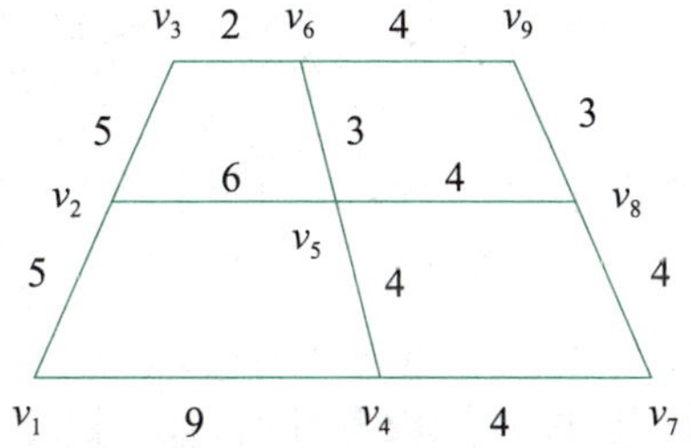

图 5－33　例 5－15 的示意图

任务：理解什么是欧拉图，一笔画的判定，中国邮路问题求解。

【任务分析】

如图5－33所示，已经用图这种数学模型将实际问题表示出来，那么该如何求解？作为快递派送员，要在配送站点领取需要派送的物品，按指定需求将所有物品派送，最终回到公司。而在派送过程中，涉及先派送到哪一点，再去哪一点的问题，如果路线选择不正确，会多走很多回头路，浪费时间、耗费精力。所谓最优派送路线就是用最少的时间或者走最短的距离派送完所有物品。那么该如何在图上做文章呢？

前面任务中提到哥尼斯堡七桥问题，用图论的语言描述就是从某个点（陆地）出发，经过每条边（桥梁）一次且仅一次，最后回到出发点，这样的一个圈称为欧拉圈。具有欧拉圈的图称为欧拉图，欧拉图可以一笔画出。显然不是所有的图都能有欧拉圈。为了使边一笔画问题更具有实用价值，中国的管梅谷教授在一笔画问题的基础上提出了中国邮路问题。上述问题就是中国邮路问题的典型代表。本任务先介绍欧拉问题的基本定理，然后在此基础上探讨中国邮路问题的求解方法。

【知识学习】

微课：笔画问题

一、笔画问题的基本定理

连通图 G 中，若存在一条道路，经过每边一次且仅一次，则称这条路为欧拉链。若存在一个圈，经过每边一次且仅一次，则称这个圈为欧拉圈。

定理5.3 无向连通图 G 是欧拉图，当且仅当 G 中无奇点。

证明：

必要性

因为 G 是欧拉图，则存在一个圈，经由 G 中所有的边，在这个圈上，顶点可能重复出现，但边不重复。对于图中的任一顶点 v_i，只要在圈中出现一次，必关联两条边，即这个圈沿一条边进入这点，再沿另一边离开这点。所以 v_i 点虽然可以在圈中重复出现，但 v_i 的次数 $d(v_i)$ 必为偶数。所以 G 中没有奇点。

充分性

由于 G 中没有奇点，从任一点出发，如从 v_1 点出发，经关联边 e_1 “进入” v_2，由于 v_2 是偶点，则必可由 v_2 经关联边 e_2 进入另一点 v_3，如此进行下去，每边仅取一次。由于 G 图中点数有限，所以这条简单链不能无休止地走下去，必可走回 v_1，得到一个圈 C_1。

（1）若圈 C_1 经过 G 中所有边，则其就是欧拉圈。

（2）从 G 中去掉 C_1 后得到子图 G'，则 G' 中每个顶点的次数仍为偶数。因为 G 图是连通图，所以 C_1 与 G' 至少有一个顶点 v_i 重合，在 G' 中从 v_i 出发，重复前面 C_1 的方法，得到圈 C_2。

把 C_1 与 C_2 组合在一起，如果恰是图 G，则得到欧拉圈；否则重复（2）可得圈 C_3。依此类推，由于图 G 中边数有限，最终可得一条经过图 G 所有边的圈，即为欧拉圈。

推论　无向连通图 G 有欧拉链，当前仅 G 当中恰有两个奇点。

证明： 必要性是显然的。

充分性： 现设连通多重图 G 恰有两个奇点 u、v，在 G 中增加一个新点 w 及边 $[w, v]$，$[w, u]$ 连通多重图 G'，由定理 5.3 可知，G' 有欧拉圈 c'，从 c' 中丢去点 w 及点 w 关联的边 $[w, v]$ 及 $[w, u]$，即得到 G 中一条连接 u、v 的欧拉链。

定理 5.3 的证明方法实际上给出了构造欧拉圈的一种算法，从图 G 中任一点 v_1 出发，找一个初等圈 C_1，再从图中去掉，在剩余的图中再找初等圈 C_2，…，一直做到图中所有的边都被包含在这些初等圈中，再把这些圈连续起来即得这个图的欧拉圈。

二、奇偶点图上作业法

某一邮递员负责某街区的邮件投递工作，每次都要从邮局出发，走遍他负责的所有街道，再回到邮局，他应如何安排投递路线，使所走的总路程最短。根据这一问题，如果在他负责的街道图中没有奇点，即为欧拉图，那么他就可以从邮局出发，走过每个街道一次，且仅一次，最后回到邮局，这样他所走的路程最短。但实际情况中，往往不能满足欧拉图的要求，即街道图中有奇点，这样他就必须在街道上重复一次或多次。

实际上，这个问题用图论语言可描述为：给定一个连通图 G，每边有非负权 $W(e)$，要求一条圈过每边一次，且满足总权数最小。

如果 G 中有奇点，要求连续走过每边至少一次，必然有些边不止一次走过，这相当于在图 G 中对某些边增加一些重复边，使所得到的新图 G^* 没有奇点且满足总路程最短。由于总路程的长短完全取决于所增加的重复边的长度，所以中国邮路问题也可以转为如下问题：

在连通图 $C=(V, E)$ 中，求一个边集 $E_1 \in E$，把 G 中属于 E_1 的边均变为二重边，得到图 $G^*=G+E_1$，使其满足 G^* 无奇点，且 $W(E_1)=\sum_{e \in E_1} w(e)$ 最小。

定理 5.4　已知图 $G^*=G+E_1$ 无奇点，则 $W(E_1)=\sum_{e \in E_1} W(e)$ 最小的充分必要条件为：

（1）每条边最多重复一次；

（2）对图 G 中每个初等圈来讲，重复边的长度和不超过圈长的一半。

证明：

必要性

首先，假如 G^* 中有某条边重复次数为 n（$n>2$），而 G^* 是欧拉图，那么把这条边上的重复边去掉两条（偶数条），则与此边关联的两个顶点的次都减 2（偶数）仍为偶点，故仍为欧拉图，所以重复边次数最多为一次即可。

其次，把图的一个初等圈上原来重复的边（重复一次）都不重复，而原来不重复的边重复一次，则圈上每个顶点的次改变 0 或 2，也不改变欧拉图的性质。因此，如果图 G 中存在某个圈，其重复边的长度超过圈长的一半，我们就可以使重复边的长度减少，这与 $W(E_1)$ 最小矛盾。

充分性

只需证明凡满足定理中的条件（1）（2）的重复边集，其总长度均相等即可。

设 E_1、E_2都满足定理中的条件（1）（2），下面来证 $W(E_1)=W(E_2)$。

作边集 $E_0=(E_1\cup E_2)-(E_1\cap E_2)$，则 E_0的边或属于 E_1或属于 E_2，二者必居且仅居其一。观察由边集 E_0中边和与之相关联的点组成的图 G_0，G_0能不连通，但其每个分图必为欧拉图（因为图 G 的每个顶点 v 与 E_1中相关联的重复边的数目 v 与 E_2相关联的边数的奇偶性相同，都取决于 v 原来的次数为奇或为偶，重复边数也必为奇或偶，所以图 G_0 的点必为偶点），所以每个分图可分为若干个初等圈。根据定理条件，对每个初等圈上均有 E_1的重复边长不超过周长的一半和 E_2的重复边长不超过周长的一半，故只能相等。则属于 E_0的边总长等于属于 E_2的边总长，于是有 $W(E_1)=W(E_2)$。

定理 5.4 给出了中国邮路的一种算法，称为奇偶点图上作业法。它的主要思路是将一个含有奇点的图通过加重复边化为一个不含奇点的图，所加的重复边即为可行方案，然后根据定理 5.4 使重复边总权最小的充分必要条件，通过去掉多次重复边来调整重复边使重复边的长度不超过图长一半的方法，使重复边总权下降，直至重复边的总权最小为止。

“奇偶点图上作业方法”的具体步骤如下：

第一步：确定初始可行方案，找出图 G 中的所有奇次顶点（必有偶数个），将它们两两配对，由于 G 是连通图，每对奇顶点必有一条通路，将通路上所有的边都重复一次加到图 G 中，使所得到的新图中的顶点全是偶顶点。

第二步：如果某条边 e 上重复边数多于一条，则可以将 e 的重复边中去掉偶数条，使得图中顶点仍全是偶次顶点。

第三步：检查图中的每个圈。如果每个圈的重复边的总长不大于该圈总长的一半，则得到欧拉图 G'，转第四步。如果存在一个圈，该圈重复边总长大于该圈总长的一半，就进行调整。将这个圈中的重复边去掉，而将该圈中原来没有重复边的各边加上重复边，其他圈的各边不变返回第二步。

第四步：在 G'中用定理 5.3 证明中提到的方法找欧拉圈，对应于 G 中就是邮递员最优路线。

【任务实施】

下面我们利用奇偶点图上作业法求解图 5 - 33 所示的配送区域上的最优派送路线。

第一步：确定初始可行方案。

先检查图中是否有奇点，如无奇点则已是欧拉图，找出欧拉圈即可。如有奇点，由定理 5.3 知奇点个数必为偶数个，所以可以两两配对。每对点间选一条路，使这条路上均无二重边。

图 5 - 33 中有四个奇点 v_2、v_4、v_6、v_8，将 v_2 与 v_4、v_6 与 v_8 配对，连接 v_2 与 v_4 的链有好几条，任取一条，如（v_2，v_3，v_6，v_9，v_8，v_7，v_4），类似地，对 v_6 与 v_8 取（v_6，v_3，v_2，v_1，v_4，v_7，v_8）。得到图 5 - 34（a），已是欧拉图。对应这个可行方案，重复边的总长为：

$$2w_{23}+2w_{36}+w_{69}+w_{98}+2w_{87}+2w_{74}+w_{41}+w_{12}=51$$

第二步：调整可行方案，使重复边最多为一次。

去掉 [v_2，v_3]，[v_3，v_6]，[v_4，v_7]，[v_7，v_8] 各两条，得到图 5 - 34（b），重复边的总长度下降为：

$$w_{12}+w_{14}+w_{69}+w_{98}=21$$

第三步：检查图中每个初等圈是否满足定理 5.4 的条件（2），如不满足则进行调整。检查图 5 - 34（b），发现圈 {v_1，v_2，v_5，v_4，v_1} 总长度为 24，而重复边的长度为 14，大于该圈总长度的一半，可以做一次调整，以 [v_2，v_5]，[v_5，v_4] 代替 [v_1，v_2]，[v_1，v_4]，得到图 5 - 34（c），重复边总长度下降为：

$$w_{25}+w_{45}+w_{69}+w_{98}=17$$

第四步：图 5 - 34（c）没有重复边多于一次的，再检查图 5 - 34（c）的每个初等圈，圈（v_2，v_3，v_6，v_9，v_8，v_5，v_2）的总长度为 24，而重复边长度为 13。再次调整得图 5 - 34（d），重复边总长度为 15。

检查图 5 - 34（d），定理 5.4 中的条件（1）（2）均满足，得到欧拉图 G'。

第五步：在图 5 - 34（d）欧拉图 G' 找圈 $C=(v_1, v_2, v_3, v_6, v_9, v_8, v_7, v_4, v_1)$，在 $G'-C_1$ 中，再找圈 $C_2=(v_2, v_3, v_6, v_5)$，在 $G'-C_1-C_2$ 中再找圈 $C_3=(v_5, v_8, v_5)$，在 $G'-C_1-C_2-C_3$ 中再找圈 $C_4=(v_5, v_4, v_5)$。因为 $C_1\cup C_2\cup C_3\cup C_4=G'$，

故在 G' 找到欧拉圈 $C=(v_1, v_2, v_3, v_6, v_5, v_8, v_5, v_4, v_5, v_2, v_3, v_6, v_9, v_8, v_7, v_4, v_1)$。$C$ 在图 5 - 34（d）中就是邮递员要走的最佳路线，最短路线长度为图 5 - 33 的各边的长度和加上重复边的长度，即为 $53+15=68$。

最后，应该指出，奇偶点图上作业法的主要困难是要求检查每一个圈。当图中的重复边所在的圈有多个时，计算量是相当大的。

中国邮路问题改进的说明：

1973 年，Edmond 和 Johnson 给出了“中国邮路问题”的一个更有效的算法，该算法的主要思想是利用最小支撑树理念，先求出网络 G 的最小支撑树 T，在 T 中标出 G 中的奇点，在 T 中奇点配对，并在树枝上添加重复边，然后再加上连枝形成 G'。根据最小支撑树的性质，这么做很大程度上可避免原算法在找初始可行方案时的盲目性，减少了重复边长

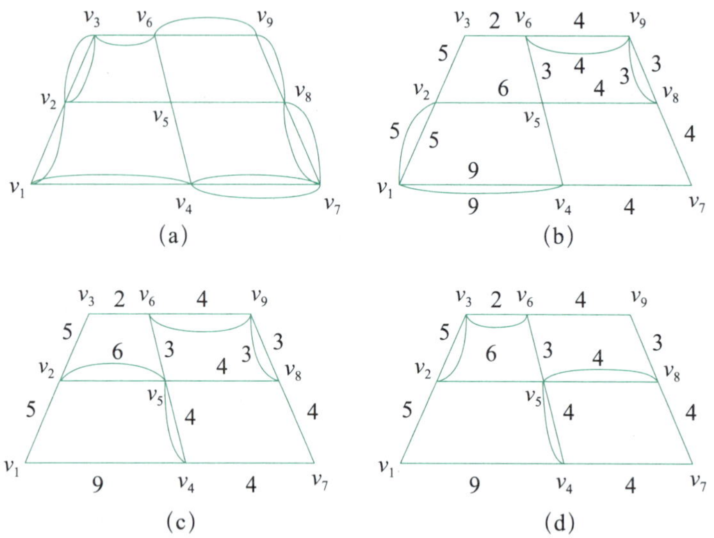

图 5－34　例 5－14 的奇偶点作业法求解过程

度大于圈长的一半的可能性，使得生成的初始可行方案更接近最优解。但有了较优的初始可行方案后，仍要判断其是否最优，邮路问题检验工作的繁复和有效性问题依然存在。

【项目小结】

图是客观世界最直观、最简单的符号和沟通语言，用来表示所研究对象以及它们之间的某种特定的联系，在物流活动中有着泛的应用。本项目中我们给大家介绍了一些基础的图论模型方法——示意图、最小支撑树、最短路径问题和一笔画问题。

示意图是我们日常生活中常用的办法，在实际生活中能准确地帮我们解决问题。只要分析清楚研究对象，以及研究对象之间的关系，能用点和线或者点和弧表达出来，问题就迎刃而解。

最小支撑树是图论中的基本求解方法，可以帮助我们在相对复杂的路网、线网中找到成本低、时间短的合理方案。

最短路问题是重要的最优化问题之一，它不仅可以直接应用于解决生产实际中的许多问题，如管道铺设、线路安排、厂区布局、设备更新等，而且经常被作为一个基本工具，用于解决其他的优化问题。

一笔画问题可以解决实际生活中的很多问题，在一笔画问题基础上提出的中国邮路问题对于解决最优路径选择问题给出了解决办法。

在物流管理中，物流配送、运输环节的路径规划问题，仓储管理中的动线规划问题等都可以用图论知识来解决。

【思考与练习】

1. 判断下列说法是否正确：

（1）图论中的图不仅反映了研究对象之间的关系，而且是真实图形的写照，因而对图中点与点的相对位置、点与点连线的长短曲直都要严格注意。

（2）在任一连通图 G 中，当点集 V 确定后，树是 G 中边数最少的连通子图。

（3）如果图中从 v_1 至其他各点的最短路在去掉重复部分后，则恰好构成该图的最小支撑树。

2. n 个企业之间，每个企业都与其他若干企业有业务往来，且 n 为奇数。证明：

（1）至少有一个企业与其他偶数个企业有业务往来。

（2）不可能有偶数个企业与其他偶数个企业有业务往来。

3. 简单图与某顶点关联的边的数量称为该顶点的次，次为奇数的顶点称为奇点。证明：

（1）简单图中所有顶点次的和一定为偶数，且为图中边的数量的 2 倍；

（2）简单图中奇点的个数一定为偶数。

4. 求图 5－35 所示的无向图的关联矩阵和邻接矩阵。

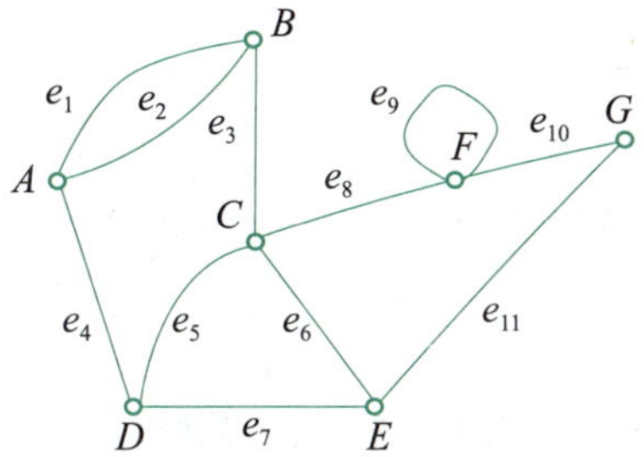

图 5－35　无向图的关联矩阵和邻接矩阵

5. 求图 5－36 所示的有向图的关联矩阵和邻接矩阵。

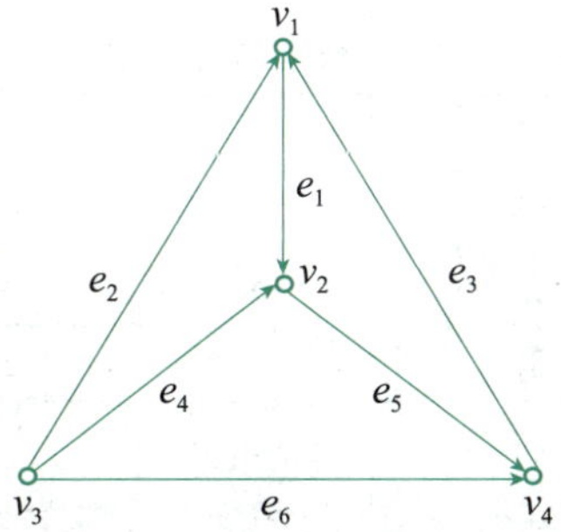

图 5－36　有向图的关联矩阵和邻接矩阵

6. 用 Kruskal 算法和破圈法求图 5－37 中各图的最小树。

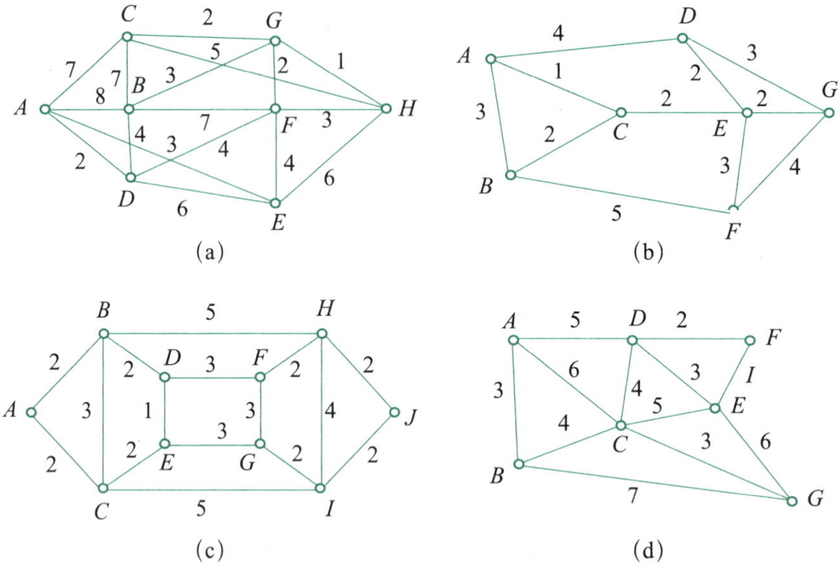

图 5－37　各图的最小树

7. 分别用 Kruskal 算法和破圈法求图 5－38 的最小支撑树。

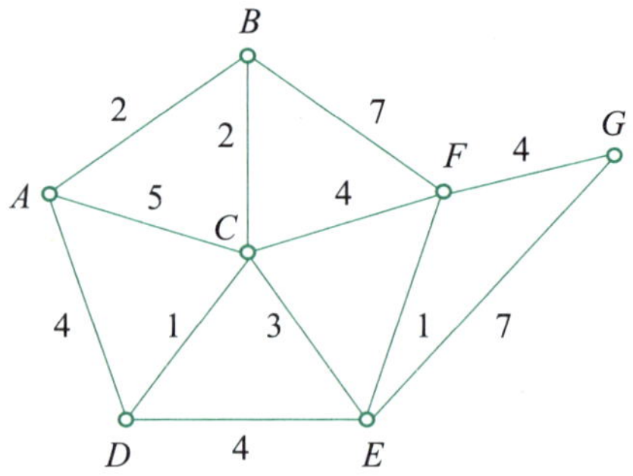

图 5－38　最小支撑树

8. 已知有六个城市：A、B、C、D、E、F，试由表 5－10 所示交通网络中的数据确定最小支撑树。

表 5－10　交通网络

	A	B	C	D	E	F
A	\	68	51	50	13	77
B	68	\	36	34	67	20
C	51	36	\	2	60	57
D	50	34	2	\	59	55
E	13	67	60	59	\	70
F	77	20	57	55	70	\

9. 有九个城市 v_1，v_2，…，v_9，其公路网如图 5-39 所示。弧上数字表示该段公路的长度，有一批货物从 v_1 运到 v_9，求走哪条路最短。

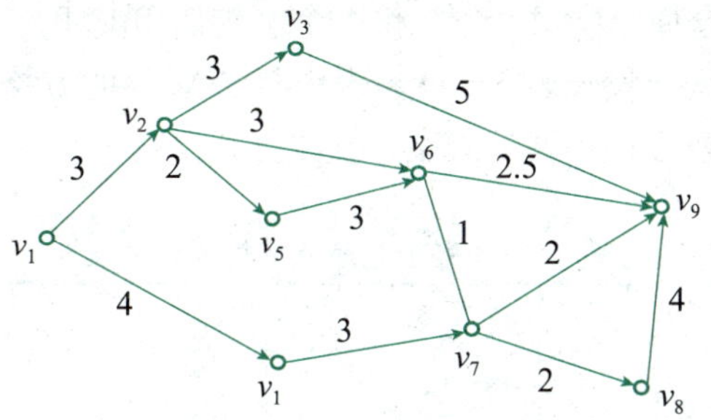

图 5-39　公路网示意图

10. 用 DijksTra 方法求图 5-40 中从 v_1 到各点的最短路。

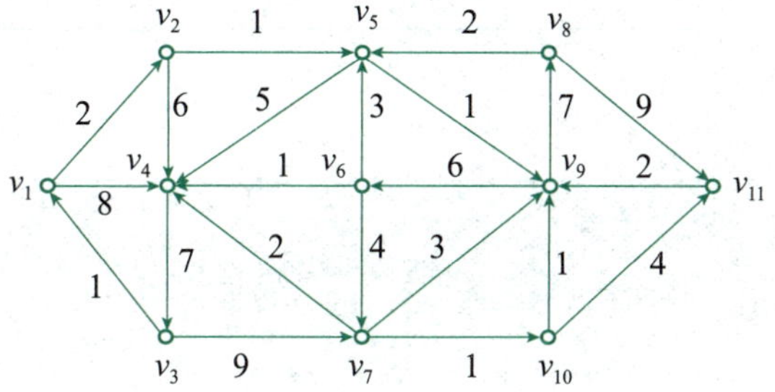

图 5-40　v_1 到各点的最短路

11. 在如图 5-41 所示的网络中，用 DijksTra 方法求从 v_1 到各点的最短路径，并指出对 v_1 来说哪些顶点是不可到达的。

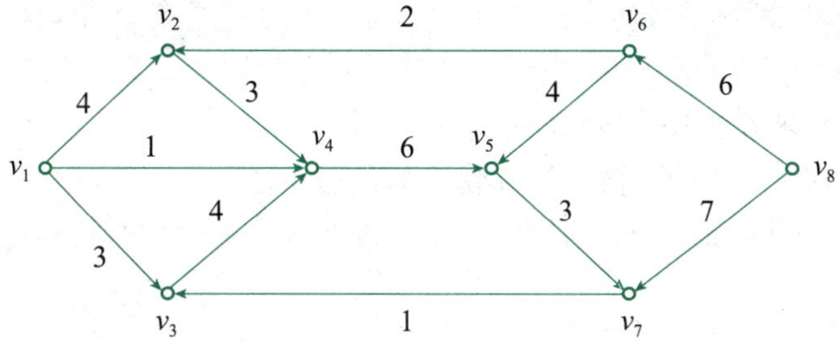

图 5-41　DijksTra 方法求从 v_1 到各点的最短路径

12. 某车站拟在 v_1，v_2，…，v_7 七个居民点中设置售票处，各点的距离如图 5-42 所示，边上的数字表示距离（单位：千米）。

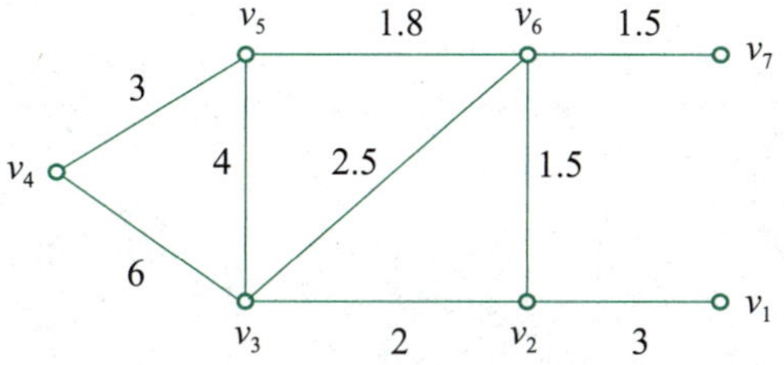

图 5-42　七个居民点距离

（1）若要设置一个售票处，请问设在哪个居民点可使最大服务距离为最小？

（2）若要设置两个售票处，请问设在哪两个居民点可使最大服务距离为最小？

13. 某公司有 3 个仓库 A_1、A_2、A_3 和 4 个零售店 B_1、B_2、B_3、B_4，各仓库可提供的货量及零售店的最大零售量见表 5－11。表中打“√”的方格表示公司指定该店可向相应的仓库取货。现在要求做一调运方案，使得各店从各仓库得到的总货量为最多。

表 5－11　各个仓库和零售店数据表

	B_1	B_2	B_3	B_4	存货量
A_1	√			√	20
A_2	√	√			12
A_3			√	√	12
最大零售量	14	9	8	10	

【综合实训】

校园是每位学生学习生活的主要区域，每位学生对自己的校园非常熟悉。若父母或者朋友想了解你生活学习的环境，请结合图论所学知识，解决以下问题：

1. 请你用点表示学校主要区域，如宿舍、教学楼、食堂等，用边代表各区域之间是否有通路，简单描绘校园示意图。并对不同边简单估算距离，为示意图赋予权重。

2. 用避圈法和破圈法找出该图的最小支撑树。

3. 求出你的寝室到食堂、图书馆和食堂的最短路径。

4. 如果要你带领参观学校，请制定一条合理路线，走最少的路参观完整个校园。

项目六
网络计划技术

【学习目标】

※ 知识目标

1. 了解网络计划技术的基本原理。
2. 掌握双代号网络图的绘制方法。
3. 通过节点时间参数的计算确定工期和关键路线。
4. 可以优化网络计划。

※ 能力目标

1. 会绘制网络计划图，会计算时间参数，确定关键路线。
2. 掌握网络优化技术的原则及应用。

※ 素养目标

1. 培养学生关于物流管理的整体意识。
2. 培养学生项目管理中的整体意识与优化意识。
3. 了解物流管理过程中的绿色物流理念，增强责任感、使命感和自豪感。

【情境设定】

在社会的生产经济活动中，科学地组织管理是不容忽视的重要工作，而制订好计划并组织计划的实施是组织管理工作的核心。在一项复杂的生产或施工活动中，由于生产或施工的工作繁多，参加人员众多，环节错综复杂，有的可以同步进行，有的需按先后顺序实施，因此在实施以前，必须制订一个周密的实施计划。一个好的计划可以省时间、省人力、省费用。当前，世界上工业发达国家都非常重视现代管理科学，网络计划技术已被许多国家公认为是当前最行之有效的管理方法。国外多年实践证明，应用网络计划技术组织与管理生产一般能缩短工期 20% 左右，降低成本 10% 左右。

总之，网络计划技术在不断发展、完善，已经被多个国家公认为当前最行之有效的管理方法。网络计划技术的应用范围广泛，如建筑施工和新产品的研制计划、计算机系统的安装调试、军事指挥及各种大型复杂工程的控制管理等，无论在哪个领域，都可以依据网络计划技术进行有效安排从而降低成本、提高效率。

任务一 什么是网络计划技术

【任务引入】

假设你是某快递公司在学校网点的一名负责人，现在有 300 个快递摆在你的面前，要求今天派送完，派送范围是学生住宿区以及教职工办公区，请给出你的派送方案。针对这个问题，我们该如何运用网络计划技术来解决呢?

任务：了解网络计划技术基本原理，掌握网络计划技术基本概念，绘制双代号网络计划图。

网络计划技术是指用于工程项目的计划与控制的一项管理技术。网络计划技术是 20 世纪 50 年代末发展起来的，依其起源有关键路线法（CPM）与计划评审法（PERT）之分。1956 年，美国杜邦公司在制定企业不同业务部门的系统规划时，制订了第一套网络计划。这种计划借助于网络表示各项工作与所需要的时间，以及各项工作的相互关系。通过网络分析研究工程费用与工期的相互关系，并找出在编制计划及计划执行过程中的关键路线，这种方法称为关键路线法。1958 年美国海军武器部，在制订研制“北极星”导弹计划时，同样应用了网络分析方法与网络计划，但它注重于对各项工作安排的评价和审查，这种计划称为计划评审法。鉴于这两种方法的差别，CPM 主要应用于以往在类似工程中已取得一定经验的承包工程，PERT 更多地应用于研究与开发项目。

【任务分析】

针对如上任务，我们将利用双代号网络计划图表达计划任务的进度安排及其中各项工作或工序之间的相互关系；在此基础上进行网络分析，计算网络时间，确定关键工序和关键线路；并利用时差，不断地改善网络计划，求得工期、资源与成本的优化方案。在计划执行过程中，通过信息反馈进行监督和控制，以保证实现预定的计划目标。

【知识学习】

下面介绍网络计划技术（或称统筹方法）的基本原理。首先，把所要做的工作哪项先做，哪项后做，各占多少时间以及各项工作之间的相互关系等用网络图（也称工序流程图）的形式表达出来。其次，通过简单的计算，找出哪些工作是关键的，哪些工作是非关键的，并在原来计划方案的基础上，进行计划的优化。例如，在劳动力或其他资源有限制的条件下，寻求工期最短；或者在工期规定的条件下，寻求成本最低；等等。最后，组织计划的实施，并根据实际情况，收集有关资料，即时对计划进行调整，重新计算和优化，以保证计划实施过程中自始至终能够最合理地使用人力、物力，保证多、快、好、省地完成任务。

一、网络计划技术的基本内容

网络计划技术包括以下基本内容。

（一）网络图

网络图是指网络计划技术的图解模型，反映整个工程任务的分解和合成。分解，是指对工程任务的划分；合成，是指解决各项工作的协作与配合。绘制网络图是网络计划技术的基础工作。

（二）时间参数

在实现整个工程任务过程中，包括人、事、物的运动状态。这种运动状态都是通过转化为时间函数来反映的。反映人、事、物运动状态的时间参数包括：各项工作的作业时间、开工与完工的时间、工作之间的衔接时间、完成任务的机动时间及工程范围和总工期等。

（三）关键路线

通过计算网络图中的时间参数，求出工程工期并找出关键路径。在关键路线上的作业称为关键作业，这些作业完成的快慢直接影响着整个计划的工期。在计划执行过程中关键作业是管理的重点，在时间和费用方面则要严格控制。

（四）网络优化

网络优化，是指根据关键路线法，通过利用时差，不断改善网络计划的初始方案，在满足一定的约束条件下，寻求管理目标达到最优化的计划方案。网络优化是网络计划技术的主要内容之一，也是其较之其他计划方法优越的主要方面。

二、网络计划技术的应用步骤概述

网络计划技术的应用主要遵循以下几个步骤。

（一）确定目标

确定目标，是指决定将网络计划技术应用于哪一个工程项目，并提出对工程项目和有关技术经济指标的具体要求。如在工期方面，成本费用方面要达到什么要求。依据企业现有的管理基础，掌握各方面的信息和情况，利用网络计划技术，为实现工程项目寻求最合适的方案。

（二）项目分解，列作业明细

一个工程项目是由许多作业组成的，在绘制网络图前就要将工程项目分解成各项作业。作业项目划分的粗细程度视工程内容以及不同单位要求而定，通常情况下，若作业所包含的内容多，则范围大多可分粗些，反之则细些。作业项目分得细，网络图的节点和箭线就多。对于上层领导机关，网络图可绘制得粗些，主要是通观全局、分析矛盾、掌握关键、协调工作、进行决策；对于基层单位，网络图就可绘制得细些，以便具体组织和指导工作。

在工程项目分解成作业的基础上，还要进行作业分析，以便明确先行作业（紧前作业）、平行作业和后续作业（紧后作业）。即在该作业开始前，哪些作业必须先期完成，哪些作业可以同时平行地进行，哪些作业必须后期完成，或者在该作业进行的过程中，哪些作业可以与之平行交叉地进行。

在划分作业项目后便可计算和确定作业时间。一般采用单点估计法或三点估计法，然后一并填入明细表中。作业时间明细表的格式如表 6－1 所示。

表 6-1　作业时间明细表

工序代号	工序名称	紧前工序	工序持续时间	工序代号	工序名称	紧前工序	工序持续时间

（三）绘制网络图，进行节点编号

根据作业时间明细表，可绘制网络图。网络图的绘制方法有顺推法和逆推法。本书中所绘制的网络图为双代号网络计划图。

（1）顺推法，即从始点时间开始，根据每项作业的直接紧后作业，顺序依次绘出各项作业的箭线，直至终点事件为止。

（2）逆推法，即从终点事件开始，根据每项作业的紧前作业，逆箭头前进方向逐一绘出各项作业的箭线，直至始点事件为止。

同一项任务，用上述两种方法画出的网络图是相同的。一般习惯于按反工艺顺序安排计划的企业，如机器制造企业，采用逆推法较方便，而建筑安装等企业，则大多采用顺推法。按照各项作业之间的关系绘制网络图后，要进行节点的编号。

（四）计算网络时间，确定关键路线

根据网络图和各项活动的作业时间，就可以计算出全部网络时间和时差，并确定关键线路。具体计算网络时间并不太难，但比较烦琐。在实际工作中影响计划的因素很多，要耗费很多的人力和时间。因此，只有采用电子计算机才能对计划进行局部或全部调整，这也为推广应用网络计划技术提出了新内容和新要求。

（五）进行网络计划方案的优化

找出关键路径，也就初步确定了完成整个计划任务所需要的工期。这个总工期，是否符合合同或计划规定的时间要求，是否与计划期的劳动力、物资供应、成本费用等计划指标相适应，需要进一步综合平衡，通过优化，择取最优方案。然后正式绘制网络图，编制各种进度表，以及工程预算等各种计划文件。

（六）网络计划的贯彻执行

编制网络计划仅仅是计划工作的开始。计划工作不仅要正确地编制计划，更重要的是组织计划的实施。网络计划的贯彻执行，要发动群众讨论计划，加强生产管理工作，采取切实有效的措施，保证计划任务的完成。在应用计算机的情况下，可以利用计算机

对网络计划的执行进行监督、控制和调整，只要将网络计划及执行情况输入计算机，它就能自动运算、调整，并输出结果，以指导生产。

微课：网络计划技术

网络计划技术的基本原理是：利用网络图表达计划任务的进度安排及各项活动（或工作）间的相互关系；在此基础上进行网络分析，计算网络时间参数，找出关键活动和关键线路；并利用时差不断改善网络计划，求得工期、资源与费用的优化方案。在计划执行过程中，通过信息反馈进行监督与控制，以保证实现预定的计划目标。

后面任务中我们会结合例题对网络计划技术的应用进行具体讲解。

三、网络计划中的基本概念

学习网络计划方法，首先要掌握网络图的基本概念。网络图由带箭头的线和节点组成。它是用图解形式表示一项任务或工程项目各组成要素之间逻辑关系及完成时间的流程图。其中节点是两条或两条以上箭线的交点。

在网络图中，主要的组成要素包括工序（也称工作）、节点（也称事件）及路线三大部分。

（一）工序

工序泛指一切消耗时间或资源的行动，又称活动、任务、工作或作业。

微课：双代号网络计划图的基本概念

工序用箭线表示，箭尾表示工序的开始，箭头表示工序的完成，箭头的方向表示工序的前进方向（从左向右）。工序的名称或内容可以写在箭线的上面，工序的持续时间可以写在箭线的下面。工序在双代号网络图中的表示方法如图 6－1 所示。

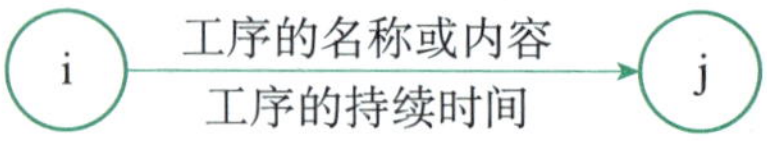

图 6－1　双代号网络计划图中工序的表示方法

双代号网络图中的工序可分为实工序和虚工序。

虚工序是用来表明工序之间的逻辑关系，不消耗资源也不占用时间，用虚箭线表示。设立虚工序的原因是工序之间的逻辑关系有些复杂，单单依靠工序这一元素无法将所有工序之间的逻辑关系表示完整。虚工序是虚构出来的，只是为了表示清楚工序之间的顺序、逻辑关系，故虚工序没有名称，持续时间为 0，可以写在虚箭线下面，如图 6 -2 所示。

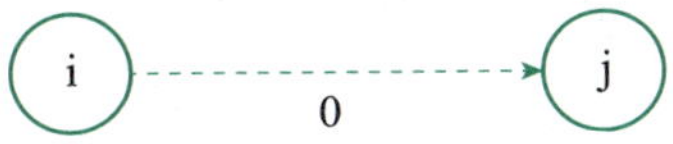

图 6 -2　虚工序的表示方法

网络图是用来描述整个工序进程中各个工序之间相关关系的，所以要画出正确的网络图，必须先弄清楚工序之间的关系。总的来说，工序之间可能存在的关系有 3 种：紧前工序、紧后工序和平行工序。

1. 紧前工序

紧前工序是描述两个工序之间的逻辑关系的。如果工序 A 是工序 B 的紧前工序，则表明工序 A 完成后才有可能进行工序 B。工序 A 在开工顺序上早于工序 B，且是工序 B 开工的必要条件。例如：建造一所房子，有两道工序，“设计”及“工程建设”。在进行“工程建设”前，必须先要将整个房子的构造、样式设计出来，那么我们就称“设计”工序是“工程建设”工序的紧前工序，如图 6 -3 所示。

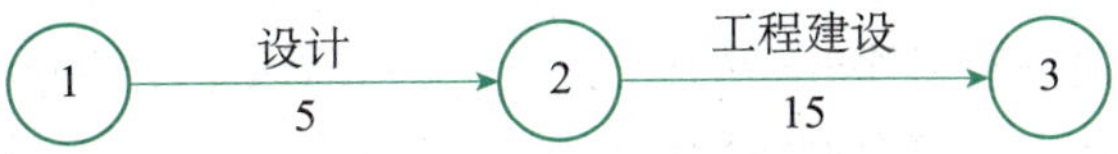

图 6 -3　紧前工序、紧后工序示意图

2. 紧后工序

紧后工序是与紧前工序相对的。工序 A 是工序 B 的紧前工序，那么工序 B 必然就是工序 A 的紧后工序。不论是紧前工序还是紧后工序，它们所涉及的两个工序之间的逻辑关系是一定的。如图 6 -3 所示，“设计”是“工程建设”的紧前工序，则“工程建设”是“设计”的紧后工序，两者描述的逻辑关系是一样的。

3. 平行工序

平行工序是指能同时进行的工序，它们在时间段上是一致的，逻辑关系是平行不悖的。

通常紧前工序相同的工序之间就是平行工序的逻辑关系。例如：建造好房子后，还需要安装电器、安装管道以及室内装修，这三个工序是可以同时进行的，则它们互为平行工序，如图 6 -4 所示。

综上所述，我们可以用图 6 -5 来简单理解工序之间的逻辑关系。

（二）节点

节点标志一个或若干个工序的开始或结束，它不消耗时间或资源，或相对于工序来讲，消耗量可以忽略不计。某个事件的实现标志着在它前面各项工序（紧前工序）的结

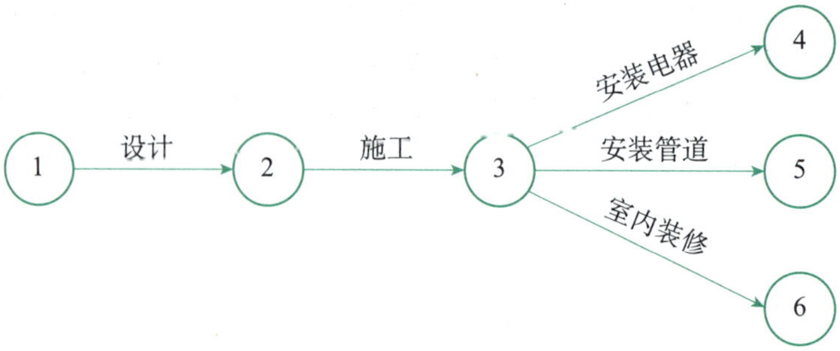

图 6－4　平行工序示意图

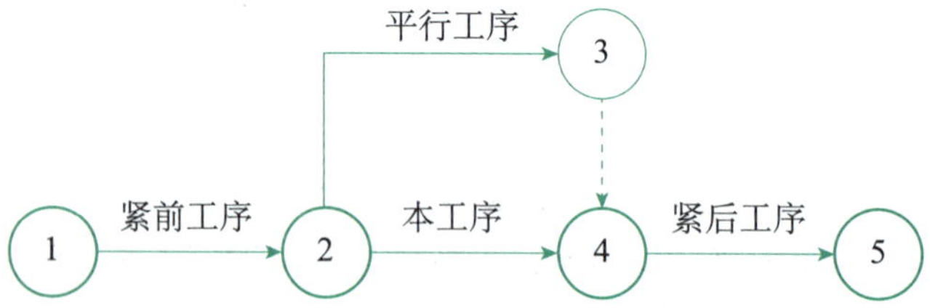

图 6－5　工序逻辑关系示意图

束，又标志着它之后的各项工序（紧后工序）的开始。节点是用来连接各个工序，将所有工序连成一体，从而表示整个项目过程的符号。每个节点都意味着一个或者几个工序的结束，同时也是其他一些工序开始的标志，也就是前后工序的交接。作为整个网络图开始的节点称为起始节点，整个网络图结束的结点成为终结节点。在网络图中，节点用圆圈表示，圆圈中编上整数号码，称为节点编号，用于区别不同的节点。如图 6－6 所示，图 6－6 中事件①是开始进行工序 A 的标志，称为该工序的起始节点；事件②是工序 A 的结束标志，称为该工序的终结节点。将 A 这个工序标记为（1，2）。一般某个工序若起始节点为 i、终结节点为 j，则将该工序记为（i，j）。箭线下面的数字 6 为完成本工序所需的时间。

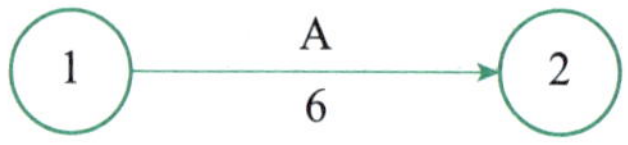

图 6－6　工序与事件表示表

例如由图 6－3 可以看出，其中的节点 2 是“设计”工序的结束，也是“工程建设”工序的开始。完成了“设计”工序，才能够进入“工程建设”环节网络图中。

（三）路线

路线指网络图中，从起点事件到终点事件的由各项工序连贯组成的一条通路。路线的总长度就是这条路线中各项工序所需时间的总和。在一个网络图中可能有很多条路线，每条路线都包含若干项工序，这些工序的持续时间之和就是该路线的时间长度，即路线上总的工作持续时间。其中总长度最长的路线称为关键路线，其他路线为非关键路线。关键路线上的各工序称为关键工序。

关键路线决定着整个计划（工程）的完工周期，如果在这条路线上的工作有所耽误，则整个计划工期就推迟；相反，如果能采取一定的技术组织措施缩短这条路线的持续时间，工期就可能提前完成。所以说，从能不能尽快完成任务这一点来看，这条路线是整个计划的关键。如图 6－7 所示，由起始节点 1 到终结节点 6 共有 5 条路线，每条路线长度如图 6－7 所示，其中第 4 条路线需要耗时 14 天，是用时最长的路线，也是该工程的关键路线，该路线上的工序称为关键工序。

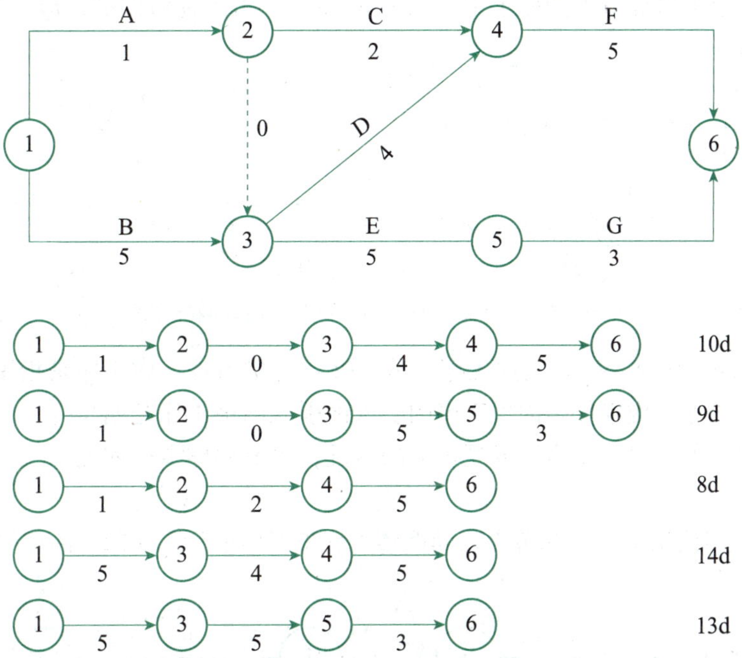

图 6－7　双代号网络计划图中路线示意图

四、双代号网络计划图的绘制规则

微课：双代号网络计划图的绘制

双代号网络图的正确绘制是网络计划方法应用的关键。正确的网络计划图应包括：正确表达各种逻辑关系，且工作项目齐全，施工过程数目得当；遵守绘图的基本规则；选择恰当的绘图排列方法。因此，绘制双代号网络计划图必须遵守一定的规则。

在绘制网络图时，还要注意以下规则：

（1）双代号网络图必须正确表达已定的逻辑关系。一张正确的双代号网络计划图，不但要明确地表达工序的内容，而且需要准确地表达各项工序之间的先后顺序和相互关系。

（2）网络图是有向图，不允许出现循环回路。

双代号网络计划图是有向图，图形一般从左向右排列，不应出现回路，即箭线不能从某一节点出发又回到该节点。否则组成回路的工序永远不能结束，工程永远无法完工。如果出现图6－8中（a）所示的情况，则显然是错误的。

（3）相邻的两个节点之间只允许有一条箭线，对具有相同开始节点和结束节点的两项以上工序，要引进虚节点和虚工序。如图6－8中（b）是错误的，应采用图6－8中（c）所示的画法。

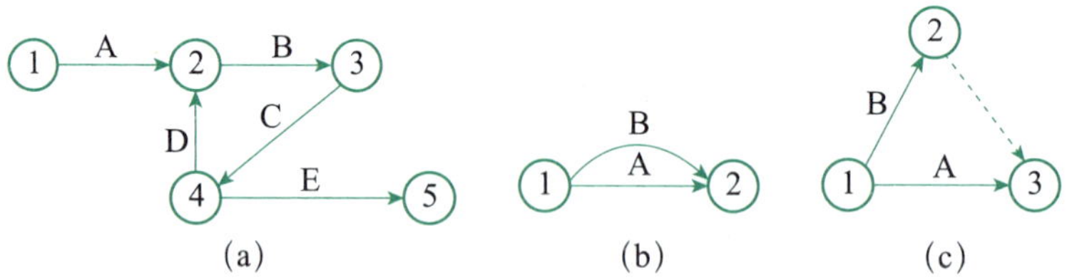

图6－8　网络图是有向图，不允许出现循环回路

图6－8（c）中②→③称为虚工序，节点②称为虚事件。虚工序是指不消耗资源也不消耗时间的工序，虚事件是因虚工序的引入而引入的虚工序起始事件。当两个事件之间存在两个以上的工序，就会造成逻辑上的混乱，需要用虚事件和虚工序来正确表示其逻辑关系。

（4）双代号网络图中，在节点之间严禁出现带双向箭头或无箭头的连线。如图6－9所示。

图6－9　箭线的错误画法

（5）双代号网络计划图一般只有一个起点和一个终点，不允许出现缺口。

为表示工程的开始和结束，在网络图中只能有一个起点和一个终点，其他各个节点的前后都应由箭线连接，即图中不能有缺口，使网络图从始点经任何路线都可以到达终点。若工程开始时有几道工序同时开工，或有几道工序同时完工，而这些工序不能用一个起点和一个终点表示时，可以增加虚工序。如图6－10所示，其中（a）是错误的，（b）是正确的。

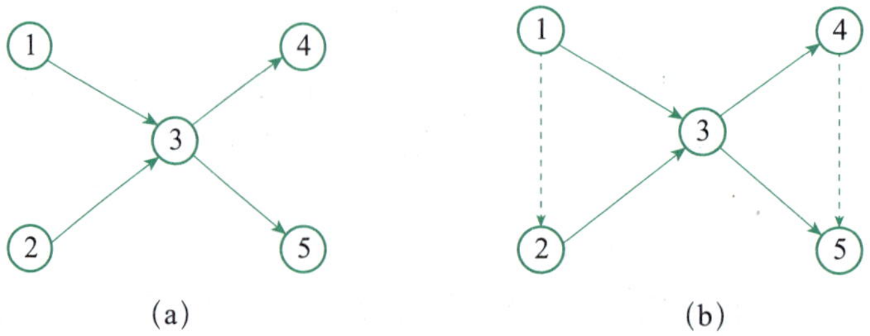

图6－10　虚工序的正确使用

（6）双代号网络图中，严禁出现没有箭头节点或没有箭尾节点的箭线。如图 6 - 11 所示。

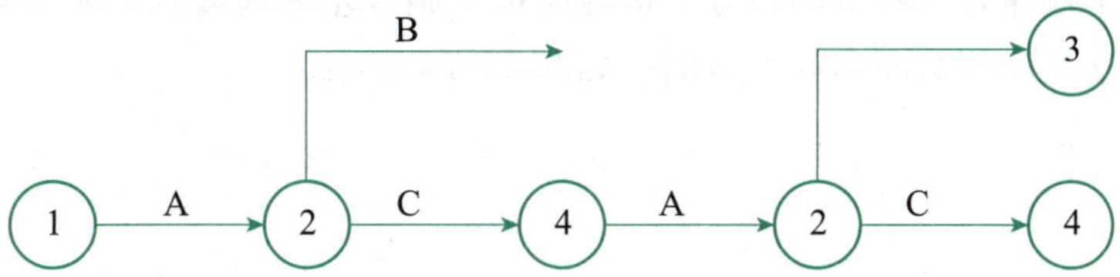

图 6 - 11　没有箭头节点或没有箭尾节点的箭线

（7）绘制网络图时，箭线不宜交叉；当交叉不可避免时，可用过桥法或指向法。如图 6 - 12 所示。

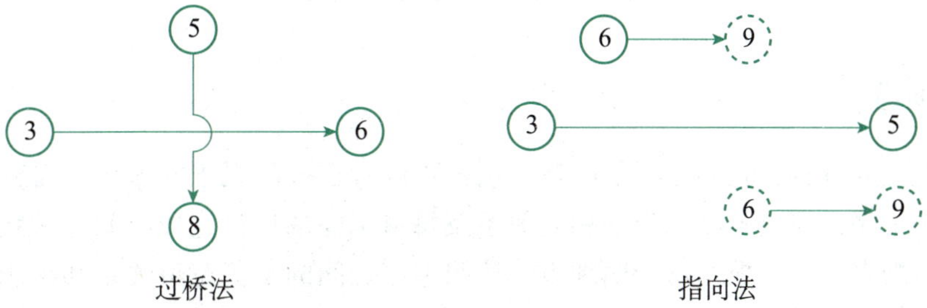

图 6 - 12　箭线交叉的表示方法

（8）平行工序和交叉工序的表示方法。

为缩短工程的完工时间，在工艺流程和生产组织允许的情况下，某些工序可以同时进行，即采取平行作业的方式。

一般情况下，在有几道平行工序结束后转入下一道工序时，考虑到便于计算网络时间与关键路线，选择在平行作业的几道工序中所需时间最长的一道工序，直接与紧后工序衔接，而其他工序则通过虚工序与其紧后工序衔接。

对需较长时间才能完成的一些工序，在工艺流程与生产组织条件允许的情况下，可以不必等待工序全部结束后再转入其紧后工序，而是分期分批地转入。这种方式称为交叉工序（作业），交叉作业可以缩短工程完工期。

例如，修建某段铁路时，有三道工序：修路基（A）、铺路碴（B）、铺钢轨（C）。显然不会等一项工序全部完成之后再开始另一项工序。例如，可以将每道工序分为两段交叉作业，设 $A = A_1 + A_2$，$B = B_1 + B_2$，$C = C_1 + C_2$，可以绘制如图 6 - 13 所示的网络图。

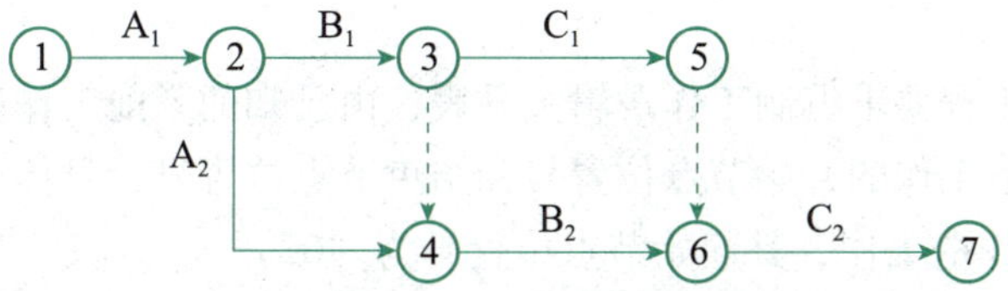

图 6 - 13　交叉作业网络示意图

（9）网络图的布局。

网络图应该清晰醒目，布局突出重点，尽可能将关键路线布置在中心位置，并尽量将联系紧密的工作布置在相近的位置。箭线应尽量画成水平线或具有水平线的折线，尽量避免箭线的交叉。网络图布局示意图，如图6－14所示。

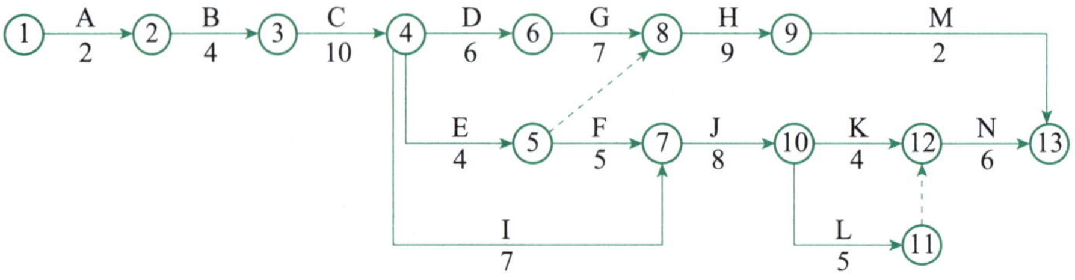

图6－14　网络图布局示意图

【任务实施】

基于上面的讲解，我们已经了解在一项工程或者任务的组织安排中，首先要将任务分解为若干工序，找出工序之间的相互关系及每道工序的估计完成时间，并在此基础上建立工序明细表。然后根据这个明细表，按照工序之间的工艺逻辑关系和组织逻辑关系来绘制双代号网络计划图。通常，网络计划技术的应用分为以下三个步骤：

第一步，建立工序明细表。

第二步，根据工序明细表绘制双代号网络计划图。

第三步，对网路计划图进行时间参数的计算，并进行优化。

其中，第一步工作需要熟悉工程的人员与统筹工作的人员一起分析完成，不在本书讨论之列。下面我们将着重为大家介绍第二步和第三步内容。

【例6－1】 已知某项目由A、B、C、D、E五道工序组成，它们之间的关系如表6－2所示，请根据相应的工序明细表以及各工序之间的逻辑关系，绘制该项目的双代号网络计划图。

表6－2　工序逻辑关系表

工序	A	B	C	D	E
紧前工序	—	—	AB	B	D

解：结合上述分析，我们通过已有的工序明细表来绘制双代号网络计划图，绘制方法和步骤如下：

第一步，根据工程要求编制工作逻辑关系表，由已知的紧前工作确定紧后工作。

第二步，确定各工作的开始节点位置号和结束节点位置号，具体规则如下：

（1）无紧前工作的工作，其起始节点位置号为“0”。

（2）有紧前工作的工作，其起始节点位置号为其紧前工作的起始节点位置号的“最大值加1”。

（3）有紧后工作的工作，其结束节点的位置号为其紧后工作的起始节点位置号的“最小值”。

（4）无紧后工作的工作，其结束节点的位置号为网络图中各个工作的开始节点位置号的“最大值加1”。

根据以上规则，得到相应的节点位置号如表6-3所示。

表6-3　相应的节点位置编号

工序	A	B	C	D	E
紧前工序	—	—	AB	B	D
紧后工序	C	CD	—	E	—
起始节点位置号	0	0	（0+1）=1	（0+1）=1	（1+1）=2
终结节点位置号	（1）1	（1）1	（3）3	（2）2	（3）3

第三步，按照一定逻辑关系绘制双代号网络计划图。

（1）在表6-2中，工序A、工序B没有紧前工序，即这两个工序同为起始工序，在项目开始时即可同时进行，故从一个节点出发画出工序A以及工序B，如图6-15所示。

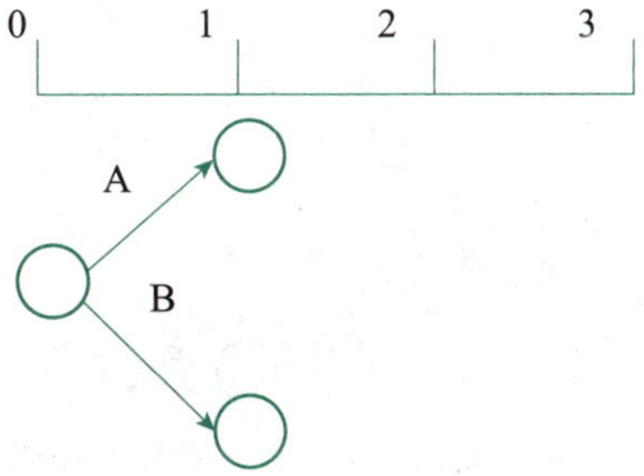

图6-15　双代号网络计划图绘制步骤一

（2）工序A、B是工序C的紧前工序。即工序A、B完成后，可以进行工序C，但因工序A、工序B结束点不一致，则需要添加虚工序。将工序A的结束节点作为工序C的起点，则可以表示出工序A是工序C的紧前工序。添加工序B结束节点到工序A的结束节点的虚工序，则虚工序可以视作工序B的延伸，虚工序的结束意味着工序B的结束。这样表示，可以说明工序B也是工序C的紧前工序，如图6-16所示。那么请思考可不可以利用虚工序将工序A的结束节点延伸到工序B的结束节点，从工序B的结束节点引出工序C。

（3）工序D的紧前工序是工序B，则从工序B的结束节点出发画出工序D即可，如图6-17所示。此时，我们可以看出，如果上一步骤，从工序B结束节点引出工序C，会影响工序D的逻辑关系。因此，在绘制过程中，应全盘考虑，先绘制具有简单逻辑关系的工序。

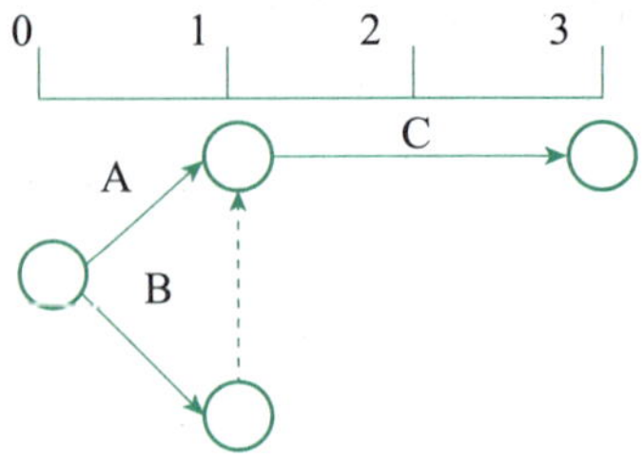

图 6－16 双代号网络计划图绘制步骤二

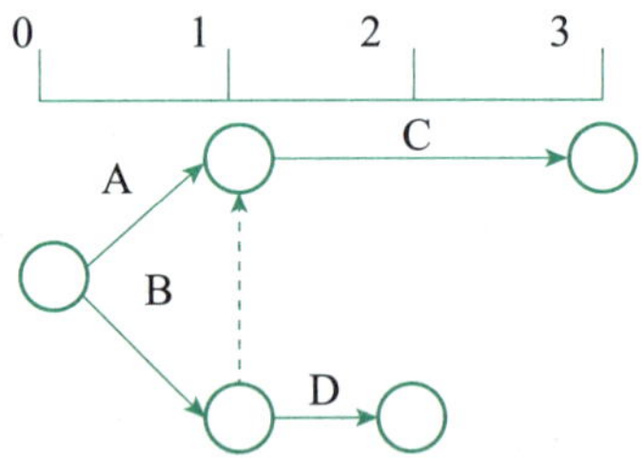

图 6－17 双代号网络计划图绘制步骤三

（4）工序 D 是工序 E 的紧前工序，则从工序 D 的结束节点出发引出工序 E，且工序 E、工序 C 都没有紧后工序，则可用虚工序将两个工序结束点归为同一节点，如图 6－18 所示。

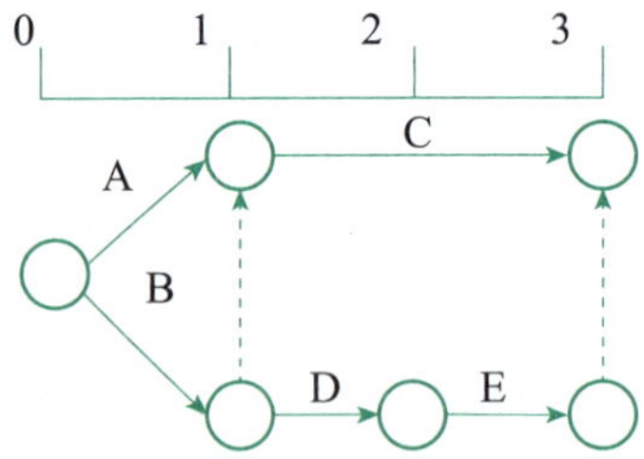

图 6－18 双代号网络计划图绘制步骤四

（5）所有工序都绘制完毕，检查所绘制的双代号网络计划图的逻辑关系是否和给定的一致。

（6）本着尽量少使用虚工序和节点的原则，对双代号网络计划图进行精简，如图 6－19 所示。最后给各节点编号，最终形成双代号网络图，如图 6－20 所示。

总之，在绘制双代号网络计划图的过程中，一定要弄清楚各个工序之间的逻辑关

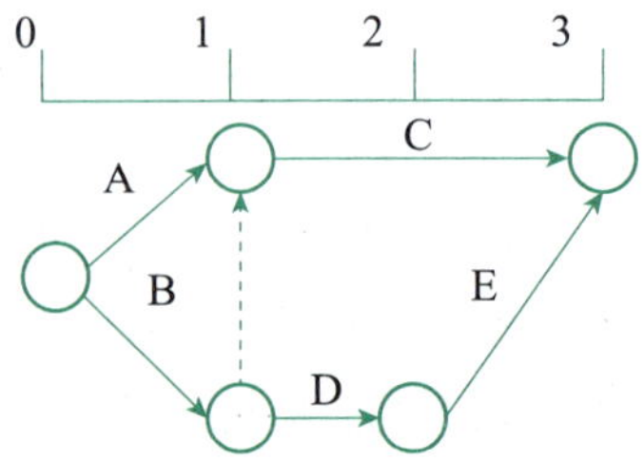

图 6－19 双代号网络计划图绘制步骤五

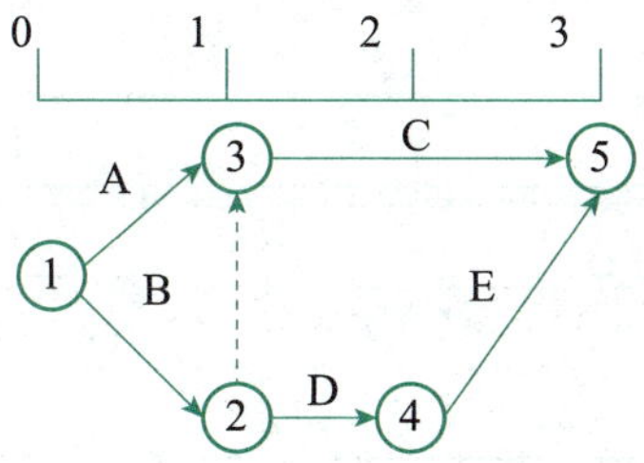

图 6－20　双代号网络计划图绘制步骤六

系，并要参照网络图绘制的规则来进行绘制。掌握了以上两点，必然能够正确地绘制出网络图。对于复杂的网络图，也可以先画草图。在草图中可以多使用几条虚工序，把工序与工序之间的逻辑关系理顺之后，再看是否能够省去一些不必要的虚工作。

下面的例题更加复杂一些，请大家按照上述方法一步一步地进行网络计划图的绘制。

【例 6－2】 某项目可以分解为 12 道工序，工序间的逻辑关系如表 6－4 所示。请根据相应的工序明细表以及各工序之间的逻辑关系，绘制该项目的双代号网络计划图。

表 6－4　工序及时间表

工序	工序说明	紧前工序	工序时间	工序	工序说明	紧前工序	工序时间
A	市场调查	—	4	G	制订生产计划	F	3
B	资金筹集	—	10	H	筹备设备	B、G	2
C	需求分析	A	3	I	筹备原材料	B、G	8
D	产品设计	A	6	J	安装设备	H	5
E	产品研制	D	8	K	调集人员	G	2
F	制订成本计划	C，E	2	L	准备开工生产	I、J、K	1

解：结合上述分析，我们通过已有的工序明细表来绘制双代号网络计划图。根据相应规则，得到各个节点位置号如表 6－5 所示。

表 6－5　各个节点位置号

工序	A	B	C	D	E	F
紧前工序	—	—	A	A	D	CE
紧后工序	CD	HI	F	E	F	G
起始节点位置号	0	0	（0＋1）＝1	（0＋1）＝1	（1＋1）＝2	（2＋1）＝3
终结结点位置号	（1）1	（5）5	（3）3	（2）2	（3）3	（4）4
工序	G	H	I	J	K	L
紧前工序	F	BG	BG	H	G	IJK

续表

工序	A	B	C	D	E	F
紧后工序	HIK	J	L	L	L	—
起始节点位置号	(3+1) =4	(4+1) =5	(4+1) =5	(5+1) =6	(4+1) =5	(6+1) =7
终结节点位置号	(5) 5	(6) 6	(7) 7	(7) 7	(7) 7	(7+1) =8

编制节点标尺，并按逻辑关系绘制正确的双代号网络图。这里不再赘述绘制过程，绘制好的网络图如图6-21所示。

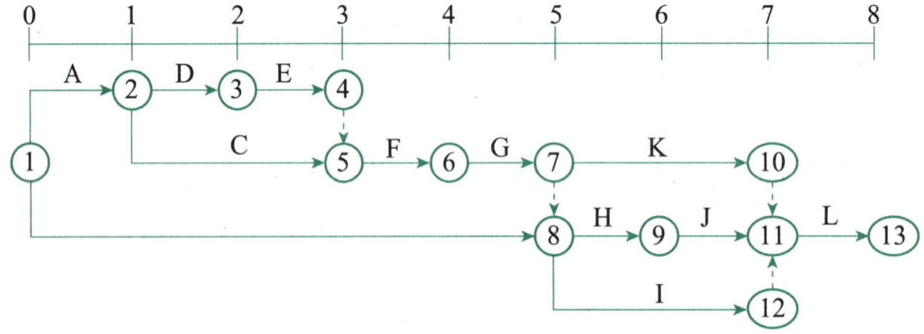

图6-21 例6-2的双代号网络计划图

绘制完成后，对网络图的节点按顺序进行编号。编号是为了区分不同工序。节点编号的基本原则是按照由小到大，从左到右，从上到下的顺序进行，对任何一道工序，箭头节点编号大于箭尾节点编号。

本着尽量少使用虚工序，尽量减少节点个数的原则，在不改变逻辑关系的基础上对上述逻辑关系图进行精简，如图6-22所示。

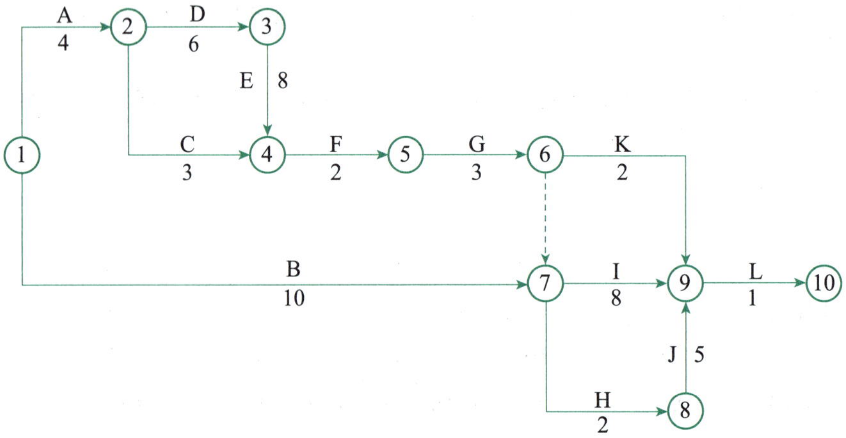

图6-22 简化后的双代号网络计划图

绘制双代号网络计划图的几点说明：

在绘制双代号网络计划图的过程中，有很多细节需要我们仔细推敲，下面将绘制的注意事项总结如下：

（1）在绘制双代号网络计划图之前，要仔细观察逻辑关系明细表，分析出起始工序和结束工序。在逻辑关系明细表中没有紧前工序的工序为起始工序，没有紧后工序的工序（或者说没有出现在紧前工序一栏里的工序）则为结束工序。很多实际问题起始工序和结束工序都有多道工序。为保证绘制的双代号网络计划图正确，要牢记所有的起始工序都由同一个节点引出，同样的，所有的结束工序都归结到同一个结束节点。

（2）仔细观察各工序之间的逻辑关系，合理布局，尽量不出现箭线的交叉。

（3）从起始工序开始，按照正确的逻辑关系依次顺序绘制相应工序。在绘制过程中，先绘制逻辑关系简单的工序。如果多道工序组合作为后面工序的紧前工序，要正确选择后面工序的起始节点。如上述例题中，G 工序单独作为 F 工序的紧后工序，同时又和 B 工序组合，作为 I、H 工序的紧前工序。这种情况下，我们必须先由 F 工序的结束节点引出 G 工序，再用虚工序将 G 工序和 B 工序的结束节点串联起来，由 B 工序的结束节点引出 I、H 工序。

（4）正确使用虚工序，尽量减少不必要的虚工序和节点的使用。为后面时间参数的计算减少工作量。

（5）绘制完后要检查所绘制的网络计划图的逻辑关系是否和实际要求一致。

任务二 时间参数的计算以及关键路线的确定

【任务引入】

前面所讲解的双代号网络计划图的绘制，成功地帮助我们将实际问题转化为数学语言，那么我们应如何利用所绘制的双代号网络计划图来确定一项工程的工期？如何找到解决该问题的关键所在？

任务：了解时间参数概念，掌握节点时间参数计算方法，会确定关键路线和关键工序。

【任务分析】

绘制出网络图后，即可根据网络图进行分析判断，考察各个工序之间的关系以及时间耗费，并依据分析做出最佳的安排。在项目中，有一个重要的因素是在进行分析判断时需要注意的，那就是时间的控制，不仅是整个项目完成的时间，还包括不同阶段各个工序时间上的控制。时间不仅仅关系到是否能够如期完成项目，还影响着项目的成本。

我们要解决的内容有两个：一是工程完工的时间，也就是工期；二是哪一条或者哪几条路线对工程完工时间影响最大，即关键路线的确定。

【知识学习】

计算网络图中有关的时间参数，主要目的是找出关键路线，为网络计划的优化、调整和执行提供明确的时间概念。

微课：节点时间参数的计算和关键路线

网络图的时间参数包括：工序所需时间，节点的最早、最迟时间，工序的最早、最迟时间及时差等。进行时间参数计算不仅可以得到关键路线，确定和控制整个任务在正常进度下的最早完工期，而且在掌握非关键工作基础上可进行人、财、物等资源的合理安排，进行网络计划的优化。

一、工序时间 $t(i, j)$ 的确定

将完成一道工序 (i, j) 所需时间记为 $t(i, j)$，有以下两种方法确定工序时间。

（一）确定型

在具备工时定额和劳动定额的任务中，工序的工时 $t(i, j)$ 可以用这些定额资料来确定。有些工作虽无定额可查，但是有相关工作的统计资料，可利用统计资料通过分析来确定工序的时间。

（二）概率型

对于开发试制型的任务，或对工序所需工时难以准确估计时，可以采用三点时间估计法来确定工序的工时。这种方法对每道工序先要做出下面三种情况的时间估计：

最乐观时间：指在顺利的情况下，完成工序所需的最少时间，用 a 表示；

最可能时间：指在正常的情况下，完成工序所需的时间，用 m 表示；

最悲观时间：指在不利的情况下，完成工序所需的最长时间，用 b 表示。

利用这三个时间，每道工序的期望工时可估计为：$t(i, j) = \frac{a+4m+b}{6}$，方差为：$\sigma^2 = \left(\frac{b-a}{6}\right)^2$。

二、节点时间参数

节点本身不占用时间，它只表示项目工序应在某一时刻开始或结束的时间点。节点的时间参数有两个：最早时间和最迟时间。

（一）节点的最早时间 t_E（j）

节点 j 的最早时间用 t_E（j）表示，它表明以它为始点的各工序的最早可能开始的时间，也表示以它为终点的各工序的最早可能完成的时间，它等于从起始节点到该节点的最长路线上所有工作的工时总和。t_E（j）可用下列递推公式，按照事件编号从小到大的顺序逐个计算。设始点事件编号为 1，则：

$$\begin{cases} t_E(1) = 0 \\ t_E(j) = \text{Max}\{t_E(i) + t(i,j)\} \quad j = 2,3,\cdots,n \end{cases}$$

式中 t_E（i）为与事件 j 相邻的各紧前事件的最早时间。我们也可以将这个递推过程总结为“顺着箭头方向相加，逢箭头相碰的节点取最大值”。

设终点事件编号为 n，则终点事件的最早时间就是整个工程的总最早完工期，即 $t_E(n)$ = 总最早完工期。

（二）节点的最迟时间 t_L（i）

节点 i 的最迟时间用 t_L（i）表示，它表明以它为起始节点的各工序的最迟必须开始的时间，也表示以它为终点的各工序的最迟必须完成时间。由于一般情况下，我们都把工程的最早完工时间作为工程的总工期，因此 t_L（i）可用下列递推公式，按照事件编号从大到小的逆序逐个计算：

$$\begin{cases} t_L(n) = t_E(n)\,(n\text{ 为终点事件}) \\ t_L(i) = \text{Min}\{t_L(j) - t(i,j)\} \quad j = 2,3,\cdots,n \end{cases}$$

式中 t_L（j）为与事件 i 相邻的各紧后事件的最迟时间。

同样我们可以将这个递推过程总结为“逆着箭头方向相减，逢箭尾相碰的节点取最小值”。

经过计算我们会发现，有的节点的最早时间和最迟时间相等，有的节点的最早时间和最迟时间不相等，把所有最早时间和最迟时间相等的节点串联起来，就是我们要寻找的关键路线，该路线上的工序为关键工序。

三、工序时间参数

（一）工序的最早开始时间 t_{ES}（i，j）

任何一道工序都必须在其紧前工序结束后才能开始。紧前工序最早结束时间即为该工序最早可能开始时间，用 t_{ES}（i，j）表示。其计算公式为：

$$\begin{cases} t_{ES}(1,j)=0 \\ t_{ES}(i,j)=\mathrm{Max}\{t_{ES}(k,i)\}=t_E(i) \end{cases}$$

（二）工序的最早结束时间 t_{EF} (i, j)

最早结束时间表示工序按最早开始时间开始所能达到的完工时间，用 t_{EF} (i, j) 表示。其计算公式为：

$$t_{EF}(i, j)=t_{ES}(i, j)+t(i, j)$$

（三）工序最迟结束时间 t_{LF} (i, j)

表示工序按最迟时间开工，所能达到的完工时间，用 t_{LF} (i, j) 表示。其计算公式为：

$$t_{LF}(i, j)=t_L(j)$$

（四）工序最迟开始时间 t_{LS} (i, j)

表示工序在不影响整个工程如期完工的前提下，必须开始的最晚时间，用 t_{LS} (i, j) 表示。计算公式为：

$$t_{LS}(i, j)=t_{LF}(i, j)-t(i, j)$$

四、工序时差

工序时差又称作业时差，用来表示该工序（作业）有多大的机动时间可以利用。时差越大，机动时间越多，工作的潜力就越大，说明计划安排不紧凑，所以时差也称为“机动时间”。工序时差又分为工序总时差和工序单时差。

（一）工序总时差 R (i, j)

工序总时差表示在不影响工程总工期的条件下，工序最早开始（或结束）时间可以推迟的时间，用 R (i, j) 表示，其计算公式为：

$$R(i, j)=t_{LF}(i, j)-t_{ES}(i, j)-t(i, j)$$

或者 $R(i, j)=t_{LS}(i, j)-t_{ES}(i, j)$

总时差为零的工序，开始和结束的时间没有一点机动的余地，由这些工序所组成的路线就是网络中的关键路线。这些工序就是关键工序。用计算工序总时差的方法确定网络中的关键工序和关键路线是最常用的方法。

（二）工序单时差 r (i, j)

工序单时差表示在不影响紧后工作的最早开始时间的条件下，工序最早结束时间可以推迟的时间，用 r (i, j) 表示。其计算公式为：

$$r(i, j)=t_{ES}(j, k)-t_{EF}(i, j)$$

上式中 $t_{ES}(j, k)$ 为工序 $i \to j$ 的紧后工序的最早开始时间。

五、关键路线和关键工序

在一项计划的所有线路中，持续时间最长的线路对整个工程的完工起着决定性作用，称为关键线路，其余线路称为非关键线路。关键线路的持续时间即为该项计划的工期，关键路线决定着整个计划（工程）的完工周期，如果在这条路线上的工作有所耽误，则整个计划工期就推迟；相反，如果能采取一定的技术组织措施缩短这条路线的持续时间，工期就可能提前完成。所以说，从能不能尽快完成任务这一点来看，这条路线是整个计划的关键。

一般来说，一个网络图中至少有一条关键线路。关键线路也不是一成不变的，在一定的条件下，关键线路和非关键线路会相互转化。例如，当采取技术组织措施，缩短关键工作的持续时间，或者非关键工作持续时间延长时，就有可能使关键线路发生转移。网络计划中关键工作的比重往往不易过大，网络计划越复杂，工作节点就越多，则关键工作的比重应该越小，这样有利于抓住主要矛盾。

非关键线路都有若干机动时间（即时差），它意味着工作完成日期容许适当挪动而不影响工期。时差的意义就在于可以使非关键工作在时差允许范围内放慢施工进度，将部分人、财、物转移到关键工作上去，以加快关键工作的进程；或者在时差允许范围内改变工作开始和结束时间，以达到均衡施工的目的。

在双代号网络计划图中，我们一般将节点最早时间和最迟时间相同的点串联起来得到关键路线，即总时差为零的各道工序组成的路线是关键路线。

【任务实施】

根据以上知识的学习，结合例 6－2，我们来计算一下各类时间参数，并根据时间参数的计算来确定工程的工期以及关键路线和关键工序。例 6－2 简化后的双代号网络计划图如图 6－23 所示。

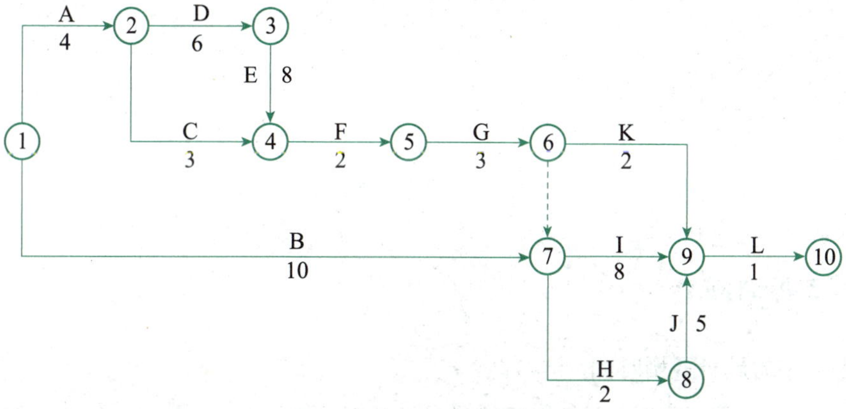

图 6－23 例 6－2 双代号网络计划图

一、计算节点最早时间和最迟时间

节点最早时间计算方法为“顺着箭头方向相加，逢箭头相碰的节点取最大值”。例 6-2 中，双代号网络图中各节点的最早时间为：

t_E（1）=0；t_E（2）=0+4=4；

t_E（3）=4+6=10；t_E（4）=Max{4+3，8+10}=18；

t_E（5）=18+2=20；t_E（6）=20+3=23；

t_E（7）=Max{0+10，23+0}=23；t_E（8）=23+2=25；

t_E（9）=Max{25+5，23+8，23+2}=31；t_E（10）=31+1=32

将上述计算结果记入各节点左上方的“□”内，如图 6-24 所示。

节点最迟时间的计算方法为“逆着箭头方向相减，逢箭尾相碰的节点取最小值”。例 6-2 中，双代号网络图各节点的最迟时间为：

t_L（10）=32；t_L（9）=32-1=31；

t_L（8）=31-5=26；t_L（7）=Min{26-2，31-8}=23；

t_L（6）=Min{23-0，31-8}=23；t_L（5）=23-3=20；

t_L（4）=20-2=18；t_L（3）=18-8=10；

t_L（2）=Min{10-6，18-3}=4；t_L（1）=4-4=0

将上述计算结果记入各节点右上方的“△”内，如图 6-24 所示。

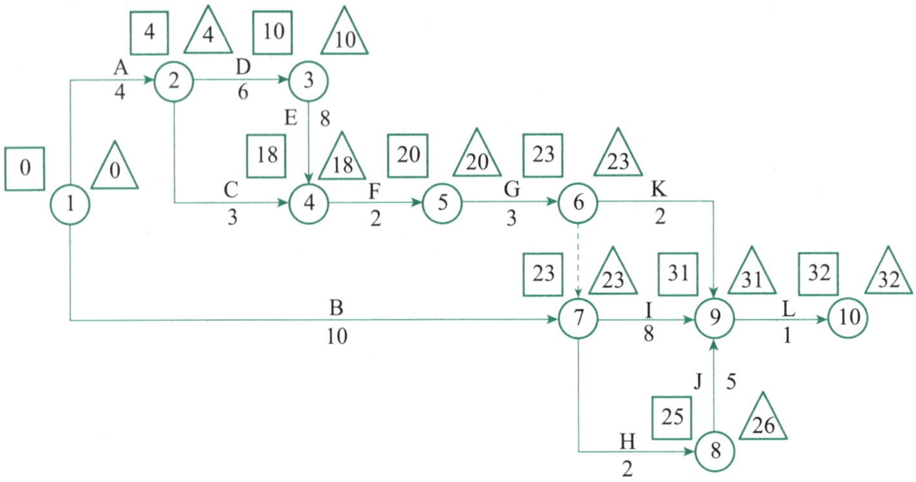

图 6-24　节点时间参数

二、计算工序时间

（一）工序的最早开始时间

例 6-2 的双代号网络图中各工序的最早开始时间为：

t_{ES} (1, 2) =0; t_{ES} (1, 7) =0; t_{ES} (2, 3) =4; t_{ES} (2, 4) =4;
t_{ES} (3, 4) =10; t_{ES} (4, 5) =18; t_{ES} (5, 6) =20; t_{ES} (6, 7) =23;
t_{ES} (6, 9) =23; t_{ES} (7, 8) =23; t_{ES} (7, 9) =23; t_{ES} (8, 9) =25;
t_{ES} (9, 10) =31

（二）工序的最早结束时间

例6－2的双代号网络图中各工序的最早结束时间为：

t_{EF} (1, 2) =0+4=4; t_{EF} (1, 7) =0+10=10; t_{EF} (2, 3) =4+6=10;
t_{EF} (2, 4) =4+3=7; t_{EF} (3, 4) =10+8=18; t_{EF} (4, 5) =18+2=20;
t_{EF} (5, 6) =20+3=23; t_{EF} (6, 7) =23+0=23; t_{EF} (6, 9) =23+2=25;
t_{EF} (7, 8) =23+2=25; t_{EF} (7, 9) =23+8=31; t_{EF} (8, 9) =25+5=30;
t_{EF} (9, 10) =31+1=32

（三）工序的最迟结束时间

例6－2的双代号网络图中各工序的最迟结束时间为：

t_{LF} (9, 10) =32; t_{LF} (8, 9) =31; t_{LF} (7, 9) =31; t_{LF} (6, 9) =31;
t_{LF} (7, 8) =26; t_{LF} (6, 7) =23; t_{LF} (5, 6) =23; t_{LF} (4, 5) =20;
t_{LF} (3, 4) =18; t_{LF} (2, 4) =18; t_{LF} (2, 3) =10; t_{LF} (1, 7) =23;
t_{LF} (1, 2) =4

（四）工序的最迟开始时间

例6－2的双代号网络图中各工序的最迟开始时间为：

t_{LS} (9, 10) =32－1=31; t_{LS} (8, 9) =31－5=26; t_{LS} (7, 9) =31－8=23;
t_{LS} (6, 9) =31－2=29; t_{LS} (7, 8) =26－2=24; t_{LS} (6, 7) =23－0=23;
t_{LS} (5, 6) =23－3=20; t_{LS} (4, 5) =20－2=18; t_{LS} (3, 4) =18－8=10;
t_{LS} (2, 3) =10－6=4; t_{LS} (1, 7) =23－10=13; t_{LS} (1, 2) =4－4=0;
t_{LS} (2, 4) =18－3=15

三、计算工序时差

在双代号网络图中，可以用节点 j 右上方“△”内的数字减去节点 i 左上方“□”内的数字再减去 t (i, j)，即为 R (i, j)。将各工序的时差，记入箭线下方工序时间 t (i, j) 的右方“[ ]”内，如图6－25所示。

例6－2的双代号网络图中各工序时差为：

R (1, 2) =4－4=0; R (2, 3) =10－10=0; R (1, 7) =23－10=13;
R (2, 4) =18－7=11; R (3, 4) =18－18=0; R (4, 5) =20－20=0;
R (5, 6) =23－23=0; R (6, 7) =23－23=0; R (6, 9) =31－25=6;

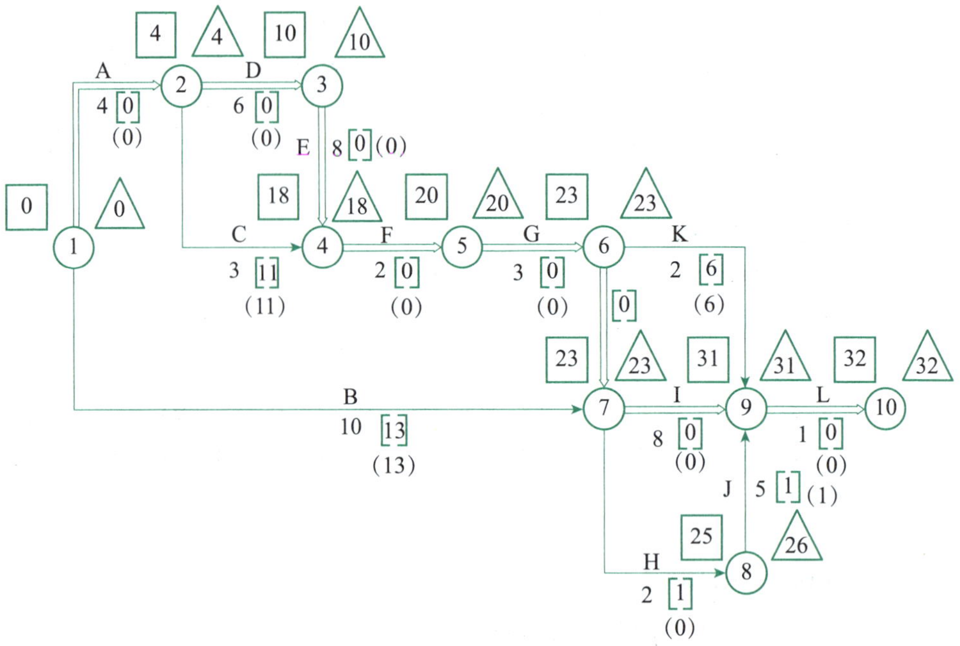

图 6-25 各工序节点时间参数与时差

R（7，8）=26-25=1；R（7，9）=31-31=0；R（8，9）=31-30=1；

R（9，10）=32-32=0

图 6-25 中的关键路线为：A→D→E→F→G→I→L，总工期 32 周，见图 6-25 中双线所示。

将各工序的单时差，记入总时差下方的“（）”内，如图 6-25 所示。

例如工序 B 的单时差为 13，如果把工序 B 拖至 13 周开工，对它后面的工序最早开始时间及时差等没有影响，对整个工期也没有影响。而只有总时差没有单时差的工序则不然，如工序 H 有总时差 1 而没有单时差，如果让工序 H 推迟 1 周于 24 周开工，虽然总工期不受影响，但其后面工作的最早时间及时差都要受影响。

在网络图上计算时间参数，方法、简便、直观。但是当工作数目多，图形复杂时容易遗漏和出错，故常采用表格法。表格法的表头如表 6-6 所示，注意工序的排列应严格按照箭尾事件编号由小到大的顺序，箭尾事件相同的工作，按其箭头事件由小到大排列。注意表格中第 4、5 列的计算顺序由上至下，表格中第 6、7 列的计算顺序是由下至上。例 6-2 双代号网络图的时间参数用表格计算如表 6-6 所示。

表 6-6 时间参数计算表

工序	工序时间 $t(i,j)$	最早开始 $t_{ES}(i,j)$	最早结束 $t_{EF}(i,j)$	最迟开始 $t_{LS}(i,j)$	最迟结束 $t_{LF}(i,j)$	总时差 $R(i,j)$	单时差 $r(i,j)$	是否为关键工序
A	4	0	4	0	4	0	0	是
B	10	0	10	13	23	13	13	否
C	3	4	7	15	18	11	11	否

续表

工序	工序时间 $t(i,j)$	最早开始 $t_{ES}(i,j)$	最早结束 $t_{EF}(i,j)$	最迟开始 $t_{LS}(i,j)$	最迟结束 $t_{LF}(i,j)$	总时差 $R(i,j)$	单时差 $r(i,j)$	是否为关键工序
D	6	4	10	4	10	0	0	是
E	8	10	18	10	18	0	0	是
F	2	18	20	18	20	0	0	是
G	3	20	23	20	23	0	0	是
H	2	23	25	24	26	1	0	否
I	8	23	31	23	31	0	0	是
J	5	25	30	26	31	1	1	否
K	2	23	25	29	31	6	6	否
L	1	31	32	31	32	0	0	是

任务三
网络计划的优化

【任务引入】

在前面两个任务中，我们已经完成了将实际问题转化为双代号网络计划图这种数学形式，得到了一个初始计划。并且通过时间参数的计算，确定了关键路线和关键工序，明确了应该把做事的重点放在哪里。需要进一步考虑的是，我们制订了一个初始计划，它就是完善的吗？如何对初始计划进行调整和改善，直到工程进度、成本和资源利用等均达到满意呢？针对引例中的快递派送问题，应如何调整，才能使派送快递效率最高？成本最低？

任务：了解网络计划优化的概念，掌握网络计划优化的基本思路。

【任务分析】

通过绘制网络图，计算网络时间参数，以及确定关键路线，得到的仅是一个初步计划方案。为了得到一个从各方面来看都较好的方案，往往要根据项目的要求综合考虑进度、资源利用和降低费用等目标，进行调整和改善，确定最优的方案。也就是制定出的工程计划方案能最合理地、有效地利用人力、物力、财力，达到周期短、成本低的目的。网络计划优化的内容有以下三个方面：时间优化；时间—资源优化；时间—费用优化。

我们需要根据实际问题进行合理分析，针对不同问题给出不同的合理优化方案。

微课：网络计划技术

【知识学习】

网络计划技术的精华在于对初始计划的调整和改善，直到工程进度、成本和资源利用等均达到满意程度为止。这一调整和改善的过程，贯穿着“向关键路线要时间，向非关键路线要资源”的思路。下面我们将分别针对时间优化、时间-资源优化和时间-费用优化三方面内容进行简单介绍。

一、时间优化

时间优化即在人力、物理、财力等条件基本上有保证的前提下，寻求缩短工程周期的措施，使工程周期符合目标工期的要求。主要包括压缩活动时间、进行活动分解和利用时间差三个途径。

用时间优化来缩短工程周期的主要方法有：

（1）压缩关键工序的作业时间。采取改进技术、工艺和设备等技术措施，优先保证关键工序所需要的人力与物力，组织力量对关键工序进行攻关，压缩关键工序的工序时间。尽量将各工序的作业时间压缩到最低允许值。

（2）做好管理工作，利用非关键工序上的时差，适当调配人力、设备和其他资源，支援关键工序。非关键工序在开工时间、具体工时上都有一定的弹性，因此可以从非关键工序上抽调部分人力、物力到关键工序，以缩短关键工序的时间。

（3）分解关键路线。重新将关键路线的作业分解，安排多工位或平行作业，以期压缩工作时间。

（4）细分工序。尤其要细分关键工序，多组织平行工序和交叉工序。在工艺流程允许的条件下，把关键路线上串联的关键工序改为平行工序或交叉工序，合理调配工程技术人员，缩短工期。

（5）检查修正。在计划执行的过程中，要实时关注各工序上人力物力的调配，对原计划随时进行检查和修正。

二、时间-资源优化

时间-资源优化分为两种情况：资源一定的条件下，寻求最短工期；工期一定的条件下，寻求工期与资源的最佳结合。

计划编制人员必须合理地分配资源，安排各项工序的进度，也就是说需要综合考虑工程进度和资源限制两个方面的情况，进行资源的平衡工作。资源的平衡工作主要是针对紧缺的资源、紧缺的设备、技术工人、特种材料等进行的。进行平衡的原则是：

（1）在分配资源时，优先保证关键工序和时差较小的那些工序的需求。

（2）利用非关键工序的总时差，错开各工序的开始时间，拉平资源需要量的高峰。避免资源使用上的突增、突减，从而造成调进调出的困难。

三、时间-费用优化

时间-费用优化是指找出一个缩短项目工期的方案，使得项目完成所需总费用最低。并遵循关键线路上的活动优先、直接费用变化率小的活动优先、逐次压缩活动的作业时间以不超过赶工时间为限三个基本原则。

（一）时间与费用的关系

在编制网络计划的过程中，研究如何使工程完工的时间短、费用低，也就是在完工时间固定的条件下，需要的费用最低；或者在费用一定的条件下，完工时间最短，这些就是时间-费用优化要研究和解决的问题。为完成一项工程，所需要的费用分为以下两类：

（1）直接费用，包括生产工人的工资及附加费、设备能源费、工具及材料消耗等直接与完成工序有关的费用。

（2）间接费用，包括管理人员的工资、办公费等。工序的作业时间越短，则间接费用越少。

总费用、直接费用、间接费用之间的关系如图 6－26 所示。

从图 6－26 可以看出，存在一个 B 点，B 点对应的总费用最低。因此与该最低费用对应的工期就为最优工期。时间-费用优化的目的就是要找出总成本变动中的最低点。

直接费用占总费用的比重较大，又与工期的长短直接相关，所以时间-费用的优化重点应放在分析工期与直接费用的关系上。

要缩短工程的工期，通常要增加直接费用，例如采用加班的办法，就要付加班费；采用新工艺方法，则要增加设备费和材料费等。工程的工期越短，直接费用就越多。关于工期与直接费用的分析是以每项工序为基础的，完成每项工序的时间一般处于正常时间和极限时间之间。所谓正常时间就是采用正常的工艺方法，来完成该项活动的时间。

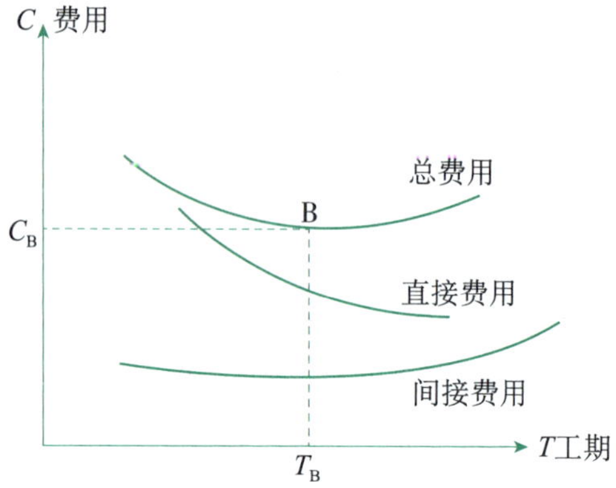

图 6-26　总费用、直接费用、间接费用关系示意图

对应于正常时间所花费的费用叫作正常费用。正常费用是完成该活动的最低费用，即便工期再延长，费用也不可能再降低了。极限时间，也称赶工时间，是指采用最先进的工艺方法，完成该项工序的时间。对应于极限时间所花费的费用叫作极限费用（赶工费用）。

工期缩短一天而增加的直接费用称为直接费用增长率。用公式表示为：

$$\text{直接费用增长率}=\frac{\text{极限费用}-\text{正常费用}}{\text{正常时间}-\text{极限时间}}$$

如果间接费用已经确定，则工程总费用完全取决于直接费用与工期的关系。

（二）时间-费用优化

进行网络计划的时间-费用优化，是在全部工序都取正常工序时间并计算出网络图的关键路线、工程周期和相应的直接费用增长率以后进行的。具体做法是：逐次压缩费用增长率较小的关键工序的延续时间（以不超过赶工时间为限），达到以增加最少的费用来缩短工期的目的。在压缩网络图时，应按照以下原则进行：

（1）压缩关键路线上费用增长率最小的工序时间，达到以增加最少的费用来缩短工期。

（2）在选择压缩某项工序的作业时间时，既要满足工序时间-费用的变化限制，又要考虑网络中和该工序并列的各工序时差数的限制，而且要取这两个限制中的最小值。

（3）当网络图由于不断压缩而出现数条关键路线时，继续压缩工期，需要同时缩短数条路线，仅缩短一条路线达不到缩短工期的目的。

【任务实施】

下面结合相应例题简单说明网络计划优化的使用。

【例 6-3】某项工程的双代号网络图如图 6-27 所示，从设计到投产共需 19 个月。若要求一年内完成，试问原计划应如何调整？

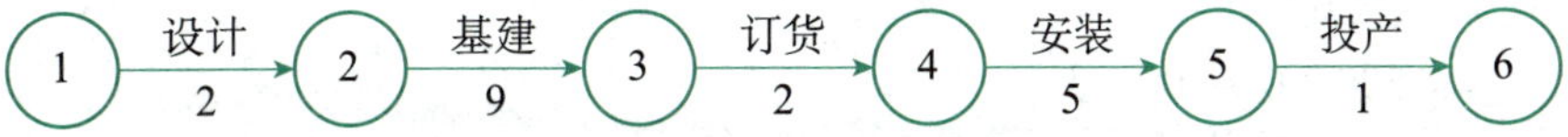

图 6－27 某项工程双代号网络图

解：在该问题中，主要涉及时间优化。首先，考虑各个工序之间的逻辑关系的合理性，将“订货”工序提前，和“基建”作为平行工序，以缩短工程工期。并根据实际情况，一边完成后续“基建”作业，一边将可以安装的设备进行安装，以缩短工期。其次，从进行活动分解的角度考虑，对该工程进行工序细分，将耗时长的“基建”工序细分为两部分，作为交叉工序进行，有利于缩短工期。调整优化后的网络计划图如图 6－28 所示，将工期从原来的 19 个月缩短到了 12 个月，满足了要求。

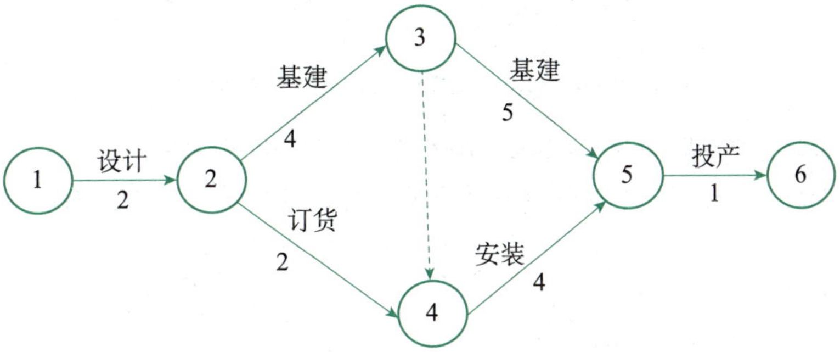

图 6－28 优化后的工程网络计划图

【例 6－4】已知某项工程的网络图及有关资料如图 6－29 和表 6－7 所示。已知该工程的间接费用为 300 元/天，求该工程的最低成本工期。

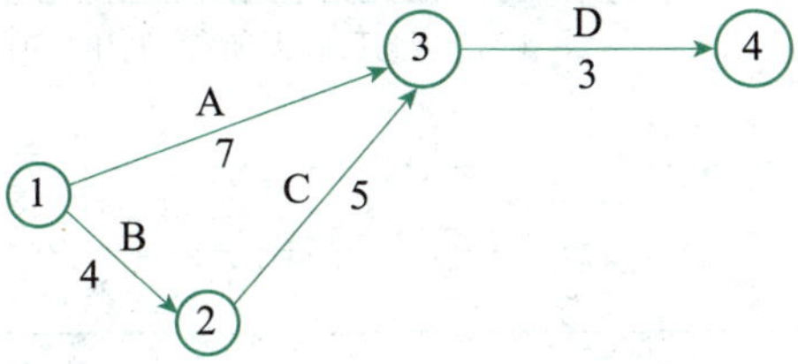

图 6－29 例 6－4 工程网络计划图

表 6－7 例 6－4 工程相关资料

工序	正常耗时（天）	赶工耗时（天）	正常直接费用（100 元）	赶工费用（100 元）	费用增长率（100 元/天）
A	7	3	15	19	1
B	4	2	12	20	4
C	5	2	8	14	2
D	3	1	10	18	4

解：根据表 6－7 中的资料可知，该工程正常作业工期为 12 天，所需费用为：

C =正常直接费用+赶工增加的费用+间接费用

=4 500+0+300×12

=8 100（元）

分析关键路线①→②→③→④可知，工序C的费用增长率最低，每赶工一天增加费用200元，故先缩短C的工序时间。这样，线路①→②→③→④和线路①→③→④所需要的工序时间均为10天，如图6-30所示。

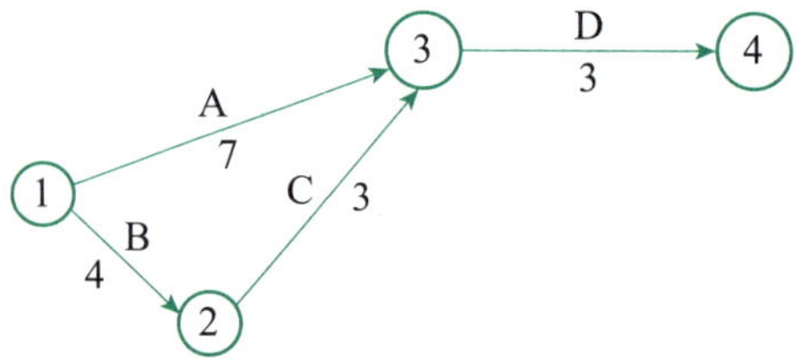

图6-30　C工序赶工2天的网络图

该方案所需的总费用=4 500+200×2+300×10=7 900（元）

现在有两条关键路线，每道工序均为关键工序。如要缩短工期则有以下三种方式可供选择：

缩短工序D；

同时缩短工序A和工序B；

同时缩短工序A和工序C。

现分析赶工一天所需要的费用，如表6-8所示。

表6-8　赶工一天所需费用

赶工方式	赶工一天所需费用（100元）
D	4
A和B	1+4=5
A和C	1+2=3

由表6-7可知，赶工A和C所需费用最低，而工序C仅有一天可赶，得到的新方案如图6-31所示。该方案将工期缩短为9天。

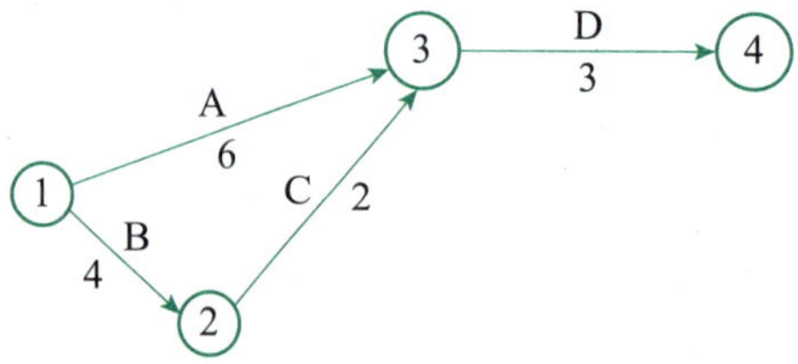

图6-31　A+C工序赶工1天的网络图

该方案所需的总费用=4 500+（100+200×3）+300×9=7 900（元）

经以上改善后，以工序D赶工较经济，且还可赶工2天，如图6-32所示。该方案将工期缩短为7天。

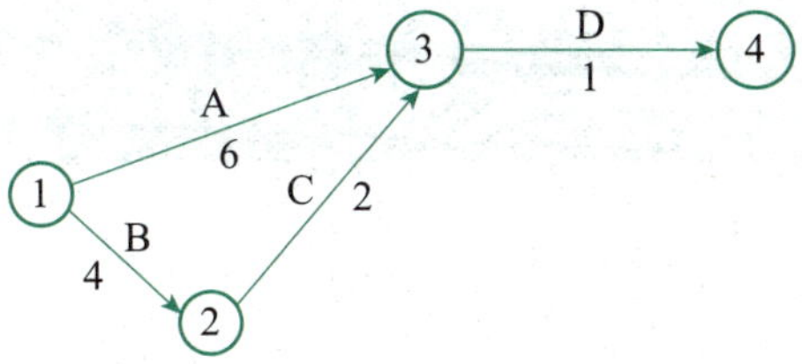

图6-32　D工序赶工2天的网络图

该方案所需的总费用 =4 500 +（100 +200 ×3 +400 ×2）+300 ×7 =8 100（元）

此时费用增大了，故该工程应以图6-31所示的工期9天完成为最优。

由例6-4可知，随着工程完工时间的缩短，直接费用增加，间接费用降低，工程总费用是这两项费用的总和。在不同的赶工方案中，最低工程费用所对应的工程完工期就是最优计划方案。

【项目小结】

在本项目中，我们首先学习了如何利用网络计划技术的思想来思考问题，如何利用双代号网络计划图来表达实际问题。网络计划始于把一个项目分成多个独立的工序，明确各个工序的前后顺序，估计每一个工序的完工时间，建立作业明细表。学会了将生活中遇到的问题通过一定的思路分解为若干道工序，每道工序之间遵循一定的逻辑关系，再根据相应的逻辑关系把实际问题转化为赋权有向图，即双代号网络计划图。

其次，通过对结（节）点时间参数和工序时间参数的计算，确定了关键路线和关键工序，并明确了工期以及工序时差。时差的意义就在于可以使非关键工序在时差允许范围内放慢施工进度，将部分人、财、物转移到关键工序，以加快关键工序的进程；或者在时差允许范围内改变工序开始和结束时间，以达到均衡施工的目的。为后续网络计划优化打下基础。

最后，对网络计划的优化进行了学习，了解了网络计划技术也是一种不断改进、优化初始方案的过程。为便于管理整个工程的进度和资源，给出了网络计划的优化方法，包括时间成本的平衡、资源的合理配置，以及在不确定状态下工程完工期的概率估计。

网络计划技术的应用范围广泛，如建筑施工和新产品的研制计划、计算机系统的安装调试、军事指挥及各种大型复杂工程的控制管理等，无论在哪个领域，都可以依据网络计划技术进行有效安排从而降低成本、提高效率。

【思考与练习】

1. 判断题

（1）网络图中任何一个事项都表示前一工序的结束和后一工序的开始。（　　）

（2）在网络图中只能有一个始点事项和一个终点事项。（　　）

（3）事项最早开始时间与最迟开始时间相等的事项连接的线路称为关键路线。（　　）

（4）工序的总时差越大，表明该工序在整个网络中的机动时间越长。（　　）

（5）总时差为零的各项工序所组成的线路就是网络图的关键路线。（　　）

（6）工序的最早开始时间等于该工序箭头事项最早开始时间。（　　）

（7）直接费用变动率的值越小，则每缩短单位作业时间所增加的直接费用越大。（　　）

（8）从始点出发，经过连续相接的活动，直到终点的一条连线称为路线。（　　）

（9）以同一节点为结束事项的各项作业最迟结束时间相同。（　　）

（10）网络中通常只允许出现一条关键线路。（　　）

2. 按下列工作的逻辑关系，分别绘制双代号网络图。

（1）A、B 均完成后进行 C、D；C 完成后进行 E；D 完成后进行 F。

（2）A、B 均完成后进行 C；B、D 均完成后进行 E；C、E 均完成后进行 F。

（3）A、B、C 均完成后进行 D；B、C 均完成后进行 E；D、E 均完成后进行 F。

（4）A 完成后进行 B、C、D；B、C、D 均完成后进行 E；C、D 均完成后进行 F。

3. 根据表 6－9 中的逻辑关系，绘制双代号网络图，并计算各工作的时间参数。

表 6－9　逻辑关系　　单位：小时

工序	A	B	C	D	E	F	G	H	I
紧前	—	A	A	B	B、C	C	D、E	E、F	H、G
时间	3	3	3	8	5	4	4	2	2

4. 已知某项工程的工序明细如表 6－10 所示。

表 6－10　某项工程的工序明细　　单位：小时

工序	工时	紧前工序	工序	工时	紧前工序
A	3	—	G	6	D、B
B	2	—	H	2	E
C	5	—	I	4	G、H

续表

工序	工时	紧前工序	工序	工时	紧前工序
D	4	A	J	5	E、F
E	7	B	K	2	E、F
F	8	C	L	6	I、J

请绘制该工程的双代号网络计划图；计算每一节点的时间参数，并计算工期；找出关键路线和关键工序。

5. 某建筑公司成功中标了一所大学的新教学大楼建设项目，学校要求这个新教学大楼必须在一年内能够投入使用。合同包括以下条款：

（1）若建筑公司在49周之内不能完成此建设任务，则要赔偿25万元。

（2）若此项目能在41周之内完工，建筑公司则会获得18万元的额外奖金。完成这个建筑项目所需工序及各工序所需的时间（周）如表6-11所示。

建筑公司希望能够按时完成该建设项目，并尽可能取得进度上的提前。试问：如何对该项目进行管理？

表6-11　建筑工程的工序一览表　　单位：天

工序	工序说明	紧前工序	工序时间	工序	工序说明	紧前工序	工序时间
A	挖掘	—	2	H	外部上漆	E、G	9
B	打地基	A	4	I	电路铺板	C	7
C	承重墙施工	B	10	J	竖墙板	F、I	8
D	封顶	C	6	K	铺地板	J	4
E	安装外部管道	C	4	L	内部上漆	J	5
F	安装内部管道	E	5	M	安装外部设备	H	2
G	外墙施工	D	7	N	安装内部设备	K、L	6

建筑公司的管理层要想按合同完成这项任务，至少需要解决以下问题：

（1）若没有延误工期，完成此项目总共需要多少时间？

（2）各个工序最迟什么时间必须开始，以及到什么时间必须完成，才能赶上工程的完工时期？

（3）若没有延误，每一单项工序最早什么时间开始，最早什么时间可以完成？

（4）为了不耽误工程的完工时期，任何延误都必须加以避免的关键“瓶颈”工序是什么？

（5）在不影响项目完工时间的基础上，其他工序能够承受多长时间的推迟？

6. 简述绘制网络图应遵循的主要规则以及网络图布局方面应注意的事项。

【综合实训】

请大家思考一下，我们如何利用前面所学知识对引例的问题给出解答，如何将这个问题根据实际情况分解为若干道工序，并确定工序时间，明确各工序之间的逻辑关系，绘制出相应的双代号网络计划图。将实际问题转化为数学语言，利用网络计划技术来解决它。请结合实训项目，试着将派送快递这件事细化为若干道工序，并明确其逻辑关系，按照自己的思路绘制出双代号网络计划图。

假设你是某快递在学校网点的一名负责人，现在有300个快递摆在你的面前，要求今天派送完，派送范围是丹桂宿舍区、绿竹宿舍区以及教职工办公区，请给出你的派送方案。通过对网络计划技术模块的学习，完成以下任务：

1. 任务分解。通过小组讨论，对该任务进行工序分解，建立工序明细表，如表6－12所示。

表6－12 工序明细表

工序代号	工序名称	工序持续时间	紧前工序	工序代号	工序名称	工序持续时间	紧前工序

2. 根据上述工序明细表，绘制双代号网络计划图。并进行节点时间参数的计算，确定关键工序和工期。

3. 针对提出的方案，如果需要优化，可以从哪些方面考虑？请给出优化思路。

项目七
决策论

【学习目标】

※ 知识目标

1. 了解决策的基本概念、分类、特征以及决策过程等问题，对决策问题有总体认识。

2. 掌握不确定型决策问题和风险型决策问题的决策思路。

※ 能力目标

1. 能对实际问题进行分析，找出决策的基本要素，特别是能分析出决策问题的状态空间、策略空间、损益函数。

2. 掌握决策树的画法和分析过程，做出正确决策。

3. 能用指定准则对不确定型决策问题进行正确分析。

※ 素养目标

1. 培养学生科学的管理思维，提升管理决策能力。

2. 培养学生树立自我管理与沟通合作意识。

【情境设定】

盛辉物流集团创建于1992年，经营场所70多万平方米，自有运输车辆1 300多辆；员工6 700多人，是集物流方案策划、货运代理、普通货物运输、甩挂箱运输、仓储配送、货物包装分拣和汽车维修检测功能为一体的第三方物流企业。

集团成立20年来，始终坚持“发展集约经济，建设现代物流”的企业主题，积极推进现代物流体系建设，不断探索精益物流之道。2001年，在全省同行中率先通过ISO 9001：2000国际标准质量管理体系认证；2002年，对运输车辆全部安装使用“电子行车记录仪”；2005年，开发并建成“信息技术运营管理系统”；2009年，引进GPS卫星定位系统和开发第二套信息技术运营管理系统（ERP）；2010年，建立并推广全国客服呼叫中心，系列举措为对接物联网、推广条形码、卫星导航、通信技术等，为实现智能化管理奠定了坚实的基础，为集团保持平稳较快发展提供了强大的发展后劲。

长期以来，集团始终坚守“安全便捷、快速准点、热情礼貌、诚实守信”的服务理念，着力打造企业文化及服务品牌，取得了显著的成效，得到了社会各界的广泛赞誉。盛辉物流集团将继续坚持“做实、做强、做大、做久”的发展战略，秉承“客户至上、服务社会”的企业宗旨，竭诚为广大客户提供专业化、标准化和个性化的现代物流服务。

从清晨醒来到夜晚进入梦乡，各种决策充斥着我们的大脑。这些决策范围很广，既有日常琐碎的事情，如打什么领带、穿哪件衬衫上班，自己开车还是坐公车；也包括需要认真考虑的重大问题，如是否进行学习深造，接受新工作还是继续现在的工作；等等。可以说，决策贯穿于我们日常的生活、学习和工作之中。

著名的管理学家西蒙（1978年诺贝尔经济学奖获得者）曾经说过这样的一句名言：“管理就是决策。”

号称“现代企业管理之父”的德鲁克也曾说过：“不论管理者做什么，他都是通过决策进行的。”德鲁克甚至断言：“管理始终是一个决策的过程。”

任务一
认识决策论

【任务引入】

日本尼西奇起初是一个生产雨衣、尿布、游泳帽等多种橡胶制品的小厂，由于订货不足，因此濒临破产。一个偶然的机会，该公司总经理从一份人口普查表中发现，日本每年约出生 250 万个婴儿。如果每个婴儿用两条尿布，一年需 500 万条。于是，该公司决定放弃尿布以外的产品，实行尿布专业化生产。一炮打响后，又不断研制新材料、开发新品种，不仅垄断了日本尿布市场，还远销世界 70 多个国家和地区，成为闻名于世的“尿布大王”。

从该案例我们不难看出，领导者的正确决策会带领一个企业走出困境，开辟新的商业领域。那么到底什么是决策，我们又该如何合理地做出正确的决策呢？

任务：掌握决策问题的基本要素，熟悉决策问题的分类。

【任务分析】

决策是一项复杂的活动，是依据所研究问题要实现的目标，按照特定的准则对可选方案进行比较和选择，选出一个最佳行动方案的过程。前面各项目涉及决策问题的可选方案主要集中在某种确定环境上，例如线性规划问题在决策中都假定了从产品市场获得的利润是不变的，尽管也进行了一些灵敏度分析，但总体上考虑的仍然是一些微小的变化，目标函数的计算始终伴随着某些确定性的烙印，而现实当中的决策问题所面临的环境充满了变数。在日常生活和企业组织的经营管理中，经常会遇到如下决策问题：某公司开发的新产品进入市场，潜在顾客对新产品有何反应？需投放多少新产品？在新产品投放整个市场之前是否要在某个区域进行试销？需投放多少广告费用配合新产品进入市场？以及对农业生产的合理安排问题，粮食在收割季节时的销售情况如何？未来季节的天气如何？投资成本为多少？等等。以上决策问题都面临着各种各样的不确定性，本项目将建立具有这种不确定性的决策问题的分析框架，给出用数量方法合理选择决策方案的分析模式和方法。

微课：决策论

【知识学习】

决策是人们生活中最常见的一种综合活动，是为了实现特定的目标，运用科学的理论和方法，分析主客观条件，提出各种不同的备选方案，并从中选取最优方案的过程。例如，人们在日常生活中，企业在经营活动中，社会团体、政府部门和国家在各种活动中都会遇到许多需要做出决策的问题。具体地讲，例如企业生产计划的制订及经营方案的选择问题；一个投资者选择什么样的投资项目，需多少投资金额及时间；出行选择什么样的交通工具和行驶路线；体育比赛时选择什么样的排兵布阵策略；一个国家的年度计划制订；军事、外交活动的决策等问题。要解决这一类问题，就是决策论（decision theory）要研究的问题。

下面我们来讨论一下决策相关的基本概念。

一、决策问题的基本要素

构成决策问题，有如下四个基本要素：明确的决策目标、至少存在一个自然状态、至少存在两个或两个以上的备选行动方案以及不同方案在各自然条件下可以计算出来的损益值。

（一）明确的决策目标

任何决策问题，都需要有一个明确的目标。决策目标是指在一定外部和内部环境条件下，在市场调查和研究的基础上所预测达到的结果。决策目标是根据所需要解决的问题来确定的，因此，必须把握住所要解决问题的要害。只有明确了决策目标，才能避免决策的失误。

（二）至少存在一个自然状态

自然状态描述了决策问题所处的各种状态，也叫状态空间。自然状态是决策者和决策问题所处的环境条件，属于状态变量，是决策者不可控制的因素。

（三）至少存在两个或两个以上的备选行动方案

行动方案，也称可行方案，必须有两个及两个以上可供选择，属于决策变量，是决策者的可控因素，是决策者为解决决策问题可采取的行动。

（四）不同方案在各自然条件下可以计算出来的损益值

表示决策者在不同自然状态下选择不同行动方案的结果，可以是收益（损失）值、效用值等。

二、决策问题的分类

决策分析所要解决的问题是多种多样的。按决策所依据的目标个数可分为：单目标决策与多目标决策。按决策者所面临的自然状态的确定与否可分为：确定型决策、风险型决策（又称统计型或随机型）和不确定型决策。本书主要讲解按决策者所面临的自然状态来划分的不同决策类型。

（一）确定型决策

决策的未来自然状态是一个完全确定的情况，即提供给决策者的每一个方案都有一个确定的结果。如某工厂每种产品的销售量已知，研究生产哪几种产品获利最大，它的结果便是确定的。再如决策购买复印机，对多个厂家和品牌的机器进行比较，功能、品质、服务、价格等因素均满足要求，则选择最低价的厂商。这些问题都属于确定性决策分析。确定型决策问题通常有如下特征：

（1）决策者希望实现的一个确定目标（收益较大或损失较小）。

（2）存在一个确定的自然状态。

（3）有可供决策者选择的多个行动方案。

（4）不同的决策方案可计算出确定的损益值。

这种问题可以用线性规划、非线性规划、动态规划等方法来求得最优解。但许多问题不一定追求最优解，只要能达到满意解即可。

（二）风险型决策

风险型决策问题通常研究环境条件不确定，但以某种概率出现的决策。风险型决策问题通常有如下特征：

（1）决策者希望实现的一个确定目标（收益较大或损失较小）。

（2）存在多个不同的自然状态，但是各种情况出现的概率已知，或者可以通过前期数据进行估计。

（3）有可供决策者选择的多个行动方案。

（4）不同的决策方案可计算出确定的损益值。

（三）不确定型决策

不确定型决策分析，它的不确定在于自然状态是不确定的，即可能出现不同的情况，而且各种情况出现的概率也无法估计。不确定型决策问题通常有如下特征：

（1）决策者希望实现的一个确定目标（收益较大或损失较小）。

（2）存在多个不确定的自然状态，自然状态是不确定的，即可能出现不同的情况，而且各种情况出现的概率也无法估计。

（3）有可供决策者选择的多个行动方案。

（4）不同的决策方案可计算出确定的损益值。

综上所述，这三种不同类型的决策问题只是在对未来所面临自然状态的预测情况上有细微差别。后面会通过不同的例题做详细介绍。

三、决策的步骤

了解了决策的基本概念和不同类型，接下来分析如何将各种实际问题转化为数学的决策模型，以及如何用数量方法合理选择决策方案。决策的基本步骤如下：

（1）确定决策目标。

没有目标的决策是盲目的，是不可能成功的。制定准确的决策目标，是成功决策的第一步。

（2）拟定各种备选方案。

（3）明确不同方案在不同自然状态下的损益值。

（4）选取最优方案。

【任务实施】

在本任务中，我们要重点掌握如何找出实际问题的决策要素，并判断决策类型，为后面学习用正确的决策方法进行决策分析打下基础。下面以三个不同的案例来进行简要说明。

一、根据实际问题分析决策问题的四个基本要素

【例 7－1】 A 公司与 B 公司的待遇，除了以下两项略有不同外，其余方面是完全相同的：

A：半年工资 50 万元，工资每半年增加 5 万元。

B：全年工资 100 万元，工资每年增加 20 万元。

现在你想去待遇比较优厚的公司，会选择哪家公司？

通过对例 7－1 的解读，逐一对决策问题的四个要素进行说明：

（1）决策目标。

虽然该问题问的是最终要选择哪家公司，但是前提是“想去待遇比较优厚的公司”，因此该问题中明确的决策目标是待遇最优。

（2）可供选择的行动方案。

例 7－1 是对 A、B 两个公司进行比较，所以备选方案为：去 A 公司和去 B 公司。

（3）自然状态。

对于该例题，就是选择一家公司去工作。

（4）不同方案在不同自然状态下的损益值。

通过例题的描述，A：半年工资 50 万元，工资每半年增加 5 万元；B：全年工资 100 万元，工资每年增加 20 万元。明确了只有 A、B 两个可选状态，而且每个选择下的收益值是确定的。该问题的收益矩阵表如表 7－1 所示。

表 7-1 收益矩阵表

	选择 A 公司	选择 B 公司
工资收益	第一年 105 万元 第二年 125 万元 第三年 145 万元 ……	第一年 100 万元 第二年 120 万元 第三年 140 万元 ……

如表 7-1 所示，该问题的决策分析四要素已经清楚地列出，依据待遇最优的决策目标，很容易做出最优选择，即选择去 A 公司工作。

【例 7-2】 某工厂成批生产某种产品，批发价格为 0.05 元/个，成本为 0.03 元/个。这种产品每天生产，当天销售，如果当天卖不出去，每个损失 0.01 元。根据市场调查和历史记录表明，这种产品的需要量可能是：0 个、1 000 个、2 000 个、3 000 个、4 000 个。试问应如何决策该产品的产量？

解：通过对题目的解读，逐一对决策问题的四个要素进行说明：

（1）决策目标。

这个例题中并没有非常明确地说明目标，只要求决策该产品的产量，即当天到底生产多少。根据实际经验，进行生产销售的目的都是利益最大化，所以在问题中没有明确说明的情况下，要根据实际问题做出具体分析。该例题中，决策目标是收益最大。

（2）可供选择的行动方案。

根据市场调查和历史记录表明，这种产品的需要量可能是：0 个、1 000 个、2 000 个、3 000 个、4 000 个。根据这条信息，我们的产品产量要和需求量相一致，故有 5 个备选行动方案，即工厂每天生产 0 个、1 000 个、2 000 个、3 000 个、4 000 个产品。

（3）自然状态。

对于该例题，产品的需要量可能是：0 个、1 000 个、2 000 个、3 000 个、4 000 个，即有 5 种可能发生的自然状态。

（4）不同方案在不同自然状态下的损益值。

题目中说明了产品的成本和售价，也明确了当天销售不完的损失情况，根据题目的描述，计算出不同行动方案在不同自然状态下的损益值，收益矩阵表如表 7-2 所示。

表 7-2 例 7-2 收益矩阵表

状态 / 收益值（元） / 方案	0	1 000	2 000	3 000	4 000
0	0	0	0	0	0
1 000	-10	20	20	20	20
2 000	-20	10	40	40	40

续表

收益值（元）　方案＼状态	0	1 000	2 000	3 000	4 000
3 000	-30	0	30	60	60
4 000	-40	-10	20	50	80

至于该问题该如何做出决策呢？后续任务会继续学习。

【例 7-3】 某车载货物跟踪系统是影响某物流企业发展的关键设备，必须在今后两年内配备运输车辆 100 套。如果现在进口设备，每套需要 450 万元。通过调查，依照目前国内的能力，在两年内开发设备成功的概率为 0.7，研制费用为 2 000 万元。若研制成功，生产费用为每套 200 万元，研制失败后再进口国外设备则费用为每套 500 万元。为了保证该物流公司的发展，如何选择方案较为合适？

解：通过对题目的解读，逐一对决策问题的四个要素进行说明：

（1）决策目标。

这个例题中并没有非常明确地说明目标，只抛出问题“为了保证该物流公司的发展，如何选择方案较为合适?”。依据题目说明，任何方案都需成本投入，因此该例题中，决策目标是成本最小。

（2）可供选择的行动方案。

根据题目描述，要么直接进口，要么自主研发，因此该问题的两个备选行动方案是：直接进口和自主研发。

（3）自然状态。

对于该例题，直接进口商品不用过多分析。而自主研发可能会遇到两种情况：研发成功和研发不成功。题目中也给出了研发成功的概率为 0.7。

（4）不同方案在不同自然状态下的损益值。

根据题目的描述，计算出不同行动方案在不同自然状态下的损益值，收益矩阵表如表 7-3 所示。

表 7-3　例 7-3 收益矩阵表

收益值（万元）　方案＼状态及概率	自主研发成功	自主研发不成功
	0.7	0.3
直接进口	45 000	45 000
自主研发	22 000	52 000

二、决策问题的分类

通过分析，例 7-1 符合以下条件：决策者有明确的决策目标，即待遇最优；存在一个确定的自然状态，就是要选择一家公司工作赚钱；有可供决策者选择的两个行动方案；不同的决策方案可计算出确定的损益值。因此，例 7－1 属于确定型决策分析问题。

而根据表 7－1，依据待遇最优的目标，非常明确会选择 A 公司工作。对于确定型决策分析的决策方法后续不再做详细说明。

例 7－2 中，同样具备四个决策的基本要素，其中通过市场调查和历史记录得出的这种产品的需要量有 5 种可能，也就是 5 个自然状态，这 5 种自然状态到底哪个会发生是不得而知的，也没有更多数据给出，因此该问题为不确定型决策问题。假设该例题中给出不同需求出现的概率，则该问题为风险型决策问题。

例 7－3 中，同样具备四个决策的基本要素，而在自主研发这个自然状态上，给出了成功的概率为 0.7，因此该问题为风险型决策问题。

任务二
不确定型决策分析

【任务引入】

在任务一中，我们已经对例 7－2 进行了基本分析，找到了决策问题的四个基本要素，并写出了收益矩阵表。那么到底该怎么做决策呢？哪个方案是最优方案呢？

任务：掌握不确定型决策分析的不同分析方法。

【任务分析】

不确定型决策无法测算各种状态出现的概率。这时的决策主要取决于决策者的经验、智能和思维判断。因此，决策者的经验和性格常常在决策中起主导作用。由于决策者面临哪种自然状态是完全不确定的，因此决策的结果也是完全不确定的，所以称为不确定型决策。不确定型决策有悲观主义准则、乐观主义准则、乐观系数准则、等可能性准则和后悔值准则。

微课：不确定型决策分析

【知识学习】

一、悲观主义准则

悲观主义准则也称保守主义决策准则或最大、最小决策准则。当决策者面临事物未来的自然状态的发生概率不清楚时，决策者要考虑可能由于错误的决策而造成的重大经济损失。持悲观主义准则者在处理问题时比较谨慎或保守，从各方案的损益值中找出最坏的可能结果，再从其中选择出最好的可能结果，并把它作为决策结果。采用这种方法是非常保守的，决策者唯恐决策失误造成较大的经济损失，因此在进行决策分析时，从最不利的客观条件出发来考虑问题，力求损失最小。

具体做法是：在收益矩阵中，先从各方案所对应的各种自然状态下找出其收益的最小值，将它们列于矩阵表的最右列，再从此列中选出数值最大者，并以它对应的策略作为决策方案。

二、乐观主义准则

乐观主义准则也称冒险型决策准则或最大、最大决策准则。持乐观主义准则的决策者，对待风险的态度与持悲观主义准则者不同。当他面临情况不明的策略问题时，他宁可冒风险而决不放弃任何一个可获得最好收益的机会，以争取好中求好的乐观主义态度来选择其策略。这种方法的特点是：决策者愿意以承担风险的代价去获得最大收益。决策者在分析收益矩阵各策略所对应的各种自然状态时，从中选择出最大收益值列于矩阵表的最右列，再从该列数值中选出最大值，以它所对应的策略作为决策方案。

三、乐观系数准则

这是介于上述两个准则之间的准则，把自然状态好或差的概率利用实践经验人为地给出。对乐观和悲观出现的可能性估计就是乐观系数。

决策者根据市场预测和经验判断确定一个乐观系数 α（$0\leqslant\alpha\leqslant1$）为主观概率，则每个方案的估计损益期望值为：

$$\text{估计损益期望值}=\alpha\times\text{最大损益值}+(1-\alpha)\times\text{最小损益值}$$

乐观系数准则比较接近实际，但乐观系数的决定非常关键，常带有决策者的主观性。容易看出，当 $\alpha=0$ 时，是悲观主义准则；当 $\alpha=1$ 时，是乐观主义准则。

四、等可能性准则

决策者把各自然状态发生的可能性看成是相同的。这样决策者可以计算各行动方案的收益期望值。然后在所有这些期望值中选择最大者，以它对应的行动方案为最优方案。

五、后悔值准则

这是考虑决策机会成本的准则，如果决策者当初并未采用这一方案，而采用了其他方案，必然感到后悔，后悔当初未选择最大收益值的方案。为避免决策的失误造成机会损失而后悔，决策目的是使这种后悔减少到最低程度，以各个方案机会损失大小来判定方案的优劣。

决策过程是在计算出各个方案在各种自然状态下的后悔值以后，从中选择每个方案的最大后悔值，然后从最大后悔值中选取最小者为决策方案。当某自然状态发生时，即可明确哪个方案是最优的，其收益值是最大的。在所有方案中，在每一种自然状态中选出最大收益值定为理想目标值，最大收益值与所采取方案的收益值之差，称为后悔值。找出各个方案的最大后悔值，从中选择后悔值最小的方案作为最佳方案。

【任务实施】

对例 7－2 用不同的方法做出决策分析。

一、悲观主义准则

先比较不同方案在不同自然状态下的收益值，选出每个方案的最小收益值填入右侧“Min”列，再比较五种备选方案的最小收益，从中选取最大的，该收益所对应的方案即为利用悲观主义准则选定的最优方案。详见表 7－4。

表 7－4 悲观主义准则损益表

状态 / 收益值（元） / 方案	0	1 000	2 000	3 000	4 000	Min	Max
0	0	0	0	0	0	0	0
1 000	－10	20	20	20	20	－10	
2 000	－20	10	40	40	40	－20	
3 000	－30	0	30	60	60	－30	
4 000	－40	－10	20	50	80	－40	

由表 7－4 可以看出，悲观主义准则下确定的最优决策方案是生产 0 件商品。

二、乐观主义准则

先比较不同方案在不同自然状态下的收益值，选出每个方案的最大收益值填入右侧

“max”列，比较五种备选方案的最小收益，从中选取最大的，该收益所对应的方案即为利用乐观主义准则选定的最优方案。详见表7－5。

表7－5　乐观主义准则损益表

状态 收益值（元） 方案	0	1 000	2 000	3 000	4 000	Max	Max
0	0	0	0	0	0	0	
1 000	－10	20	20	20	20	20	
2 000	－20	10	40	40	40	40	
3 000	－30	0	30	60	60	60	
4 000	－40	－10	20	50	80	80	80

由表7－5可以看出，乐观主义准则下确定的最优决策方案是生产4 000件商品。

三、乐观系数准则

先比较不同方案在不同自然状态下的收益值，选出每个方案的最大收益值和最小收益值分别填入右侧“Max”和“Min”列。选择乐观系数 $\alpha=0.7$，计算在此乐观系数下不同方案的期望收益值，填入表7－6。比较5种备选方案的期望收益，从中选取最大的，该收益所对应的方案即为利用乐观系数准则选定的最优方案。详见表7－6。

表7－6　乐观系数准则损益表

状态 收益值（元） 方案	0	1 000	2 000	3 000	4 000	Max	Min	期望收益	Max
0	0	0	0	0	0	0	0	0	
1 000	－10	20	20	20	20	20	－10	11	
2 000	－20	10	40	40	40	40	－20	22	
3 000	－30	0	30	60	60	60	－30	33	
4 000	－40	－10	20	50	80	80	－40	44	44

由表7－6可以看出，乐观系数为0.7时，确定的最优决策方案是生产4 000件商品。

四、等可能性准则

决策者把各自然状态发生的可能性看成是相同的，即5种自然状态的概率均为0.2。

这样决策者可以计算各行动方案的收益期望值。然后在所有这些期望中选择最大值。比较5种备选方案的期望收益，从中选取最大的，该收益所对应的方案即为利用等可能准则选定的最优方案。详见表7-7。

表7-7 乐观系数准则损益表

状态 / 收益值（元） / 方案	0	1 000	2 000	3 000	4 000	期望收益	Max
	0.2	0.2	0.2	0.2	0.2		
0	0	0	0	0	0	0	
1 000	-10	20	20	20	20	14	
2 000	-20	10	40	40	40	22	
3 000	-30	0	30	60	60	24	24
4 000	-40	-10	20	50	80	20	

由表7-7可以看出，利用等可能准则确定的最优决策方案是生产3 000件商品。

五、后悔值准则

应用这个方法需要构造由后悔值组成的矩阵（后悔矩阵），然后从各方案中的最大后悔值中取一个最小的，相应的方案为最优方案。仍以例7-2为例，首先在收益矩阵表中找出每个自然状态下不同方案可能带来的最大收益填入表7-8。

表7-8 每个自然状态下不同方案可能带来的最大收益

状态 / 收益值（元） / 方案	0	1 000	2 000	3 000	4 000
0	0	0	0	0	0
1 000	-10	20	20	20	20
2 000	-20	10	40	40	40
3 000	-30	0	30	60	60
4 000	-40	-10	20	50	80
不同状态下的最大收益	0	20	40	60	80

后悔值 = 自然状态下的最大收益值 - 该状态下的其他值

利用表7-8，计算出该问题的后悔值矩阵，在后悔值矩阵中，将不同方案在不同状态下的最大后悔值列出，再从这五个最大后悔值中选择最小的作为最优方案。如表7-9所示。

表 7-9 后悔值矩阵

方案 \ 后悔值（元）\ 状态	0	1 000	2 000	3 000	4 000	Max	Min
0	0	20	40	60	80	80	
1 000	10	0	20	40	60	60	
2 000	20	10	0	20	40	40	
3 000	30	20	10	0	20	30	30
4 000	40	30	20	10	0	40	

由表 7-9 可以看出，利用后悔值准则确定的最优决策方案是生产 3 000 件商品。

对不确定型决策分析方法的说明：

以上五种准则作为不确定型决策优选方案的依据，都带有相当程度的随意性，从例 7-2 的结果中可以看出，在不同决策准则下，决策的结果是不一样的。但这并不是错误的，因为不同决策准则代表了不同的决策心态，是利用正确的方法进行分析得出的一个决策依据。因此，在具体管理工作中，决策准则的选择，还要取决于决策者的知识、经验、观念、综合分析判断能力和魄力。

任务三 风险型决策分析

【任务引入】

在例 7-2 中，如果给出不同自然状态出现的概率，则该问题就变为风险型决策分析。如果在例 7-2 中，这种产品的需要量可能是：0 个、1 000 个、2 000 个、3 000 个、4 000 个，并且其发生的概率分别为：0.1、0.2、0.4、0.2、0.1，那么该如何对该问题进行决策呢？

任务：掌握最大可能准则和期望值准则，了解决策树法。

【任务分析】

风险是指在某一特定环境下，在某一特定时间段内，某种损失发生的可能性。风险是由风险因素、风险事故和风险损失组成的。换句话来说，在一个特定时间段内，人们所期望实现的目标与实际出现的结果之间的距离称之为风险。

在风险型决策中，决策者在进行决策时并不确切知道哪一个事件（自然状态）将来一定发生，而只是根据已有的经验、资料和信息，设定或推算出各事件发生的概率，并据此进行决策。因此风险在于每种状态的发生都存在一定的概率，该如何选择。风险型决策准则包括最大可能准则、期望值准则，通常用的决策方法有损益表法和决策树法。

【知识学习】

决策者对待风险的态度有：厌恶风险的保守主义者厌恶风险，即对于损失的反应比较敏感，而对收益的反应比较迟缓，不求利大，逃避风险，谨小慎微；追求风险的进攻式决策者追求风险，即对于利益的反应较为敏感，而对损失的反应比较迟缓，追求利大，敢冒风险，泼辣大胆；循规蹈矩、中立稳妥的决策者对待风险中立稳健。

风险型决策分析有以下 5 个必备条件：

（1）明确的目标；

（2）两个或两个以上的备选方案；

（3）不以决策者的主观意志为转移的两种或两种以上的自然状态；

（4）存在决策者可以主观确定或者根据有关资料计算出来的各种自然状态出现的主观概率；

（5）存在可根据决策方案在不同自然状态下计算出来的损益值。

一、最大可能准则

从各状态中选择一个概率最大的状态来进行决策（因为一个事件，其概率越大，发生的可能性就越大）。在解决风险型决策问题时，选择一个概率最大的自然状态，把它看成是将要发生的唯一确定的状态，而把其他概率较小的自然状态忽略，这样就可以通过比较各行动方案在最大概率的自然状态下的损益值进行决策。实质上是将风险型决策问题当作确定型决策问题来对待，经常当某自然状态发生的概率比其他状态发生的概率大得多，而相应的损益值相差不大时，可采用该准则来决策。

微课：风险型决策分析

二、期望值法

期望值法就是利用概率论中随机变量的数学期望公式算出每个行动方案的收益（损失）期望值并加以比较。若采用决策目标（准则）时期望收益最大，则该行动方案为最优方案。

【任务实施】

根据上述说明，我们对例7－2增加自然状态的概率后，做出新的决策分析。首先要将收益矩阵表列出，如表7－10所示。

表7－10 风险型决策问题收益矩阵表

状态 / 收益值（元） / 方案	0	1 000	2 000	3 000	4 000
	0.1	0.2	0.4	0.2	0.1
0	0	0	0	0	0
1 000	－10	20	20	20	20
2 000	－20	10	40	40	40
3 000	－30	0	30	60	60
4 000	－40	－10	20	50	80

一、最大可能准则

该准则适用于各种自然状态中某一状态的概率明显高于其他状态所出现的概率，而期望值又相差不大的情况。

在上述例题中，由表7－10可知，产品的需要量分别为0个、1 000个、2 000个、3 000个、4 000个，可能发生的概率分别为：0.1、0.2、0.4、0.2、0.1。显然，需求量为2 000个的情况发生的概率最大。按照最大可能准则，可以将需求量为2 000个看成是必然事件，在这个自然状态下，各行动方案的收益分别是：0、20、40、30和20。收益最大为40，所以选择生产2 000件产品为最佳行动方案。

二、期望值准则

首先计算不同方案的期望收益值，分别如下：

$$E_1 = 0\times0.1 + 0\times0.2 + 0\times0.4 + 0\times0.2 + 0\times0.1 = 0$$

$$E_2 = -10\times0.1 + 20\times0.2 + 20\times0.4 + 20\times0.2 + 20\times0.1 = 17$$

$$E_3 = -20\times0.1 + 10\times0.2 + 40\times0.4 + 40\times0.2 + 40\times0.1 = 28$$

$E_4 = -30 \times 0.1 + 0 \times 0.2 + 30 \times 0.4 + 60 \times 0.2 + 60 \times 0.1 = 27$

$E_5 = -40 \times 0.1 + -10 \times 0.2 + 20 \times 0.4 + 50 \times 0.2 + 80 \times 0.1 = 20$

将计算出的期望收益值填入表 7 - 11，并依据决策目标选择收益最大的方案，最优方案为生产商品 2 000 件。

表 7 - 11　期望收益值表格

状态 / 收益值（元） / 方案	0	1 000	2 000	3 000	4 000	期望收益值	Max
	0.1	0.2	0.4	0.2	0.1		
0	0	0	0	0	0	0	
1 000	-10	20	20	20	20	17	
2 000	-20	10	40	40	40	28	28
3 000	-30	0	30	60	60	27	
4 000	-40	-10	20	50	80	20	

（一）决策树法

在用期望值准则决策时，对于一些较为复杂的风险决策问题，光用损益表法是难以表达和分析的。为此引入了决策树法，决策树法同样使用期望值准则进行决策，但它具有直观形象、思路清晰的优点。所谓决策树法就是利用树形图模型来描述决策分析问题，并直接在决策树图上进行决策分析。其决策准则可以是期望值或经过变换的其他指标值。

决策树是按一定的决策顺序画出的树状图，帮助决策者进行序列决策。它是由决策点、状态点和结果点等按一定关系联结而构成的树形图。

（1）决策点，一般用方形节点“□”表示。从这类节点引出的弧表示不同决策方案。

（2）状态点，一般用圆形“○”表示，从这类节点引出的弧表示不同的状态。在弧旁写上的数字表示对应状态出现的概率。

（3）结果点，一般用三角形节点“△”表示，位于树的末梢处，并在这类节点旁注明各种结果的损益值。

（4）“//”或“ \\ ”表示修剪，比较各行动方案的收益期望值的大小，确定最优方案分枝，其他分枝删掉。

其体做法是：首先，从左向右绘制决策树；其次，从树的末梢开始，计算每个状态点的期望值，然后将其中最大值标在相应决策点旁；最后，决策时，根据期望收益最大原则从后向前进行“剪枝”，直到最开始的决策点，从而得到一个多阶段决策构成的完整决策方案。

表 7 - 11 可以用决策树来表示，如图 7 - 1 所示。相比较而言，决策树法更加直观易懂。

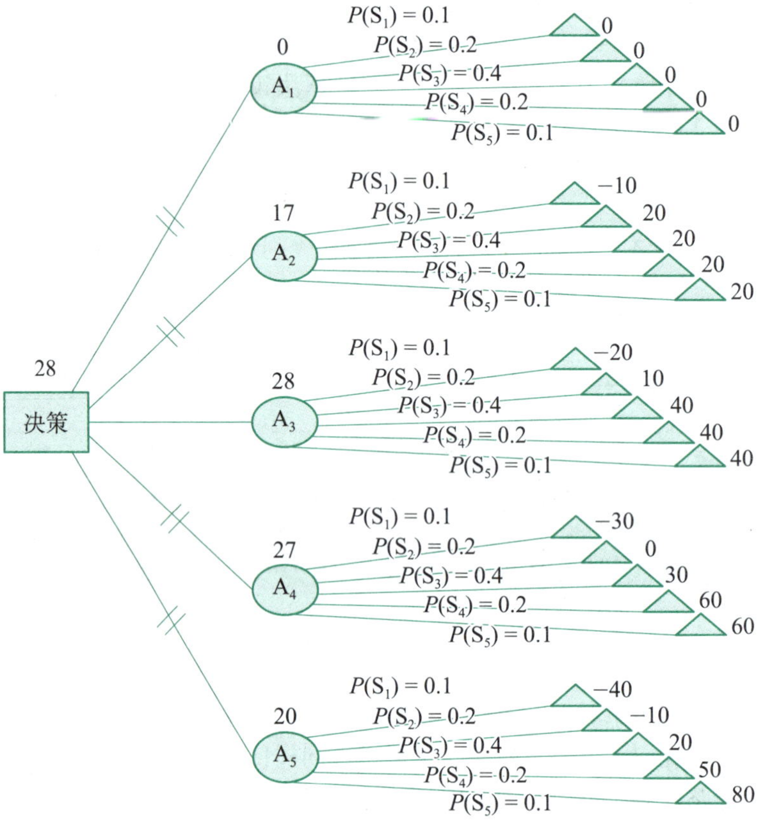

图 7－1　决策树

（二）多级决策树

如果只需做一次决策，其分析求解即可完成，则这种决策分析问题就叫作单级决策。反之，有些决策问题需要经过多次决策才能完成，这种决策问题就叫作多级决策问题。应用决策树法进行多级决策分析叫作多级决策树。

下面通过例子说明决策树的应用。

【例 7－4】 某销售公司拟代理一企业的新产品销售，但为了得到代理合同必须参加投标，已知投标的准备费用为 4 万元，中标的可能性是 60%。若中标有两种销售方案，第一种方案成功的概率 80%，费用为 30 万元；第二种方案成功的概率为 60%，费用为 15 万元。如果中标，销售达不到业绩标准即失败，则需要赔偿 10 万元，成功可得到 50 万元报酬。请决策：是否参加投标，若中标采用哪种方案。

解：该问题中涉及两个层次的决策，第一是投标还是不投标；第二是如果中标，选择哪个方案。对于这类问题，想利用收益矩阵表的方法用期望值准则判定是有一定的难度的，可以选择用决策树法解决。

该问题为多级决策问题，依据题意可画出决策树，如图 7－2 所示。

计算各点期望值。比较大小进行选择，删减分枝。

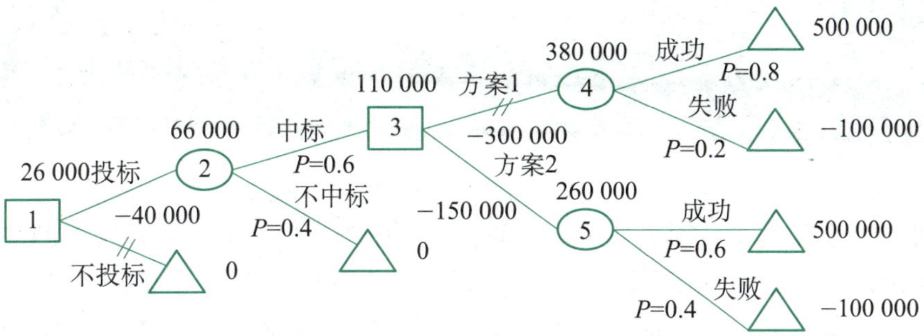

图 7－2　多级决策树

状态点 4 值：500 000 ×0. 8 +（ －100 000）×0. 2 =380 000（元）；

状态点 5 值：500 000 ×0. 6 +（ －100 000）×0. 4 =260 000（元）；

决策点 3 值：比较所有分枝取最大值 Max ｛38 000 －300 000，260 000 －150 000｝= 110 000（元），故选择方案 2，删去方案 1 分枝。

状态点 2 值：110 000 ×0. 6 +0 ×0. 4 =66 000（元）；

决策点 1 值：比较所有分枝取最大值 Max ｛66 000 －40 000，0｝=26 000（元），故选择投标，删去不投标分枝。

本问题的最优决策方案：参加投标，若中标选择方案 2。

【项目小结】

决策论是研究为了达到预期目的，从多个可供选择的方案中如何选取最好或最满意的方案，是运筹学的一个重要分支和决策分析的理论基础。一般决策分为确定型决策、风险型决策和不确定型决策三类。

通过本项目的学习，首先要了解决策分析的基本相关概念，了解决策分析的四个基本要素，并能够根据不同的要素情况，判定决策类型。

其次，学习 5 种分析不确定型决策问题的准则：悲观主义准则、乐观主义准则、乐观系数准则、等可能性准则和后悔值准则。不同准则可能带来不同的决策结果，该决策结果只是决策者做最后决定的一个依据。真正的决策还是要由决策者综合考虑给出。

最后，了解风险型决策分析和不确定型决策分析的区别，学习期望值准则和最大可能准则。并针对实际中常见的多级决策问题，介绍了决策树法。

做决策是管理中的基本任务，在物流管理活动中，生产计划、库存管理、路线选择、车型选择等问题都需要管理人员做出正确决策。因此掌握科学的决策方法，对提高物流管理水平，降低物流管理成本有重要作用。

【思考与练习】

1. 某工程队签署了一项去外地施工的合同，由于出发之前有一段必要的准备时间，故现在要决定下月是否开工的问题。如果开工后天气好，则当月可顺利完工，获利润12.5万元；如果开工后天气不好，则将造成各种损失计4.8万元。若下月不开工，则原地待命，天气好的时候可以承包一些零星工程，利润值估计可达6.5万元；天气不好则付出损失费1.2万元。根据气象预测，下月天气好的概率为0.65，天气不好的概率为0.35。试做出决策。

2. 某过滤设备由上、中、下3层组成：每层有一个过滤筛，是易损件。在修理时测不出是哪层坏了，只有换上后才能试出是不是这层坏了，各层的修理费用不同。换上层筛需要20元，换中层筛需要拆开上、中两层，共需35元；换下层筛需要大拆大卸，共需要65元。现有3种方案：一拆到底，直至下层，全部换新筛；先换上、中两层，若不行再换下层；一层一层换下去。根据大量统计资料得出，这种设备上、中、下3层出现故障的概率为0.35、0.30、0.35。请根据以上资料做出决策。

3. 在一个企业中，生产某种产品的固定成本是86 000元，售价为65元/台。每台的材料费为20元，工资为7元，其他变动成本为4元。请根据以上材料回答以下问题：

（1）为保证该企业不亏本应生产多少台产品？

（2）若该企业决定今年必须盈利25 000元，那么该企业今年至少需要生产多少台产品？

（3）如企业的生产能力为6 500台，那么在产销平衡时，企业生产这种产品的最大利润是多少？

4. 某地方书店希望订购最新出版的某种图书。根据以往经验，销售量可能是50、100、150、200本。假定每本书的订购价为4元，销售价为6元，剩书的处理价为每本2元。请问该如何订购？

5. 某企业经过市场调查和预测得知，某新产品今后5年在市场上的销售情况为畅销、一般、滞销的概率分别0.3、0.5、0.2。为使该新产品投产，该企业有两种可供选择的行动方案：一种方案是投资16万元新建车间，按这种方案，市场畅销、一般和滞销3种情况下的利润情况分别为获利50万元、获利25万元和亏损5万元；另一种方案是投资3万元改造原有车间，在这种方案下，市场畅销、一般和滞销3种情况下的利润情况分别为获利30元、20万元和5万元。该企业选择哪一种行动方案较为合适？

6. 某商店销售某种食品，根据市场预测，该种食品需求量的概率分布如表7-12所示。

表7-12 该种食品需求量的概率分布

需求量（包）	100	150	200	250	300
概率	0.2	0.25	0.3	0.15	0.1

设该种食品每包成本为 25 元，售价为 49 元，如果当天销售不出去，只能以处理价每包 15 元销售。商店可采取的进货量与需求状态相同。试用期望值法确定每天的最优订货量。

7. 某一生产跑步机的企业看到市场上流行运动减肥，很多女士喜欢在家中的跑步机上运动减肥，因此拟在原有基础上增加跑步机的生产量。现有两种方案：一是增加一套设备大规模生产，二是在原有基础上小批量试产。自然状态大概有两种情况：一种是销路好，另一种是销路差，概率分别为 0.3、0.7，决策矩阵如表 7－13 所示。

表 7－13　决策矩阵

方案＼概率	0.3	0.7	期望值
一	200	－50	25
二	50	10	22

8. 有一风险投资机会，成功和失败的概率分别为 0.5，每投 1 元，若成功则可以得到 1.6 元的利润；若失败，则失去本金。投资次数和投资额不限，为了不把钱输光，采取了如下策略：总是拿所持有钱的一半去投资（假设钱是无限可分的，不会破产），开始的资金是 100 万元。

（1）在如此吸引人的投资环境中运用此资本保护策略的结果如何？

（2）具体来说，平均说来是会赢还是会输？如果投资了 10 000 次，平均来说，最后有多少钱？

（3）有多大的可能性在最后拥有的钱不少于开始的 100 万元？

【综合实训】

某物流企业承包建筑工程队的施工设备管理工作，该建筑工程队正在承担一座桥梁的施工任务。由于施工地区夏季多雨，需停工 3 个月。在停工期间可将施工机械搬走或留在原处。如搬走，需搬运费 1 800 元。如留原处，一种方案是花 500 元筑护堤，防止河水上涨发生高水位的侵袭。另一种方案是不筑护堤，发生高水位侵袭时将损失 10 000 元。如下暴雨发生洪水时，则不管是否筑护堤，施工机械留在原处都将受到 60 000 元的损失。根据历史资料，该地区夏季高水位的发生率是 25%，洪水的发生率是 2%。试用决策树法分析该物流企业要不要把施工机械搬走？若不搬走，要不要筑护堤？

参考文献

1. 刘会茹，张红梅．运筹学在现代物流中的应用．科技视界，2015（34）：159－160.

2. 徐国松．《物流运筹学》课程标准探讨．科技资讯，2014（33）：193.

3. 刁在筠，刘桂真，戎晓霞，王光辉．运筹学．4 版．北京：高等教育出版社，2016.

4. 韩茂松．基于线性规划的 Z 公司运输成本控制研究．长春：吉林大学，2015.

5. 秦玉权．物流运筹学．北京：北京大学出版社，2008.

6. 周愉峰．物流运筹学．成都：西南交通大学出版社，2020.

7. 沈家骅．现代物流运筹学．3 版．北京：电子工业出版社，2011.

8. 刘鹤．物流运筹优化．重庆：重庆大学出版社，2013.

9. 邓成梁．运筹学的原理和方法．武汉：华中理工大学出版社，1997.

10. 唐加冕，周京徽．线性规划问题在经济生活中的应用．商业时代，2011（19）：12－13.

11. 白世贞．物流运筹学．北京：中国物资出版社，2006.

12. 刘华琼．物流优化技术．北京：清华大学出版社，北京交通大学出版社，2011.